기업가와 박애

기업가와 박애

초판 1쇄 2019년 2월 15일

지은이 이정희·장문석·은은기·황보영조·김성룡·양재열·김건우·최현미
펴낸이 서길수
펴낸곳 영남대학교출판부

출판등록 1975년 9월 5일 경산 제16-1호
주소 경북 경산시 대학로 280
전화 053) 810-1801~3
FAX 053) 810-4722
홈페이지 book.yu.ac.kr

ISBN 978-89-7581-592-8 93900

이 도서의 국립중앙도서관 출판예정도서목록(CIP)은
서지정보유통지원시스템 홈페이지(http://seoji.nl.go.kr)와
국가자료종합목록시스템(http://www.nl.go.kr/kolisnet)에서
이용하실 수 있습니다. (CIP제어번호 : CIP2019005346)

기업사 시리즈 제3부

기업가와 박애

-기업가는 세상을 구할 수 있는가-

이정희 · 장문석 · 은은기 · 황보영조
김성룡 · 양재열 · 김건우 · 최현미 지음

영남대학교출판부

프롤로그

이 책은 서양 각국 기업사 연구 시리즈의 제 3부에 해당된다. 제 1부는 『기업가와 유토피아, 풍요의 건축가 - 기업가는 무엇을 꿈꾸는가』(2016. 8), 제 2부는 『기업가와 디스토피아 - 기업가는 왜 좌절하는가』(2017.12) 였다. 역사학에서 중요한 새로운 장르로서 등장한 기업의 역사와 인물 기업가에 관한 연구는 이제 단지 경제사와 사회사의 차원을 넘어서 특정한 시간 및 공간 속에서 살아가는 인간의 욕망, 꿈, 좌절, 악몽 그리고 가치와 태도 등, 인간의 멘탈리티와 심적 구조를 탐구하는 문화와 정신사의 영역으로 확장되어 가는 추세에 있다.

제 1부 『기업가는 무엇을 꿈꾸는가』에서 우리는 현대 미국, 영국, 프랑스, 독일, 이탈리아, 스페인, 러시아 등 구미 각국 7개 나라에서 세계적으로 팽창하여 성공의 신화를 창조했던 부유한 기업가들의 성장의 스토리와 파노라마를 집중 조명하였다. 저자들은 특히 포드 자동차의 헨리 포드, 영국의 너필드 자동차 회사의 기수 윌리엄 모리스, 빅토리아 시대 영국의 철도 기업가였던 복음주의 철도 기업가, 프랑스 르노 자동차의 루이 르노, 이탈리아 피아트 자동차의 비토리오 발레타, 독일 지멘스 전기회사의 베르너 폰 지멘스, 스페인의 협동조합 기업의 창설자인 아리스멘디, 모스크바 거대한 직물기업가인 모로조프를 연구 대상으로 선택하였다. 우리들은 이들 기업가들이 역사와 삶 속에서 비록 짧은 꿈으로 사라져 버릴지언정 단지 물질적 이윤의 팽창이나 쉽고도 안이한 개인적 삶과 일생에 만족하지 않고 '유토피아'에 대한 꿈과 열망으로 부를 생산하고 축적된 부를 근거로 삼아 '더 나은 사회의 건설'

신화를 창조하려고 했던 인물들이었다는 새로운 시각에서 출발하였다.

19세기 말 이후부터 지난 100여 년 간 현대사에서 기업은 역사에서 돌풍처럼 등장하여 전연 새로운 역할을 행사하였다. 생산량의 규모에서의 거대한 증가와 더불어 인류에게 풍요롭고도 새로운 물질의 종류와 량, 상상과 가상의 공간이라는 영역까지도 실제화하는 기술을 제공하였다. 변화는 여기에 멈추지 않고 이것은 삶의 양식 상의 변화, 심지어 문화적 태도와 가치관에서도 변화를 일으켰다. 이로 인한 정치, 경제, 그리고 사회관계 상의 변동들은 무궁무진한 것이었다. 앞으로도 기업이나 기업가의 수가 소수자라해도 이제 기업의 생산 증대와 가치 창조에서 행하는 역할은 국가 정책이나 그 어떤 특정 집단 전체가 이룬 성과보다 점점 더 커질 것이며 60% 이상의 지분을 차지하리라는 것은 분명하다. 제 1부인 『기업가와 유토피아 - 기업가는 무엇을 꿈꾸는가』에서는 바로 이런 변화의 첫발의 행보에 대해서 추적해 본 것이다.

제 2부 『기업가는 왜 좌절하는가』에서는 제 1부에서 나타난 '유토피아' 성공의 꿈이나 성취, 낙관적 환희와는 완전히 정반대로 기업가들이 초기의 번영과 성공에 이어 겪는 참담한 대립과 갈등, 좌절당하는 현실을 디스토피아로 정의하고 다각도로 살펴보았다. 디스토피아는 파산과 실패, 빈곤과 불평등, 환경오염 등으로 인한 위기와 갈등을 모두 포함한다. 저자들은 유토피아를 생산하는 기업가의 능력이 때로 디스토피아로의 추락을 야기할 수도 있다는 점에 주목했다. 역사적으로 볼 때 유토피아를 위한 꿈이 악몽과 디스토피아로 변질되어 세계가 실업과

빈곤, 억압과 전쟁으로 끌려 들어간 경우가 적지 않았다. 따라서 기업 활동의 이면에 드러나는 '어두운' 측면에 주목함으로써 기업 활동을 둘러싼 모든 측면을 균형 있게 밝혀 내려고 하였다.

이런 위기와 모순들에는 미국의 록펠러 광산에서의 대 학살, 영국 남해 회사의 거품과 파산, 영국 산업화 도시의 대명사인 맨체스터의 끔찍한 도시 환경의 오염과 타락 상, 르노 회사가 건설된 블로뉴 도시의 사회주의적 예산 정책의 실패와 보수화, 독일 나치스 시대 폭스바겐 자동차의 나치즘 정치 권력과 위험한 정치적 타협, 이탈리의 롬바르디아 지역 기업가 가문들의 위기와 기업 가문의 몰락, 스페인 몬드라곤 협동조합 기업의 몰락, 러시아의 '피의 일요일' 등 노동 운동의 분출과 대립 그리고 폭력적 혁명적 위기의 도래 등 비극적인 이야기들이 포함되어 있다.

그러나 제 2부 『기업가는 왜 좌절하는가』의 근본적 문제의식은 '디스토피아'에서 추적한 참담한 실패와 양상에도 불구하고 디스토피아의 추락 속에 이미 해결 방안의 실마리가 선명하게 나타나고 있음을 지적하는데 있다. 그러므로 연구자들은 이런 사례들을 통해 디스토피아로의 추락을 막기 위해 필요한 것은 무엇인지 생각하도록 연구하였다. 나아가 종래의 기업사 연구가 주로 기업의 구조나 경영의 측면의 성공과 실패에만 치중하는 데 비해, 이 책은 인문학적 접근 방법으로 통해 사회사나 문화사로서의 재구성을 꾀하려고 하였다.

시리즈의 제 3부 『기업가는 과연 세상을 구할 수 있는가』는 일종의 회귀와 같은 것이다. 기업의 성장과 좌절 이후 다시 재도전을 위해 무엇을 할 것인가를 고민하는 순서라고도 할 수 있다. 기업의 생존과 불멸을 가능하게 해줄 대안으로서 우리는 기업가와 박애의 관계에 대해서 탐구해 보았다. 박애(philantrophy)에서 가장 단순하고도 명백한 이미지는 아마 빅토르 유고의 소설 『레 미제라블』에서 나타난다. 쟝 발장은 굶주리는 조카를 위하여 빵을 훔치다 감옥에 갇히고 다시 탈주하며 도망 다니다가 주교이자 신부인 미리엘을 만난다. 주교는 그를 하루 밤 재워주었으나 쟝 발장은 은식기를 훔쳐 달아났다. 그를 경찰이 붙잡아 왔을 때, 미리엘 신부는 은촛대까지 내어 주며 쟝 발장을 풀어 주게 하였다. 이 사건으로 쟝 발쟝의 인생은 극적으로 바뀌어졌을 뿐만 아니라 영혼에서의 심오한 변화마저 일어났다. 그리고 그 후 그는 『박애』의 화신이 되었다. 박애를 베푸는 자와 박애를 받는 자는 공동의 사회에서 같이 살고, 공동체를 더 나은 사회를 만들 수 있다. 박애는 근본적으로 바로 이런 변화를 대 전제로 삼는 것일 것이다. 본서의 문제의식은 바로 여기에서 출발한다.

그러면 차갑고 냉철하게 돈을 벌고 이익과 이윤을 끈임 없이 축적하고 경쟁 대상이 되는 기업을 약화시키는 데 몰두해야 할 기업가와 『박애』는 도저히 공존할 수 없는 것일까? 제 2부에서 보듯이 기업가는 이윤과 물질적 풍요로 부에 넘치는 세상을 바꾸는 꿈을 꾸지만 역설적으로 항상 여기에는 디스토피아와 빈곤과 참담한 갈등과 대립이 숨어 있었다. 이 딜레마의 해결 방안은 기업이 『박애』의 과제를 떠안는 것이다. 이것이 제 3부 책『기업가는 과연 세상을 구할 수 있는가』의 대전제이다. 많은 기업가들은 의도적으로 국가와 사회 속에서 스스로의 미래와 이해 관계를 보장받고, 위신과 이미지를 '좋은 기업'으로 포장하거나 심지어 국가로부터 법인세, 소득세 등 '감세'를 보장받기 위해서 자선과 박애 사업을 펼쳐 왔다. 그러나 경기가 좋지 않으면 이런 의도적인 자선과 박애는 금방 위축되거나 사라진다. 그러나 진정한『박애』는 기업과 생산물을 소비하는 사회가 공동체임을 의식하고 정신적 문화적 가치의 발전에 기여하는 것을 대 전제를 삼아야 할 것이다. 또한 기업가는 기본적으로 '부의 공적 의무'를 받아들일 때, 사회를 구하는 위력을 지닐 수 있다.

영국 초콜릿 기업의 왕 요오크의 조셉 론트리는 기업의 성공을 거둔 후 요크 타운의 공공건물, 론트리 극장, 론트리 공원, 론트리 재단과 3개의 론트리 트러스트 그리고 각종 론트리 스포츠 클럽, 테니스 코트, 시봄의 정원 홈스테드 등을 건설하여 지역민과 지역 사회에 기부했다. 스페인의 후안 마르치나 미국의 록펠러는 '강도'라는 악명을 받았음에도 불구하고 기업가들은 어떤 내적 전환을 겪어 재단을 설립하고 재산의 상당 부분을 사회에 환원하기 시작하였다. 또 자본가적 수탈과 탐욕의 하수인처럼 경멸받던 러시아의 상인 기업가들이 예술가를 대규모로 후원하여 러시아의 문화 사업을 확장하는데 성공했다. 기업이 바로 이 같은 '공적 의무'에 대한 가치관을 유감없이 수용하고 실행한 사례들이다. 기업가들의『박애』활동은 자본주의적 경쟁과 불평등과 빈곤 그리고 풍요 속에서도 항상 결핍의 공포에 시달리는 인류를 위해 공동체 사회를 건설하는 데 큰 공헌을 할 수 있을 것이다.

어려운 연구조건 속에서도 기업사 시리즈를 제 3부까지 항상 즐겁고 밝은 연구 자세로 만나 일치 단합하여 공동 연구하고 토론하며 집필해 주신 9인의 서양사학자들인 김건우, 양재열, 최현미, 김성룡, 장문석, 황보 영조, 은은기, 도상윤, 이정희 등 모든 분들의 인내심과 노고에 칭찬과 평생 잊지 못할 즐거운 추억을 나누고 싶다.

아울러 어려운 인문학 분야의 출판 제작 여건에도 불구하고 3 부작 시리즈의 연구를 끝까지 보좌해 주시며 마침내 책으로 출판할 수 있도록 도와준 영남대학교 출판부의 운영위원 여러분과 대학교 측에게도 진심으로 감사드린다.

2019년 2월 압량벌 영남대 이정희

차례

제1장 서장

기업가의 박애, 자본주의를 도덕적으로 만들 수 있는가?

장문석(영남대학교 역사학과 교수)

기업가(entrepreneur)의 본질에 대해서는 해석이 분분하다. 널리 통용되는 해석은 슘페터(Joseph A. Schumpeter)의 혁신자(innovator)로서의 기업가론이라고 할 수 있다. 이에 따르면, 기업가는 무엇보다 혁신을 수행하는 존재이다. 즉 기업가는 경쟁적이고 불확실한 시장에서 소비자들의 선택을 받기 위해 대담한 혁신을 수행하고 리스크(risk)를 감수하는 존재라는 것이다. 그는 소비자들에게 경쟁자의 제품 대신에 자신의 제품을 구매하라고 설득할 수 있을 때 시장에서 성공할 수 있다. 그런데 예전에는 질 좋은 제품을 출시하는 것만으로도 충분히 소비자들을 설득할 수 있었다면, 오늘날 사정은 달라졌다. 기업가는 좋은 제품만이 아니라 좋은 이미지까지 판매할 수 있어야 한다. 물론 이는 단순한 기업 이미지 홍보 차원의 언급이 아니다. 오늘날 소비자들은 홍보 효과 이상의 어떤 것을 기업과 기업가에게 요구한다. 기업과 기업가가 단순히 생활의 필요와 편의를 충족시키는 것을 넘어 진정으로 사회에 기여하고 있느냐는 것이 소비자들의 선택을 좌우하는 중요한 변수로 떠오른 것이다. 그리하여 사회적으로나 도덕적으로 불미스러운 일에 휘말린 기업과 기업가는 시장에서의 퇴출까지 각오해야 할 정도이다.

이런 맥락에서 오늘날 기업가의 사회적·도덕적 책무를 강조하는 목소리가 높다. 기업가를 단순히 이윤 극대화를 추구하는 '경제 동물'로 보는 시각도 급속히 낡은 것으로 치부되고 있다. 이런 변화는 현대 사회에서 기업가가 차지하는 비중과 역할이 어느 때보다도 커진 상황을 반영하는 것이기도 하다. 소비자 대중은 기업가에게 단순히 이윤 창출자 및 부의 축적자를 뛰어넘는 사회적·도덕적 리더로서의 자질과 역량을 기대하고 있다. 거듭 강조하거니와, 소비자 대중은 그저 유용한 상품을 구매하는 것뿐만 아니라 훌륭한 기업의 이미지를 구매하면서 만족감을 느낀다. 그런 점에서 협소한 사적 이익을 뛰어넘어 폭넓은 공적 이익에 봉사하는 기업이나 기업가의 이미지를 가질 수 있느냐의 여부가 기업 활동의 성패를 좌우하는 변수가 되었다고 할 수 있다. 이런 변화된 현대 기업 환경에서 모든 기업이 앞 다투어 공공의 목적에 부응하는 도덕적이고 책임 있는 공익 기업이나 사회적 기업의 이미지를 홍보하고자 애쓰는 것도 당연한 일이다.

그런데 사회가 기업가들에게 사회적·도덕적 책임감을 요구하고, 그런 요구에 기업가들이 적극적으로 부응하려고 하는 것은 비단 최근에 벌어진 일만은 아니다. 이미 오래 전부터 그런 사회적·도덕적 기대감은 지속적으로 존재해왔으며, 이에 대해 기업가들은 다양한 방식으로 공적 이미지를 형성하려고 애써왔다. 특히 미국을 비롯한 여러 나라에서 초창기 기업가들에게 덧씌워진 "강도 귀족(rubber baron)"이라는 부정적 이미지에서 탈피하고 명실상부하게 "산업 지도자"(captain of industry)로서의 명성을 창출하려는 과정에서 기업가의 책임과 윤리가 강조되기 시작했다. 기업가의 박애(philanthropy)가 본격적으로 나타난 것도 바로 이런 역사적 맥락에서였다.

그러나 박애는 과거보다는 미래에 한층 더 강조될 듯하다. 통상 인류의 산업사는 1차 산업 혁명부터 4차 산업 혁명까지 계열화되는데, 4차 산업 혁명이 몰고 올 초연결·초지능 사회에서는 자원과 사물의 희소성이나 유용성의 원리를 넘어서는 새로운 '관계적' 윤리와 '관계적' 인간형에 대한 관심이 점증할 것이다.[1] 나아가 종래의 산업사가 생산자나 소비자 중심의 접근법으로 서술될 수 있다면, 앞으로 쓰이게 될 새로운 산업사에서는 양자를 통합하며 초월하는 제3의 접근법이 나타날 가능성이 크다. 그런 가능성은 이를테면 자동차 분야에서 생산자나 소비자 중심의 접근법에서 벗어나 보행자를 보호하는 차체 설계나 에어백이라는 아이디어에서 설핏 암시되고 있다. 그리하여 제3의 접근법에서는 아마도 제품의 생산과 소비가 단순히 생산자의 이윤 극대화와 소비자의 욕구 충족을 목표로 이루어진다고 간주되는 것이 아니라, 오히려 생산과 소비 자체가 보편적 인류애, 즉 박애를 실천하는 것으로 이해되고 박애의 실천이 기업의 브랜드 가치를 높이고 소비자 만족도를 극대화하는 표준으로 통용될지 모른다. 물론 이 모든 것은 여전히 추정 단계에 불과하다. 그러나 박애가 기술혁명 시대에 새로운 패러다임으로 부상할 가능성을 배제할 수 없고, 그런 만큼 박애의 개념을 정립해둘 필요성이 있는 것도 사실이다.

사실, 박애는 모호한 개념이거니와 잘 사용되지도 않았던 개념이다. 그러므로 이 개념의 어원을 간략하게라도 살펴볼 필요가 있다. 원래 박애는 그리스어에서 사랑을 뜻하는 '필로스(philos)'와 인간을 뜻하는 '안트로포스(anthropos)'가 결합되어 '인간에 대한 사랑' 즉 '인류애'를 뜻하는 다소 막연한 개념이었다. 그러나 동시에 박애는 부와 권력을 가진 사람들이 마땅히 갖고 있거나 혹은 갖고 있어야 한다고 가정된 어떤 '에토스(ethos)'를 가리키기도 했다. 가령 고대 그리스인들은 부자들이 공동체를 위해 기부하는 것을 일종의 공적 의무라고 여겼고, 그런 의무를 이행하지 않는 이들을 인색한 자들로 비난하고 조롱했다. 고대 로마인들도 부자들은 국가 위기 상황에서 필요한 물품을 마땅히 기부해야 한다고 생각했다. 이와 관련하여 예컨대 클라시쿠스(classicus)는 함대(classis)를 제공하는 사람을 말하는데, 당시 가장 부유한 시민층을 일컫는 말로 통용되었다고 한다. 바로 이 클라시쿠스라는 표현에서 현대의 고전(古典, classic)이라는 말이 유래하는바, 고전이라는 말은 곧 규범과 귀감이 되는 본보기라는 뜻이다. 함대를 기부하는 재력가는 위기에 처한 공동체를 구제하는 본보기적 존재라는 뜻인 셈이다.

박애의 의미는 플루타르코스(Plutarchos)의 『영웅전』에서도 구체적으로 나타나는데, 여기서 박애는 통치하는 강자들이 통치되는 약자들에게 굴욕감을 주는 대신 관용과 자비로 대하는 합리적인 태도로 묘사되고 있다. 요컨대 박애는 "약자에 대한 권력자의 행위를 평가하는 결정적 지표"[2]가 된 것이다. 그런가 하면 모든 인간이 맞이할 수밖에 없는 공통의 운명에 대한 '공감'(sympatheia)의 감정도 박애로 이해되고 있었다. 그렇다면 고전고대에 박애라는 말은 이기적이고 탐욕적인 금수와 같은 태도에서 탈피하여 인간적 애정(compassion)과 온후함(clemency)에 기초한 태도나 감성, 그러니까 라틴어의 '후마니타스(humanitas)'나 영어의 '휴머니티(humanity)'가 함축하는 인간성과 인류애라는 보편적인 의미 맥락에서 이해되고 상용된 듯하다.[3]

이런 고대적 기원을 갖는 박애라는 단어는 원형 그대로 근현대에 전수되었으나 자주 사용되지는 않았다. 커티(Merle Curti)에 따르면, '인간에 대한 사랑'으로서 박애라는 단어가 처음 영어 사전에 나온 때는 1628년경이었고, 그나마도 "Philanthropie; Humanitie; a loving of man"이라는 짤막한 형태로 소개된 것이 전부였다. 영어권에서 박애라는 단어의 역사는 그다지 오래되지 않은 것이다. 다시 커티에 따르면, 예컨대 미국 식민지 시대의 학자들도 이소크라테스와 크세노폰, 에픽테토스, 플루타르코스, 폴리비오스 등의 그리스-로마 시대의 원전들을 읽으면서 알게 된 박애의 개념을 그리스 원어 그대로 차용했을 뿐이다. 미국 사회에서 박애라는 말이 비교적 널리 사용되기 시작한 것은 19세기 중엽 이후였다는 것이 커티의 판단인데, 그때 박애는 대략 "인간에 대한 사랑, 자선, 자비, 인도주의, 사회 개혁"을 뜻했다고 한다. 그럼에도 커티에 따르면, 여전히 박애라는 말은 엄격한 개념이라기보다는 모호한 용어로서 통용되었는데, 대체로 볼 때 커티가 글을 쓰던 1950년대까지도 박애는 일반 미국인들에게 "피바디(Peabody)와 카네기(Carnegie), 록펠러(Rockefeller) 같은 거부들의 대규모 기부"를 뜻하는 말로 이해되었다고 한다.[4]

이처럼 박애의 개념이 모호한 것이기는 해도, 고대의 용례와 근대의 용례를 겹쳐 보면 어떤 지속적이고 공통된 의미 요소가 의연히 관철되고 있음을 알 수 있다. 그것은 재산과 권력이 없는 사람들에 대한 부자들과 권력자들의 인간적인 태도와 감정을 말한다. 즉 박애는 부자들과 권력자들의 행동에 사회적 한계를 설정하고 도덕적 압력을 가하는 어떤 '에토스'인 것이다. 그러나 이런 요소만으로는 박애와 자선(charity)이 잘 구분되지 않는다. 물론 양자는 중첩되는 의미의 범위가 상당하다. 그럼에도 양자는 구분되는데, 자선이 주로 특정한 고통 속에 허덕이는 사람들에 대한 즉각적이고 한시적인 지원이라는 의미가 강한 데 비해, 박애는 문자 그대로 인간에 대한 보편적 사랑이자 고통에 대한 근본적 치유라는 의미가 더 강하다. 쉽게 말하자면, 박애란 가난한 사람들에게 단지 고기를 잡아주는 것이 아니라 고기를 잡는 방법을 가르쳐주는 것이다.

이런 잠정적 의미에도 불구하고 박애는 여전히 진화 중에 있는 미결정된 개념으로서, 향후 더 많은 연구를 기다리고 있는 주제라고 할 것이다. 그런 점에서 미국의 기업사가인 준즈(Olivier Zunz)의 연구는 기업가의 박애를 중심으로 근대 박애(modern philanthropy)의 역사를 분석함으로써 박애에 대한 역사 연구에 이정표를 세웠다. 준즈에 따르면, 미국에서 진정한 근대 박애의 효시는 카네기(Andrew Carnegie)와 록펠러(John D. Rockefeller) 등의 거대 기업가들의 활동이었다. 이들은 박애와 자본주의를 접목함으로써 질적·양적으로 종래의 종교적 자선이나 면대면 기부를 뛰어넘는 과학적이고 조직적인 근대 박애의 새로운 면모를 보여주었다. 여기서 근대 박애의 핵심은 재단(foundation)이었다. 카네기와 록펠러와 같은 거대 기업가들이 세운 대규모 재단들은 방대한 자원을 이용하여 가능한 다양한 수혜자들이 도움을 받도록 기획된 일종의 "미국적 발명품"이었다. 즉 준즈에게 재단이라는 이름의 미국적 기구는 공공의 목적을 위해 사적인 이니셔티브를 통해 자본주의적으로 운영된 근대 사회의 제도였던 것이다.[5]

그러나 준즈의 연구가 관심을 대규모 박애에만 한정함으로써 실제 미국 사회의 모세혈관을 이루는 풀뿌리의 소규모 박애 활동을 외면했다는 한계를 간과할 수 없다. 그런 점에서 매카시(Kathleen D. McCarthy)는 미국의 박애가 소수 거인들이 아닌 다수 소인들의 작품이며, 도덕 자본주의와 시민 불복종의 도구였음을 밝혀냈다.[6] 또한 준즈의 연구 범위가 미국의 경우로 한정됨으로써 박애가 갖는 보편적 성격을 제대로 드러내지 못했다는 한계도 간과할 수 없다. 예컨대 유럽에서 박애는 대규모 재단 중심의 미국식 경로와는 다른 방식으로 진화했는데, 준즈의 패러다임으로는 그런 다른 진화의 경로를 분석하기 어려운 것이다. 그런 점에서 준즈의 연구는 다양한 사례들을 통해 보완되고 그 핵심 논지도 좀 더 유연하게 수정될 필요가 있어 보인다. 그럼에도 준즈의 연구는 근대 박애를 해석하는 하나의 표준과 준거를 제시함으로써 향후 근대 박애에 대한 연구들이 우회할 수 없는 연구 경로를 설정했다는 점에서 중요한 의의를 갖는다.

이 책에서는 공히 준즈의 연구를 참조하면서 근대 박애의 유럽적 변종들을 분석하고자 했다. 이를 위해 영국, 이탈리아, 독일, 에스파냐, 러시아 등 유럽 각국의 박애 기업가들의 사례들을 엄선하여 고찰하고자 했다. 유럽 각국의 박애 기업가들은 자신들이 처한 역사적 맥락과 사회적 조건의 차이들을 반영하면서 전통적 형태의 자선과 온정주의 이념, 복지 국가 이념, 미국식 재단 중심의 자본주의적 박애, 나아가 급진적 박애에 이르기까지 다양하고도 서로 간에 착종된 박애 활동을 조직했다. 각각의 박애 형태들이 착종된 비율은 물론 각국의 특수성을 말해준다. 좀 더 전통적인 형태의 박애가 우세한 나라가 있는가 하면, 좀 더 근대적인 형태의 박애가 지배적인 나라도 있다. 그런데 유럽의 경우에서 특징적인 점은 대체로 국가의 역할이 강했다는 점이다. 이는 사적 이니셔티브가 상대적으로 강한 미국과 대조되는 점이다. 준즈는 미국식 박애가 미국식 민주주의의 저류를 형성한다고 말했는데, 이는 사적 이니셔티브가 국가의 역할을 일부 떠맡았음을 시사한다. 반면, 유럽은 오랜 계급적 갈등 속에서 사회적 정의의 이념이 정립되고 사회주의 및 노동 운동이 활발하게 전개되는 가운데 복지 국가의 이념이 출현했다. 이런 맥락에서 사적 이니셔티브가 발전할 공간은 유럽에서 상대적으로 비좁았다고 하겠다. 그럼에도 이 책에서 보여주려고 한 바는, 유럽의 박애 기업가들이 국가와 노동 운동을 대화 상대자로 하면서 자신들에게 요구된 사회적·도덕적 기대치에 능동적으로 대응했다는 사실이다.

확실히, 기업가들은 근대 세계를 창조한 주역으로서 언제나 관심과 주목을 받아온 대상이었다. 그럼에도 오늘날처럼 기업가의 지위와 위상이 드높은 적은 달리 없다. 전체 사회가 기업가를 롤 모델로 간주하고 기업가 역량(entrepreneurship)을 칭송하고 있는 것이다. 현대 세계에서 '기업가'는 단순히 직업이나 기능이 아니라 인간의 본질적 형상으로 간주되고 있는 것 같다. 그런 만큼 현대 사회가 기업가들에게 거는 기대와 소망이 자못 간절하다. 그런 기원과 희망은 이제 근대 세계가 직면한 근본적 모순과 한계를 극복하는 방법까지도 기업가들이 찾을 수 있다는 희망 섞인 관측으로 이어지고 있다. 즉 기업가들이 21세기에 차별과 격차를 폐지하여 새로이 평등주의와 환경주의, 평화를 가져올 방법과 수단을 창안해낼 거라는 기대감이 어느 때보다 높은 것이다. 일부 논자들은 박애자본주의(Philanthrocapitalism)라는 신조어까지 만들어내면서 "성공한 기업가가 중대한 사회 문제를 해결하려고 노력"함으로써 세상을 바꾸리라고 예언한다.[7] 그렇다면 기업가들에겐 '세상을 창조(creating the world)'할 뿐만 아니라 '세상을 구제(saving the world)'할 역할까지 주어진 셈이다. 과연 기업가들은 위기에 빠진 세상을 구제할 수 있을 것인가? 비유컨대 현대의 기업가는 고대의 클라시쿠스처럼 함대를 제공하여 위기의 공동체를 구제할 수 있을 것인가? 만일 그럴 수 없다면, 어느 책의 제목처럼 "왜 기업은 세상을 구할 수 없는가?"[8] 바로 이 물음이야말로 이 책 전체를 관통하는 근본적 질문이다.

기업가가 오늘날 위기에 빠진 세상을 구제할 수 있느냐는, 어쩌면 우문이 될지도 모를 이 단도직입적인 질문에 대해 우리는 절반은 낙관하지만 절반은 비관한다. 낙관의 근거는 역사적으로 기업가들의 활동을 통해 발전한 자본주의를 도덕적으로 제어하려는 힘이 작용했고, 이에 대해 기업가들은 다양한 박애 활동을 통해 자신들의 힘을 정당화하고 배가시켰다는 데 있다. 그런 맥락에서 예컨대 "이탈리아의 록펠러"라는 별명을 가진 가슬리니(Gerolamo Gaslini)는 기업 전체와 모든 재산을 재단에 투자함으로써 기업가의 박애 활동의 규모와 범위를 극대화하는, 이른바 급진적 박애를 보여주었다. 여기서 급진적 박애란, 박애가 기업 활동의 일부가 되는 것이 아니라 오히려 기업 활동이 박애의 일부가 되는, 그러니까 기업 활동은 박애의 수단이 되고 박애가 그 자체 목적이 되는 철저하고 근본적인 박애를 말한다. 확실히, 가슬리니의 급진적 박애는 박애 기업가의 최대치를 보여주면서 국가와 종교에 의해 박애가 양분된 이탈리아적인 상황에서 사적 기업가의 이니셔티브로 전개된 전형적인 자본주의적 박애 형태를 보여주었다.

그러나 가슬리니의 박애 활동은 우리에게 박애 기업가에 대한 낙관뿐만 아니라 비관의 근거도 된다는 점에서 역설적이다. 즉 성공한 기업가이자 급진적 박애주의자로서 가슬리니는 이윤을 추구하는 기업 활동을 박애 활동을 위한 수단으로, 그리고 박애 활동을 그 자체 목적으로 상정했다. 이런 수단과 목적의 이분법은 곧 이윤과 윤리의 이분법을 함축한다. 바꿔 말해, 기업가는 먼저 이윤 추구자로 활동하여 막대한 이윤을 벌어들인 다음, 그렇게 획득한 이윤을 박애 활동의 재원으로 삼는 것이다. 여기서 이윤 활동과 박애 활동은 원리상 아무런 연관이 없는 것이다. 즉 이윤 추구자로서 가슬리니와 박애주의자로서 가슬리니는 전혀 다른 인물인 셈이다.

바로 이런 맥락에서 차마니(Stefano Zamagni)는 그와 같은 이윤과 윤리의 이분법이야말로 박애의 근원적 한계라고 비판한다. 즉 박애에서 생산의 법칙과 분배의 법칙이 완전히 동떨어져 있다는 말이다. 따라서 이윤이 문제가 될 때에는 윤리의 문제가 외면당하고, 윤리가 문제가 될 때에는 이윤의 문제가 유예될 수밖에 없다. 이로부터 자본주의는 순수한 이윤의 영역이 되고, 윤리는 자본주의의 나머지 영토를 차지하게 되면서 자본주의와 윤리 사이의 영토 분쟁이 발생하게 된다. 이런 자본주의와 윤리의 양분적 상황은 실은 자본주의에게도 위험한데, 자본주의의 정당성을 그 기초부터 허물어뜨릴 위험성이 다분한 것이다. 자본주의가 도덕을 흡수하고, 또 도덕이 자본주의를 정당화하는 방식을 찾아내지 못한다면, 양자는 영원한 적수로 상대방을 할퀴게 될 것이다.

또한 차마니는 박애가 애당초 증여자(강자)와 수혜자(약자)의 불평등한 관계를 전제하기 때문에 증여자의 존중심이 결여될 경우 수혜자의 굴욕감을 야기할 수 있는 위험도 지적한다.[9] 사실, 이 문제는 박애의 심각한 약점으로 지적될 만하다. 무릇 자율적이고 독립적인 개인들 사이의 윤리적 관계는 상호성 내지 호혜성에 기초한다고 할 수 있다. 일찍이 아리스토텔레스도 모든 사랑과 우정의 행위는 상호성에 근간을 둔다고 보았다. 가령 짝사랑이 진정한 사랑일 수 없는 이유는, 그것이 상호적 관계가 아니라 일방적 관계이기 때문이다. 그런가 하면 사람과 돈이 진정한 우정을 맺을 수 없는 것도 사람은 돈을 사랑하되 돈은 사람을 사랑하지 않는 일방적 관계에 있기 때문이다. 그러므로 박애가 진정한 의미의 인간에 대한 사랑이나 우정이 되려면, 증여자와 수혜자의 상호성이 전제되어야 한다. 이는 앞에서도 살펴보았듯이 플루타르코스가 제시한 모든 인간의 공통된 운명에 대한 진실하고도 보편적인 공감으로까지 박애가 확장되어야 함을 암시한다. 그렇지 않다면 박애는 약자에 대해 강자가 베푸는 호의나 시혜에 지나지 않게 된다. 그렇기에 '필란트로피아'는 곧 '후마니타스' 혹은 '휴머니티'로 확장되고 고양되어야 하는 것이다.

그렇다면 박애에서 절반의 희망을 찾되, 나머지 절반의 좌절을 극복할 수 있는 대안은 무엇일까? 차마니는 사회적 기업이나 협동조합 기업 등을 의미 있는 대안으로 제시한다. 특히 그는 박애에 대한 비판의 연장선상에서 사회적 기업가야말로 이윤과 윤리의 이분법을 극복하는 통합적 대안이자, 나아가 증여자와 수혜자의 구별을 전제하지 않는 평등한 대안임을 강력하게 암시한다. 여기서 그가 말하는 사회적 기업가란 (자본주의와 구분되는) "시장의 논리에 따라 활동하며 기업가의 기능을 수행하면서도 비경제적인 성격의 목적을 추구하는" 자로서 중세 이래 역사적으로도 드물지 않게 출몰한 기업가 유형이다.[10] 이런 방식으로 차마니는 사회적 기업가를 기업가의 역사적 유형으로 제시함으로써 우리에게 또 하나의 중요한 연구 과제를 던져주고 있는 것이다.

확실히, 차마니가 말하는 사회적 기업가는 그 모호성에도 불구하고 예전보다는 오늘날에 더욱 유력하고도 실현 가능한 대안인 것으로 보인다. 오늘날의 소비자 대중은 기업가들에게 더 큰 사회적·도덕적 책무를 기대하고 있으니 말이다. 그렇기에 차마니의 사회적 기업가가 우리 시대의 대안이 될 수 있는 구체적인 조건들을 세심하게 따져봐야 할 터이다. 물론 이렇게 사회적 기업가가 주목된다고 해서 박애의 가치가 떨어진다는 말은 아니다. 이미 강조했듯이, 박애는 현재 작동하고 있을 뿐더러 미래에도 확대될 가능성이 큰, 자본주의 내부의 윤리적 기제이다. 다만, 박애가 완벽한 해결책은 아니라는 점을 인식하면서 박애의 한계를 보충할 수 있는 방법을 모색해야 할 것이다. 사회적 기업가에 대한 관심도 정확히 그런 보충의 필요성에서 나온다. 물론 그런 보충 작업을 통해 원본이 완전히 알아볼 수 없게 바뀔지도 모르겠지만 말이다.

요컨대 기업가의 박애에서 문제는 자본주의와 도덕의 관계이다. 준즈도 매카시의 비판을 논평하면서 박애가 "자본주의를 도덕적으로 만들고 정부를 책임 있게 하는 지속적인 운동"을 촉진하면서 미국 자본주의를 떠받쳤음을 강조했다.[11] 이로부터 뇌리에 떠오르는 질문은 다음과 같다. 자본주의를 도덕적으로 만들 수 있을 것인가? 과연 역사는 자본주의의 과잉에 사회적 한계를 설정하고 자본주의에 대해 도덕적으로 행동하라는 압력을 행사하는 힘이 다양한 형태로 작동해왔음을 보여준다. 특히 현대 사회에서 그런 도덕적 힘은 더욱 강력하게 작동하고 있는 것 같다. 현대의 기업가들도 그런 힘을 잘 인식하고 있으며, 그런 힘에 적응하고 그런 힘을 전유할 수 있는 방식을 찾고 있다. 만일 그런 방식을 찾아낼 수 있다면, 기업가 자신이 세상을 구제할 수 있는 힘이 될 것이다.

이제 서론을 끝맺으며 상징성이 풍부한 일화 하나를 제시하고자 한다. 2003년 1월 24일 이탈리아의 대표적인 자동차 기업 피아트(Fiat)의 총수 잔니 아녤리(Gianni Agnelli)가 서거하자, 10만 명 이상의 조문객이 운집했다. 신자유주의의 도래와 함께 어려운 경제 상황에 내몰렸던 많은 이탈리아 시민들이 그의 죽음을 애도했다. 왜 그들은 한 기업가의 죽음에 그렇게도 애통해했을까? 한 조문객은 이렇게 말했다고 한다. "그는 위대한 사람입니다. 그의 위대함은 오늘날에 더 분명해졌습니다. 대기업들이 아무런 도덕심도 없는 이 시대에 말입니다. 아녤리는 언제나 노동의 가치를 믿었습니다." 확실히, 아녤리는 단순히 이윤을 추구한 자본가 이상의 어떤 도덕성을 겸비한 위대한 사람으로 기억되고 있었다. 이런 기억을 가진 조문객들은 장례식장에 늦게 나타난 신흥 기업가이자 권력자인 베를루스코니(Silvio Berlusconi)에게 야유를 보내기도 했다.[12] 한 기업가에 대한 존경이 다른 기업가에 대한 비판으로, 좋았던 과거에 대한 향수가 나쁜 현재에 대한 비난으로 표출된 셈이다. 물론 기업가의 실제 모습과 대중의 기억 사이에는 괴리가 있을 수 있다. 대중의 기억은 정확하지 않을 수 있다. 그럼에도 아넬리의 조문객들이 우리에게 보여주는 것은, 아넬리가 정말로 그런 도덕성을 체현한 인물인지의 여부와는 별개로 대중은 지도적인 기업가들에게 도덕성을 간절하게, 또 단호하게 기대한다는 사실 자체이다.

잔니 아넬리의 장례식이 우리에게 던지는 교훈은 만만치 않다. 이탈리아와 우리의 기업 환경은 유사한 데가 많다. 무엇보다 오너=총수의 권한이 막강하다는 것이 당장 눈에 띄는 유사성이라고 할 수 있다. 우리의 경우든 이탈리아의 경우든 오너=총수의 이미지가 고스란히 기업 자체의 이미지를 결정할 정도로 기업은 고도로 '인격화'되는 경향이 강하다. 이런 상황이 과연 바람직한가의 문제를 일단 제쳐놓는다면, 남는 사실은 오너=총수의 이미지가 기업의 성패를 절대적으로 좌우한다는 것이다. 예컨대 이탈리아의 경우 정·경 유착을 넘어 정·경·마피아 유착 등 부패한 기업가가 스캔들을 일으키는가 하면, 위의 아넬리 사례에서처럼 사랑받는 국민 기업가의 이미지가 대중의 기억을 사로잡기도 한다. 우리의 경우에도 국민 기업가로서 존경받는 사례가 없지 않지만, 그럼에도 그런 기업가들에 대한 기억이 우리를 매료시키는 정도까지는 아닌 듯하다. 오히려 최근 우리의 언론에서는 오너가 기업 경영에 부정적인 영향을 미치는 '오너 리스크'가 자주 보도되고 있다. 아쉽게도, 우리에게 진정으로 존경스러운 기업가에 대한 기억은 결여되거나 공백으로 남아 있는 듯하다. 그렇다면 이 책의 주제인 '박애'나 '박애 기업가'가 우리 사회에서 거의 공론화되지 못한 것도 그런 '결여'나 '공백'과 무관하지 않을 성싶다. 아무쪼록 기업가와 박애의 관계를 본격적으로 다룬 이 책이 기업가의 사회적 책임에 대한 공론의 장을 활짝 열어 우리 사회의 '결여'와 '공백'을 채우는 역할을 할 수 있다면 더 바랄 것이 없다.

제2장 미국

존 D. 록펠러(John D. Rockefeller)의 박애: “돈을 벌어라! 그리고 현명하게 돈을 나누어 주어라”

양재열(영남대학교 역사학과 교수)

존 D. 록펠러(John D. Rockefeller)의 '부의 복음(금전적인 생각과 박애, 자선)'에 대해서 이야기하기 전에 우리는 이 시대를 알 필요가 있다. 19세기 말과 20세기 초의 미국은 '도금시대(The Gilded Age)'라고 불리기도 한다. 겉은 화려하고 번지르르 하나 속은 썩어있다는 표현이다. '기업가의 시대' 등 여러 가지 이름으로 불리던 이 시대는 미국사에서나 세계사에서 처음 맞이한 독특한 시대였다.

이 시대가 어떤 시대라 불리든지 우리는 기업가의 시대라는 것을 알고 있다. 또한 기업가의 독점이라는 것이 어떤 의미인지도 어느 정도 알고 있다. 어느 대기업이 특정 생산품을 독점하면, 당연히 이익을 독점할 수 있다. 현재의 미국 세금제도와 달리 당시에는 상속세도, 부가가치세도, 누진소득세도 없었던 시대였다.[1]

이 시대의 슬로건은 그 보다 한 세대 전인 에이브러햄 링컨(Abraham Lincoln: 1809~1865) 대통령 시대의 신화였던 '통나무집에서 백악관으로'에서 '누더기에서 부자로(from Rags to Riches)'로 바뀌었다. 이 시대 사람들은 '인생의 성공이란 부의 축적'이라는 것을 믿었다. 19세기 말의 미국에서는 기존의 청교도적인 자작농이나 소상공인들이 기업과 자본에 빠져들기 시작하였다. 이런 시대에 수많은 부자들이 나타났고, 이들은 현재의 미국 부자들보다 훨씬 부자였다. 그 이유는 세금이 거의 없고 부(wealth)에 대한 정부나 국민들의 제재가 거의 없던 시절이었기 때문이었다. 미국사에서 처음이자 마지막으로 '부자들의 전성시대'였을 것이다. 1915년에 실시되었던 누진소득세 부과가 부자들에 대한 정부의 제제의 시작이자 기업가들의 독점시대의 종언이라 할 수 있다.

이 시대의 부자들은 거의 예외 없이 부자가 되기 위해서는 수단과 방법을 가리지 않았다. 그러나 그 부를 하나같이 자선 혹은 박애 단체를 만드는데에 사용하였다.[2] 거의 비슷한 길을 걷는 이들의 공통점이 무엇일까? 의문이 들지 않을 수 없다. 그것은 동정심인가? 아니다. 동정심을 가진 사람들이 돈을 벌기위해서 노동자를 죽이고 가난한 사람들을 미워하는 것은 맞는 추론이 아닐 것이다. 그러면 무엇일까? 집단심리가 공통점이 있으려면, 그 심리가 드러나거나 보이지 않더라도 감지할 수 있는 무엇이 있어야 한다. 필자가 보기에는 그 공통점은 결국 기독교적인 무엇일 수 밖에 없다. 부자들이 점점 증가하던 이 시대가 미국사에서 '제2차 대부흥회 시대'와 겹치는 시기였다. 이 시기의 부자들은 때를 잘 만나서 수단방법을 가리지 않고 큰 부자가 되었지만, 기본적으토 신앙심은 초창기 청교도들과 별반 다를 바 없었다. 다시 말해서, 수단방법을 가리지 않고 번 돈-엄청난 부-를 기독교적인 사랑으로 바꿀 방법을 찾고 있었다. 그것은 개인적인 문제를 넘어 선 집단 심리인 것 같다. 개인적으로 대부분이 깊은 신앙심을 갖고, 분투노력하여 부자가 되었지만, 마음 한 구석에는 재산을 형성하는 과정에서 생긴 여러 가지 문제점과 대중들의 분노를 잘 알고 있었다. 그러면 이 돈을 어디에 사용할 것인가를 고민하지 않을 수 없었을 것이다. 유한한 생명을 가진 인간(그것도 독실한 기독교인이라면)이 언젠가는 죽을 수 밖에 없다면, 죽고 난 다음의 심판을 생각하지 않을 수 없다. 이 시대의 부자들이 누구도 자서전이나 공식적인 자리에서 사후 세계의 심판이 두려워 자선을 하였다고 말하지 않지만, 이 깊은 마음속의 비밀스러운 심정을 누가 말할 수 있으랴? 심판이 두려워 자선을 한다고 말하는 순간 자신들의 과오가 있다는 것을 밝히는 것과 마찬가지 일일 것이다.

마치 1410년에 죽은 이탈리아 상인 프란체스코 다티니(Francesco Datini)가 그의 재산 대부분을 죽기 전에 자선기관을 만들어 기부하고 죽은 것과 거의 비슷하다. 다티니도 자선을 신의 심판을 대비한다고 하지는 않았지만, 그의 묘를 성당 제단 아래 설치하게 한 것이나, 거금의 재산을 가난한 사람들에게 기증한 것은 사후 심판을 생각한 것이라 보여진다.[3]

록펠러도 노년에(그는 98세까지 살았다) 비슷한 생각을 하고 있었다면, 혹은 60세가 넘어 노년에 병(온몸의 털이 빠지고 우울증)에 걸려 죽음에 대해 생각을 했다면, 돈을 기부하거나 자선단체를 만들려고 생각했을 가능성이 충분하다. 물론 전혀 다를 수 있다. 아마도 보다 옛날 사람들이 남긴 역사적 흔적에 매료되었을 지도 모른다. 이들은 벤저민 프랭클린(Benjamin Franklin)을 위시하여 18세기 후반에서 19세기 초의 부자들의 자선단체 조직에 대한 이야기를 들었을 지도 모른다.

결국 당시 미국의 수백 명의 부자들이 비슷한 생각을 하고 행동을 했다면, 그 공통점은 박애 문제라고 하지 않을 수 없다. 이 글에서는 당시 미국 기업가들 중에 대표적인 인물인 존 D. 록펠러를 예로 들어 그것을 설명하려고 한다. 그는 스탠다드석유회사(Standard Oil Company) 외 270여개의 기업을 세워 많은 노동자들을 고용하고 지역사회에 기여하였다. 그것은 모두의 삶을 보다 윤택하게 하려는 유토피아(Utopia)이었다. 하지만 그 과정에서 노동자들을 탄압하고 다른 기업가를 파멸에 이끌었던 것은 디스토피아(Dystopia)이지만, 마지막은 박애(Philanthropy)로 삶을 마치려 하였다. 필자는 과거 록펠러의 유토피아와 디스토피아에 대해 기술한 바 있다. 이 세 가지를 단순화하자면 다음과 같을 것이다. "삶은 치열하게 구제는 조용하게 그 끝은 천국으로." 록펠러 마음속의 심연을 극복하는 방법은 '더러운 돈'을 깨끗하게 쓰는 수 밖에 없었다. 다른 이유도 있겠지만 저 세상의 심판이 박애나 자선의 이유라 생각한다.

인간의 마음에는 항상 불안한 것이 있다. 존재의 필연적인 사멸성이 그 중의 하나이다. 살아 있는 사람은 반드시 사라지거나(必滅) 없어지고(죽고) 난 다음에 아무 것도 없는 존재로 돌아간다고 생각하면 사후 심판과 구원에 대해 고민할 필요가 없다. 동양의 불교를 믿는 혹은 유교를 믿는 부자들이 자선이나 기부가 적은 이유가 바로 이것 때문이 아닐까 생각한다. 기독교인이라면 돈에 대한 부정적인 생각(대중들의 생각이나 기독교적인 교리이거나)이 은연중에 있을 수 있고, 그 돈을 약간이라도 부정하게 모았다면, 그 돈을 회개의 의미로 혹은 구원받을 기회이거나 사후 보상의 기대로 자선단체를 만들거나 기부하거나 하여 재산 일부를 사회에 환원하려고 할 것이다.

록펠러의 박애는 넓은 의미의 돈과 구원문제라 생각한다. 기업 합병 과정에서 그리고 노동자의 탄압 등에서 이미 동시대의 미국인들은 록펠러의 돈을 '더러운 돈'이라고 규정지었다. 따라서, 록펠러의 삶은 어떠했으며, 돈에 대한 생각과 신앙심에 대해서 알아보고, 록펠러 재단을 통해서 어떤 박애와 자선 행위를 했는가를 살펴보고자 한다. 돈에 대한 생각과 삶의 방식 그리고 신앙심에 대해서 알아보는 것은 재단을 만들기 전의 그의 인생관이나 자본에 대한 생각을 알아보아야 박애정신과 자선을 이해할 수 있기 때문이다. 내면의 정신이 결국 행동으로 나타나기 때문이다.

존 D. 록펠러에 대한 박애와 자선에 대한 학자들의 연구는 크게 두 갈래로 나뉘어져 있다. 먼저 혁신주의 사관이나 신좌파의 사관으로, 록펠러는 잔인한 합병과 기업 통합을 통하여 재벌이 된 기업가의 대표적인 인물이라고 평가했다. 즉 무자비한 악덕기업인(강도남작)의 대표적인 인물로 치부되었고, 악덕 기업인이 자기의 잘못을 호도하려고 자선을 베풀었다는 것이 그들이 주장이다.[4] 한편 어떤 학자들은 록펠러(그의 아들인 존 록펠러 2세를 포함해서)는 다른 강도남작들과 달라 사업에서나 사생활에서나 독실한 기독교 신사로서 품위를 잃지 않고, 기독교적인 신앙심과 사람을 사랑하는 마음(온정주의)이 박애 정신을 베풀었다고는 보는 학자들도 있다.[5] 다시 말해서, 록펠러는 기업가, 자선사업가로서 당시 정부가 담당하지 않은 사회복지를 실천한 선구자(Trailblazer)였다고 평가한다.[6]

1. 존 D. 록펠러의 삶

1) '돈'에 대한 록펠러의 생각

『돈에 관해서는 미치광이였으나, 그 외 모든 것에 관해서는 제 정신이었다』 이 말은 미국 제 25대 대통령 윌리엄 매킨리(William McKinly)와 친하게 지내던 오하이오주의 공화당의 거물 마크 한나(Mark Hanna: 1837~1909)가 록펠러에 관하여 말한 것이다.[7] 한나는 오하이오주 클리블랜드에서 록펠러와 같은 고등학교에서 공부했고, 그의 평생을 통한 친구였다. 그도 돈을 매우 좋아했지만 그의 이 말은 어쩌면 록펠러의 금전관에 대하여 정확하게 본 것이다.

<2-1, 존 D. 록펠러>
출처: WWW. Google Co. Kr.

우리가 록펠러의 금전관에 대해서 단정적이고 약간 편집증적인 성격을 설명하는 한나의 이 말이 어느 정도 옳은지 정확하게 파악하기는 어렵다. 모든 인간은 아무리 가까운 친구라 해도 정확하게 모든 것을 파악하고 있지는 못하기 때문이다. 심지어 인간은 자기 자신 조차도 정확하게 파악하고 있지 못할 수도 있기 때문이다. 과연 록펠러는 평생을 통해 자기의 재산에 의지하지 않고, 아니면 숫자에 벗어나 에둘러 말해서 완전히 돈을 벗어나 완전히 휴식했던 시간이 어느 정도 있었을까? 또 죽을 수밖에 없는 인간인 그가 얼마나 더 먼 목표를 향해 돌진했을까? 그는 부(富)가 물질적 만족과 동시에 정신적인 만족을 가져온다고 확신을 했기 때문에 오직 부만을 추구했던 것은 아니었을까? 맞을 수 있다. 그는 모든 것을 돈으로 계산했고, 시간과 정신조차도 돈으로 계산했다. 그는 뼛속까지도 돈으로 무장한 사람이었다.

그는 가장 돈이 많았을 때(그 때가 언제인지 본인도 모르고 다른 사람 아무도 몰랐지만) 현재 가치로 3,410억 달러나 되는 막대한 재산에 비해서 그의 생활은 소박했으며 사치하지는 않았다.(다른 졸부들에 비해서 그렇다는 것이다) 그러나 일반 시민들의 생활에 비해서는 엄청나게 사치스러운 생활이었다. 그는 그의 재벌 친구들이나 졸부인 동료를 지배하려는 생각은 하지 않았고, 그들에게 인정받거나 칭찬을 받고 싶어 하지도 않았다. 또한 그는 기독교적인 명예를 빼고는 세속적인 명예에도 별 흥미가 없었던 듯 하다.

그는 돈 버는 일에 대하여 다음과 같이 말하고 있다. "돈 버는 것이 세상에서 자기의 구실을 다하는 모든 인간의 최종 목적이다. 예를 들면 배를 건조한다고 하자. 일정한 크기와 마력, 모양, 그리고 그것을 움직여서 돈을 번다. 그러나 다음부터는 더욱 훌륭하게 해 내려고 할 것이다. 바로 그것이다. 그것이 돈 버는 것이지. 이것이 훌륭하게 자기의 구실을 다하는 것이다."[8] 아마도 무슨 일을 하든지 록펠러는 세상에서 제 구실을 할 수 있는 것(돈 버는 일)을 원하였던 듯하다. 그것은 돈을 벌어서 남보다 번듯하게 살고, 최선을 다해서 번 돈을 보다 좋은 곳에 사용하고 싶은 마음을 가지고 있었다. 그것은 또한 초기 기독교인 바울이 남긴 글에서, "나는 선한 싸움을 싸우고 나의 달려갈 길을 마치고 믿음을 지켰으니,"[9] 처럼 록펠러도 본인이 생각하는 선한 싸움은 돈을 벌고, 그것을 사람들에게 여러 가지로 이롭게 하는 것이라 생각했을 것이다.

록펠러는 자기가 만든 스탠다드석유회사 같은 '위대한 회사'를 자랑하고 싶었을 것이고, 또 그것을 유산으로서 남겨 놓고 싶은 기분도 있었을 것이다. 그의 회사는 그 규모나 고용의 정도와 사회적 기여도 등에서 위대한 업적임에는 틀림없다. 그러나 록펠러 연구가 중에서 그가 금전(돈)에 대한 집착, 바꾸어 말해서 그의 전 생애를 통해서 하루도 거르는 일이 없었던 자기의 재산에 대한 그 집념을 모르는 사람은 없다. 그의 돈 버는 일은 쌓아 올린 그의 거액의 재산에 나타나 있다. 그의 재산의 정도를 보여주는 숫자에 대한 집념이, 스탠다드석유회사 건설의 참된 원동력이 아니었을까? 숫자가 가진 매력은 어느 정도였을까? 그것이 궁극적으로 너무 큰 숫자가 되어서 상상 밖의 것이 되었다 하더라도 말이다. 실제로 말년의 록펠러는 재산과 수입이 너무 많아 숫자라는 개념이 거의 의미가 없었다.

<2-2, 스탠다드석유주식회사 로고>

출처: WWW. Google Co. Kr.

이 세상에 돈을 싫어하는 사람은 극소수이다. 대부분의 사람들은 -비록 어린아이라 할지라도-돈을 좋아한다. 이것은 인간의 본능이 아닐까? 인간이라면 돈을 많이 벌고 싶어 한다. 그러나 타고난 금수저이거나 자수성가하든지 아니면 흙수저라더라도 우리들은 여러 이유로 아등

바둥 살아간다. 록펠러처럼 돈에 대한 집착이 결국 그를 부자로 만들었고, 그 숫자에 대한 집념이 그를 대기업가로 만들었다. 돈이 우리 인간의 삶의 원천이기도 하다. 돈이 없으면 마치 공기가 없어서 죽는 것처럼 살기 힘들어진다. 그것을 우리는 '돈의 필요충분조건'이라 하고 록펠러의 경우에는 '돈을 많이 벌면 부자가 되고, 부자가 되면 남을 도울 수 있다'는 것이다.

록펠러는 스스로를 '숫자의 인간'이라고 하였다. 동료들도 록펠러의 인생은 '숫자를 중심으로 그려진 궤도'라고 말하고 있다. 스탠다드석유회사 비서 헨리 조지 로저스(Henry G. Rogers: 1840~1909)[10]는 록펠러가 숫자를 내어 그것을 계산하도록 하며, 상대를 시험하려고 할 때에 보여주는 즐거운 표정을 상세히 묘사한 적이 있다. 또 록펠러가 데이비드 호스티터(David Hostetter: 1819~1888)의 피처버그(pittsburgh)에서 밀러스톤(Millerstone)까지의 원유 파이프라인을 100만 달러로 산다는 거래가 이루어졌을 때의 그의 기뻐하는 모습을 설명해 준 사람도 있다. 그 때 록펠러는 데이비드 호스티터와의 대화에서 쓸데없는 말을 오래 계속하며 시간을 끌면서, 마음속으로는 어떠하면 이자 3만 달러를 건져 낼 수가 있을까 하고 그 지불 방법을 생각하고 있었다는 것이다.[11]

스탠다드석유회사 판매 담당 이사였던 찰즈 우드버리(Charles Woodberry)는 1911년에 이렇게 쓰고 있다. 록펠러가 아직 장부를 보고 있었을 당시, 그는 늘 경리실에 틀어박혀 장부를 열심히 조사하는 것을 즐겨, 쉽게 잘못된 점을 발견했다는 것이다. "록펠러의 즐거움이란 물론 사업에 성공했을 때였다. 이와 함께 숫자에 대해 이야기할 때도 그는 생기가 돌았다."라고 우드버리는 말했다.[12] 그는 정원을 만드는 데 대한 자기의 애착을 자서전에서 세밀하게 기술하면서, 숫자의 마력을 이야기하고 있다. 예를 들자면, 그가 소유한 포칸티코 영지의 토지에서 한 그루에 5- 6 센트하는 어린 나무를 길러서 그것을 자기가 소유한 또 다른 영지인 레이크우드로 한 그루당 1 달러 50센트 내지 2달러로 판다면 도대체 그 장부상의 이익이 어느 정도의 것일까 하는 등의 생각을 이야기 하고 있다.[13] 통상 자서전에 이런 내용을 잘 기술하지 않는데도 말이다.

만년의 록펠러의 돈에 대한 집착을 묘사하는 글이 많았다. 이것은 만년의 그가 돈이 많았고, 자선을 베풀고 하면서 일반인들이 여러 가지 가십거리로 그를 이야기 하고 있었기 때문이기도 하다. 예를 들면, 그는 어떤 스칸디나비아의 늙은 뱃사공과 얘기할 기회가 있었지만, 그 사람과 헤어질 때 록펠러는 그의 인상을 다음과 같이 한마디로 표현했다. "그에게는 7만 5,000달러의 값어치가 있다." 그는 한 사람의 생애의 경험이나 철학 그리고 하나의 사나이로서의 됨됨을 모조리 돈으로 환산하였던 것이다. 얼마나 돈과 숫자의 위인인가?

록펠러는 자식들과 손자들을 가까이 두고 돈의 가치관을 전하곤 했다. 그가 아들 존 D· 록펠러 주니어에게 보낸 편지에서 그 점을 엿볼 수가 있다. "이전에 너에게 가르친 것과 같이 너와 에미(며느리)는 애들의 교육에 임하여 경제적인 면에서 신중해야 할 것이라고 생각한다. 그렇게 하면, 애들도 돈이 귀중하다는 것을 스스로 이해하여, 그것을 가장 유효하게 쓰는 방법을 알게 될 것이다." 록펠러는 밤에는 스탠다드석유회사의 사무실을 돌아다니며 스스로 가스의 꼭지를 막는 정도로 세심한 사람이었으나, 결코 수전노는 아니었다. 록펠러는 C· 밴더빌트(Cornelius Vanderbilt; 1794~1877)[14]나, 헤티 그린(Hetti Green: 1834~1916)[15] 과 같은 부자들처럼 숫자에 밝고 돈을 사랑했다. 그러나 이들은 돈을 사랑하고, 말년에 자선을 베푼다는 것이 공통점이다.

2) 록펠러의 삶의 방식

그의 삶의 방식은 어떠했을까? 우선 노년의 40년 동안의 그의 하루를 추적해보자. 아침 6시에 일어나서 신문을 읽고, 8시에 아침식사를 하고, 숫자(Numerica) 풀기 놀이를 한다. 9시에서 10시 15분까지 편지들을 읽고(주로 도움을 요청하는 편지들), 10시 15분에서 12시까지 골프를 침. 12시 15분에서 1시까지 목욕을 하고 휴식을 취함. 1시에서 2시 30분까지 점심 식사 후 숫자 퍼즐을 품. 2시 30분에서 5시 30분까지 자동차를 타고, 5시 30분에서 6시 30분까지 휴식을 취함. 오후 7시에서 9시까지 만찬 후 숫자풀이를 함. 9시에서 10시까지 음악을 듣거나 가족들과 대화 후 10시 30분에 취침이다.[16]

이 거의 비슷한 일상생활에서 세 번이 계속 반복되는 일은 숫자퍼즐 맞추기이다. 숫자를 잊지 않고 숫자를 계속 외우려고 한 행동이 계속 나타난다. 필자가 일상생활에 흥미를 느낀 이유는 당연히 그의 삶의 방식을 이해하려는 일환이다. 노년이 되면, 누구든지 일상생활이 단순해지기 때문이다.

록펠러의 사업 및 자선 고문이던 프레더릭 게이츠(1853~1929)[17] 목사는 록펠러가 늘 검소함을 유지하려고 노력했다고 한다. 그가 사람들에게 주는 팁은 단순한 것이었다. 그는 짐꾼이나 일꾼에게 손에 가득 잔돈을 쥐어 주고 원하는 만큼 갖도록 했다. 그는 노년에 다임(10센트)의 동전을 많이 바꾸어 여기저기에서 심심찮게 사람들에게 나누어 주었다. 사람들은 이 돈을 쓰지 않고 일종의 부적처럼 가지고 있었다.

록펠러에게는 미술품을 감상하려는 것 같은 취미는 없었고, 문학이나 시 등 대체로 '문화'라고 불리는 것에 관심이 없었다. 그가 생각해서 좋다고 인정하는 음악은 「사랑스런 넬리 그레이」 정도의 것이며, 시에서도 낮은 수준의 것(보통 하층민이 좋아하던 것)을 즐겼다. 그는 교수, 기자 등

지식인층과의 교제를 좋아하지 않았고, 독서 같은 것은 거의 하지 않았지만, 그가 오랫동안 애독한 것은, 유머 작가 아트머스 워드(Artmouth Ward)의 작품이었다. 록펠러는 이 워드(필명 찰즈 팔러 브라운)를 남북 전쟁 전부터 개인적으로 알고 있었고, 그 당시 워드는 클리블랜드의 『프레인 딜러』지의 기자였다. 록펠러는 또 교회의 설교 이외에는 당시 한창 유행했던 강연을 들으러 가는 일도 없었다. 또 음악회에도 얼굴을 나타내지 않았으며, 60세를 넘도록 연극을 감상하는 일도 없었으나, 그 나이가 되어서 비로소 데이비드 벨라스코의 감상적인 무대극, 예를 들자면 「뮤직 매스터」등을 즐겨 보고 있었던 것 같다.

'집착'이라는 용어를 굳이 사용한다면, 그 말은 마치 록펠러를 위해서 있는 것 같았다. 돈을 버는 재능과 숫자에 대한 집착 외에 이렇다 할 특징은 그에게 없었다. (하긴, 우리 인간은 이 돈을 번다는 목적을 향해 달리는 사람들이 대부분이다) 어떻게 보면, 그는 자본주의 시대의 숫자를 사랑하는 기업가의 전형이다. 그의 긴 생애에서 정치적으로도, 경제적으로, 사회적으로도, 나아가 지적인 의미에서도 여러 가지 변화가 있었을 것이다. 그렇지만, 이 같은 것들이 있다 해도 그의 마음(돈을 사랑하고 숫자를 세는 것)은 조금도 변함이 없었다. 그가 실업계를 은퇴하자, 세상은 그를 철인(哲人)이라 부르고 그가 내뱉은 어떠한 말도 고맙게 생각하며, 언제든지 그 말에 의지하려고 고대하고 있었지만, 록펠러는 그런 것에는 관심이 없었다. 아니면 사실상 할 말이 없었을 수도 있었다. 왜냐하면 세상의 많은 이들이 비난을 하고 있었던 터(돈을 엄청나게 많이 가지고 있다는 것 때문에)이기도하고, 실제로 돈 외에 관심이 없어서 할 말도 없었을 것이다.

록펠러의 몸가짐은 퍽 예의 바르고 정중했다. 록펠러 스탠다드석유회사의 추문을 파헤친 멕컬루어 잡지의 기자였던 아이다 타벨(Iida Tarbell)은 록펠러의 회사에서 3일간 일을 한 적이 있는 남자에 관한 이야기를 하고 있다. 그 말에 의하면, 록펠러는 그 남자에게 이야기를 해 주었으면 좋겠다고 말할 때, 대단히 정중한 태도로 그의 승낙을 구하더라는 것이다. 타벨은 이것은 바로 록펠러가 겸손하다는 사실이 겉에 드러난 것이고, 그가 그간 저질러 온 죄를 참회하고 있기 때문에, 이렇게 겸손하게 나오는 것이라고 말했다. 그 태도는 그 후 일생 동안 계속된다. 친구들은 록펠러가 고상한 태도, 고상한 옷, 고상한 말, 고상한 사람들과 같은 '고상한'이란 말이 든 것은 무엇이나 좋아했다고 한다. 고상한 것은 어떤 의미일까? 고상한 것은 우아함일까? 아니면 돈이 많으면 고상해지는 것일까? 가난하면 고상할 수 없는 것은 무엇을 의미하는가? 많은 의미가 담겨있겠지만, 고상한 것은 천하지 않고 담백한 이상이 아닐까 한다.

그는 자기를 위해 일하는 사람을 향해 무리한 명령을 하지는 않았다. 그의 대화는 언제나 다음과 같은 것이었다. "당신은 이러한 일을 생각해 본 적이 있습니까?" "아마 그럴 것이라 생각 합니다."라고 이야기했다고 한다. 위에서 언급한 기자인 아이다 타벨이 그를 공격하고 그를 비난했을 때도 그녀를 개인적으로 만났을 때도, 한 번도 그녀를 드러내놓고 비난하거나 싫어하는 기색을 보이지 않았다고 한다.

가정에서의 생활은 쾌활한 것이었다고 전해지고 있다. 식사 때 노래를 부르기도 하고, 코에 비스켓이나 작은 접시를 얹어 놓고 떨어지지 않도록 밸런스를 잡는 때도 있었다고 한다. 어린애들은 아버지 록펠러를 마치 유쾌한 친구로서 대한 듯하다. 어린애들은 그와 함께 농담도 하고 눈가리고 술래잡기도 하며 놀았고, 호숫가에서 같이 수영도 즐겼다. (헤엄칠 때 그는 언제나 밀짚모자를 쓰고 있었다.)

회사에서 자기의 책상 앞에 앉은 록펠러는 서류를 앞에 놓고 묵묵히 일을 했다. 회사에서는 일을 퍽 세심하게 사람들에게 맡겼다. 그는 석줄의 전보를 치는 데도, 쓰고 지우느라고 한 시간으로 허비했다는 것이다. 더욱이 그는 그 전보를 사설 전신을 통해서 보냈으므로, 경제적이지는 않아도 이렇게 함으로써 록펠러는 자기의 완벽주의를 만족시킬 수가 있었다. 게이츠는 이렇게 쓰고 있다. "천재라는 것이 허리가 부러지도록 전력을 다하는 기술자라고 한다면 록펠러는 그야 말로 천재이다."라고 말이다.

그는 이미 결정한 스케줄을 바꾸거나 조정을 잘 하지 않았다. 어떤 때, 비서 조지 로저스가 거래에 관한 서류를 록펠러에게 전한 남자의 이야기를 했다. 3 일 후에 그 남자가 다시 와서 아무 결정도 되어 있지 않자, 불만을 털어 놓으면서 다음과 같이 말했다. "록펠러씨는 나의 서류를 들여다본다고 약속하지 않았습니까?" 이 말을 듣고 록펠러는 그 서류를 쳐들고 이렇게 말했다. "이미 서류는 보았다고 저 신사에게 말해 주시오." 이렇게 해서 그 거래가 처리되었는데, 그는 늘 규칙성과 정확성을 신봉하였던 것 같다.

록펠러는 모든 사람들의 말에 귀를 기울였으나, 남에게 거의 말을 하지 않았다. 프레더릭 게이츠는 "그의 선택에 신중과 정확을 기하려 한다면 침묵을 지키려는 경우라 할지라도 신중하고 정확했을 것이다."라고 썼다. 그는 친구가 아니면 어떠한 동료라도 늘 1보 거리를 놓고 교제했다. 즉, 그는 누구에게도 멀리 대하지 않았고 또 가깝게 대하지도 않았던 것이다. 그는 다음의 경구를 좋아했다. "남의 사랑을 받을 사람이 되어서는 안 된다. 남을 사랑하고 남에게 많은 관심을 나타내야 한다. 그러나 들뜨지 말라. 항상 군중의 한 사람이 될 수 있는 준비를 해 두지 않으면 안 된다. 경건하라. 참으로 경건하라." 경건과 침묵이 그의 삶의 방식이다.

동료들에게 보낸 그의 편지는 인간답지 않다는 평이었다. 친구들간의 사업상의 정보 교환에는 보통 같으면 약간 농담도 쓰게 마련이지만, 록펠러에게는 이런 것이 없었기 때문일 것이다. "자중하라"든지 "꼭 휴가를 가지시오"라는 등 극히 흔히 있는 표현 외에는 그가 인간다운 것

(남을 생각해 주는 배려, 온정) 등은 거의 없었다.

록펠러는 조직의 다른 멤버에 대해서 독재자로서 군림하지는 않았다. 단지 동료 중에서 가장 나이가 많은 자로서 행동했으며, 논리적으로 사리를 가리고, 자기의 길을 가려고 한 사람이었다. 그는 논쟁을 별로 즐겨하지 않았지만 모든 의논에서 이기려고 생각하지는 않았다. 그는 동료와의 의논에서 진 적이 더러 있다. 유머와 따뜻한 말은 글자 그대로 그의 마음속에는 거의 없는 것같이 생각된다. 조소적인 비꼬는 말이, 아마 유머적인 것에 가까 왔다고 해도 좋을 것이다. 록펠러는 큰 소리로 웃는 일은 없었다. 부인인 로라 스펠먼 록펠러(Laura Spellman Rockefeller: 1839~1915)은 그를 평하여 '성실하고 유쾌한' 사나이라고 평가했다.

3)록펠러의 신앙심

그럼 여기서 록펠러의 삶의 방식 중 하나인 신앙심에 대해서 알아보자. 돈은 점점 늘어났지만, 그는 규칙적으로 일주일 두 번 (수요예배와 주일예배) 클리블랜드의 유크리드 침례파(baptist) 교회나 뉴욕 5번가의 침례교회에 변함없이 다녔다. 그가 클리블랜드에 있는 동안(1884년 이후 그는 뉴욕 포레스트 힐에서 보냈다) 그는 주일학교의 교장을 지냈다. 주일학교에는 많은 사람이 모였고, 그들은 록펠러의 말에 큰 관심을 가졌다. 작가 존 M· 시달(John M. Sedall)은 아직 클리블랜드에서 출발한 초보 기자였던 시절, 주일학교에 다니게 된 경위를 말하면서 이렇게 얘기했다. 그 당시 록펠러는 시달이 속기를 하고 있는 것을 눈치 챘다. 시간이 끝난 후 록펠러는 시달의 옆에 앉아 수업할 때의 이야기가 어떤 것이었나를 상세히 말해 달라면서, 내용을 정리해 줄 수 없느냐고 부탁했다. 몇 주 후에 록펠러는 전차 속에서(클리블랜드에서는 트롤리를 타고, 뉴욕서는 고가전차를 이용했다) 시달이 타고 있는 것을 알아보고 악수를 나누면서 "당신은 나의 연설을 잘 정리했소. 그것은 분명히 일급품이었어. 정말 고맙소.”

그는 이처럼 겸손한 사람이었지만, 신앙심에 대한 기록은 남기지 않았다. 있다고 하더라도 그것은 거의 세속적인 것에 관한 것이며, 신학적 주제에 관한 것이라기보다도 생활형 실천 정도의 것이다. 다음에 쓴 글은 록펠러가 자선을 위한 기부를 사업을 위한 투자로 보고 행한 이야기를 발췌한 것이다. “당신이 교회에 가서 교회의 가르침에 찬동한다면, 교회에 대해서 당신은 무엇인가 바치지 않으면 안 된다. 실업가가 만일 가스 용구나 유리나 또, 현재 우리들 주변에서 볼 수 있는 많은 생산품 등을 생산하려고 할 경우, 누구나 그 목적을 위해 돈을 조금이라도 내놓아야 한다. 투자한 금액에 따라 그들은 수익이나 배당이라는 것을 받을 수가 있는 것이다. 당신들이 그 사업에 참여하려고 할 때, 그 사업에 많은 돈을 투자할 필요는 없다. 필요한 것은 누구나가 어떠한 형태로 공헌하고 있는가가 문제이다. 그것이 돈이든 무엇이든 간에 상관할 바 아니다. 무엇인가를 내어 놓는다. 그럼으로써 당신의 구제라는 배당은 더욱 커지는 것이다.”[18] 이 말은 아마도 기업도 투자한 만큼 배당받는데 자선도 투자한 만큼 교회나 신으로부터 받는 다는 생각인 것 같다.

록펠러를 떠받들고 있는 2개의 배경—돈을 벌어들이는 것과 신앙생활- 중에 어느 쪽이 보다 더 중요한 것인가를 보여준 한 사건이 있었다. 1878년 클리블랜드 브래드포드의 유조차 화재 사건 때, 어느 신앙심이 깊은 임원이 일요일에 유조차에 짐을 싣는 것을 알고 노했다. 그는 성스러운 날에 클리블랜드행의 석유를 싣고 있다는 것을 지적하여 록펠러에게 항의했다. 이 임원은 록펠러가 자기의 태도에 찬성해 줄 것으로 생각했지만, 그의 항의는 받아들여지지 않았을 뿐 아니라, 오히려 록펠러에게 굴복하지 않으면 안 되었다. 그는 록펠러에게 다음과 같은 글을 보냈다. “지금까지도 나는 성스러운 휴일인 일요일에 짐을 싣는다는 것을 도덕적으로 용서받을 것이라고 생각하는 당신에게 공명할 수 없습니다. 그러나, 나는 일요일에 짐을 싣도록 지시하고 있습니다." 그는 신앙심 보다는 돈이 더 중요했던 것 같다.

한편 산업계의 거물들 중에 록펠러만이 특별히 교회를 열심히 다니고 있었던 것은 아니다. 많은 산업계의 거물들이 신상심이 깊었다. 앤드루 카네기(Andrew Carnegie: 1835~1919), J. P. 모르간(John P. Morgan: 1837~1913), 코널리어스 밴더빌트(Cornelius Vanderbilt: 1794~1877)등 대부분의 기업가들이 신앙심이 깊었다. 그 이유는 19세기 후반이 미국에서 '제2차대각성운동기간(부흥회운동)'이었다. 많은 기업가들이 부흥회에 감명을 받아 대체로 신앙심이 깊었다. 지금보다도 훨씬 믿음이 강한 기업가들이 많았다. J·P·모르건은 성공회 교인으로 굉장히 믿음이 깊은 사람이었다. 뉴욕 세인트 조지(Saint George) 교회에서 그는 나지막한 음성으로 찬송가를 불렀다. 또 밴더빌트는는 혼자 조용히 몇 시간씩 기도를 드렸다고 한다.

록펠러는 자기 자신은 훌륭한 기독교인이라고 생각했다. 그가 다녔던 클리블랜드의 유크리드 침례교회의 목사는, '더러운 돈'19의 논쟁이 벌어지고 있을 때에 다음과 같이 말했다. "세상 사람들은 록펠러 씨가 훔친 돈을 교회에 기부했다고 비난하고 있으나, 그는 그 돈을 제단에 놓고 신성한 것으로 했다."

사실, 당시의 종교는 부(富)를 정당시하기 시작하였다. 역사가 R· H· 토니(Tawney)의 『종교와 자본주의의 발흥』속에서 설명하고 있듯이, 캘빈주의 관점으로 사물을 보는 것, 즉 '청교도의 윤리'에서 본다면, 인간은 태만을 극복하여 돈을 벌어들이기 위해 애를 쓰고, 자기의 가족을 위해 재물을 모으는 것이야말로 신의 참뜻을 실현시키는 것이다. 그 보답으로 신은 그의 재산을 늘여주는 것이다. 록펠러가 "나의 부는 신이 주신 은총"이라고 말한 말은 바로 17세기 청교도 목사 코튼 메이서의 "절대의 신이 당신들에게 재물을 주어 훌륭한 사람이 되게 하셨다는 것을 여러분은 인정하지 않을 수 없다."라는 설교나, 매사추세츠의 윌리엄 로렌스 성공회 신부의 "신을 공경하는 마음이 있음으로 해서 비로소 재물을 얻을 수가 있다."라는 설교와 같은 성격이다. 또 감리교 창시자인 요한 웨슬레 목사도 "얻어지는 만큼 거두어들이라. 얻어지는 만큼 모아두어라. 얻어지는 만큼 자선하라."라고 했다. 록펠러는 이와 같은 말씀을 듣고 그 말을 실천에 옮긴 것일지도 모른다.

록펠러는 사업에 막 발을 들여 놓았을 당시, 사업에는 손해가 될 뻔했는데도 어느 단골과의 접촉을 거절했던 일이 있었다. 록펠러가 밝힌 바에 의하면, 거절한 것은 어느 은행가가 록펠러를 떠 보려는 자의 부탁을 받고 손을 쓴 것이라는 것을 나중에 알았기 때문이었다. 그 때 이야기하는 모습으로 보아, 록펠러는 선한 상거래를 선한 종교심과 일치하는 것으로 보고 있었다는 것으로 보인다.

당시 미국의 사상계는 '신의 손'에 의해 이루어진 설계는 '자연계'가 이룩해 놓은 설계와 마찬가지라 생각하고 있었다. 당시 유행하기 시작하고 있던 이와 같은 생각은, 찰스 다윈(Charles Darwin)의 새로운 생물학의 이론을 경제 현상에 결부시킴으로써 더욱 지배적인 것이 되었다. 적자생존의 이치에 따라 강자가 살아남는 생존 경쟁이 미국의 경제계가 지배적이었다. 이 경제논리는 경제는 모두 기계적이고 이미 질서화 되었다는 것이다. 앤드류 카네기는 이미 이 학설을 보급했던 하버트 스펜서(Herbert Spencer)의 에세이를 읽고 "빛이 홍수와 같이 넘쳐, 모든 것이 확실해졌다."고 말했다.

이익 추구의 행위를 사회적으로 정당화하기 위한 구실을 록펠러가 찾고 있었다는 것은 분명하며, 결국 그는 동포들에 대한 공헌에서 그 사실을 찾아내었다. 그는 의미심장하게 석유를 '가난한 자의 등불'이라고 부른 적이 더러 있다. 1885년, 그는 중역 중의 한 사람에게 제조 원가를 낮추는 데 관해서 편지를 보내었다. "알았으면 행동에 옮기는 거다. 우리들은 가난한 사람을 위해 석유를 정제하고 있는 것이므로, 싸고 좋은 물건을 그들에게 줄 의무가 있다는 것을 잊어서는 안 된다."는 것이다.

록펠러에 대한 공격이 절정에 달했던 1907년, 록펠러를 스탠다드석유회사에서 손을 떼게 하려는 독점금지법에 대해 논의할 때(1911년에 시행됨)였다. 이 때 그는 뉴욕의 캘버리 침례교회의 로버트 S· 매카더 목사를 통해 다음과 같은 성명을 발표했다. "나는 신의 뜻에 따라 관리하는 것을 위임받은 세상 사람들의 재산에 대한 트러스티(수임자)이다. 따라서 적극적으로 그 재산의 안전을 지키는 것이 신에 대해, 사람에 대해, 그리고 나의 회사에 투자한 돈에 대해 내가 해야 할 의무라고 생각한다."[20] 자기의 인생도, 사업도, 모두가 신의 목적에 따른 것이라는 것을 그가 이렇게까지 명백하게 표현한 일은 일찍이 없었다.

록펠러는 일상생활의 상당 부분을 신앙생활에 할애했다. 아침식사 전에 그는 경건하게 식전 기도를 올리고, 존 헨리 조웨트(John H. Joeweght) 목사가 쓴 『순환하는 시간 속의 일일 명상』의 한 페이지를 크게 읽었다. 조웨트는 엄격하고 완고한 기독교 신앙을 옹호하면서 독자들에게 오만과 욕망, 탐욕을 버리라고 충고했다. 증오심이 생길 때는 금욕적인 평정을 지킬 것을 강조했고, 적에게 원한을 품지 말라고 일렀다. 이는 록펠러가 가슴에 새겼을 법한 충고였다. 그는 아침식사 시간에 손님들에게 시편이나 신약성서를 읽으라고 권했고, 취침 시간에는 또 다른 설교집인 『낙천주의자의 편안한 밤』에서 위안을 구했다. 이렇게 그의 하루는 종교적 위안으로 시작하고 끝을 맺었다.

1903년 6월 어느 날(어린이 날) 일요일, 록펠러는 뉴욕 침례교회 주일학교에서 짧게 설교한 적이 있다. 록펠러는 설교단 앞에서 성직자 같은 코트에 실크해트를 쓰고, "머리를 숙이고, 기도를 중얼거리고, 찬송가를 부르고, 고개를 끄떡이면서 기계적으로 손뼉을 쳤다. 이 모든 것은 그에게 일, 즉 사업의 일부이다. 한두 시간 정도 그 일을 하고나면 다음 한주동안 악마를 물리쳤다고 여기는 것이다."[21] 이것이 무엇을 의미할까? 기도하고 찬송가를 부르는 것은 당연히 교회 출석하면 하는 일이다. 이것이 어째서 사업인가? 거의 그렇지는 않다. 당시의 많은 사람들이 그러했듯이, 록펠러는 어머니의의 신앙심의 훈련아래[22] 여러 가지 노력을 했다. 많은 사람들이 이 세상에 살고 있지만, 특별히 돈을 잘 버는 사람이 있고, 돈을 못 버는 사람도 있다. 돈 잘 버는 사람(대기업가)이 소수이고, 이들은 특별하지만, 숫자에 밝고 현실적이고 냉정하며 돈 벌기를 좋아했기 때문이다.

2. 록펠러 재단

<2-3, 러들로 학살 기념비>

앞에서 록펠러의 삶을 살펴보았다면, 여기서는 박애의 실천을 알아보고자한다. 1900년대 초 록펠러는 자신도 알 수 없는 정도로 불어나는 재산과 그에 비례하는 대중들의 비난에 매우 혼란스러워했다. 기업

경영에 최선의 노력을 하였고 기부와 자선을 위해 노력했건만, 시민들의 비난은 쇄도하였다. 그 비난은 밑도 끝도 없는 록펠러의 재산에 대한 질투 혹은 노동자들의 노조운동이었다. 1914년 4월에 일어난 콜로라도(Colorado)주 러들로(Rudlow)에서 일어난 파업과 13명의 부녀자 사망이 그를 '도살자'라는 이름을 붙게 하였다.[23] 이 불만을 가라앉힐 필요도 있고, 기독교 신앙심이 (박애)자선의 생활로 그를 이끌었다.

1) 록펠러 재단의 설립과정

록펠러가 자선을 베푼 이유는 본인 외에 아무도 알 수 없는 일이다. 본인이 앤드루 카네기처럼 『부의 복음』이라는 책을 써서 자선행위에 대해 그 당위성을 밝힌 적도 없고, 개인적으로 그 소망을 구체적으로 밝힌 적이 없으니 우리는 그 속사정을 알 수 없다.[24] 추정컨대 기독교 신앙이나 개인의 사후 천국에의 소망일 수는 있다.

아마도 대중의 분노에 대응 방식이거나 개인 소망이 합쳐진 것이 바로 자선 단체조직이다. 록펠러 시대의 용어로는 '기부(donation)' 혹은 자선단체 조직이다. 기부의 시작은 순전히 개인적인 방식이었다. 여기 저기 쇄도하는 기부 요청에 비서를 통한 개인적인 일 처리방식은 물론 초기 형태였을 것이다. 시간이 지나면서 좀더 실용적 혹은 과학적인 접근이 필요했을 것이다.

19세기 후반과 20세기 미국 부자들은 대체로 '개같이 벌어서 정승같이 썼다."[25] 20세기 미국 부자들의 부에 대한 생각과 그 잉여 재산 처분은 대체로 다음과 같다. 첫 번째 방법은 자손에게 물려주는 것이고, 두 번째는 공익기관에 기부 체납하는 것, 그리고 세 번째는 살아있는 동안 부자가 재단이나 기관을 설립하여 직접 관리하며 사회에 기여하는 것이다.

록펠러는 자손에게 부를 물려주는 첫 번째 방법은 그것을 물려받은 자손에게 의타심과 나약함을 초래하기 때문에 좋은 방법이 아니라고 말한다. 그는 "많은 유산은 의타심과 나약함을 유발하고 비창조적인 삶을 살게 하는 경향이 있으므로 만약 당신이 자식의 진정한 행복을 생각한다면 결코 많은 재산을 물려주지 말아야 할 것"이라고 주장한다. 그는 "자식에게 막대한 유산을 남겨주는 것은 독이나 저주를 남겨주는 것과 같다"고 경고했다.

두 번째 방법인 공익을 위해 '부'를 기부하는 것은 "일반적으로 기부 체납된 재산이 쓰이는 것을 볼 때, 그 재산이 당신 사후에 당신이 바라던 대로 사용될 것이라는 희망을 가지기 힘들다. 기부자가 바라던 진정한 목적이 이루어지지 않는 경우가 대부분이며, 기부자의 소망이 무시되는 경우도 많기 때문이다. 많은 경우, 유증된 재산은 자신의 어리석음을 기념하는 기념물로 이용된다." 이 말은 공익으로 유증된 재산은 관리가 부실하여(책임 소재가 없음), 부자들의 목적과 달리 쓰일 가능성이 있다는 지적이다.

그는 세 번째의 경우인 부자가 직접 재단을 만들어 관리하는 것이 가장 적합하다고 확신했다. 그는 경영수완과 무한한 창의력을 가진 부자들은 자신의 부를 나누어 주는 방법과 기술도 스스로 고민하고 만들어 내야 한다고 주장한다. 그에 의하면 "부자는 자신에게 신탁된 재산을 관리하라는 소명을 받은 자에 지나지 않는다. 그러므로 지역사회에 최상의 혜택을 줄 수 있는 방식으로 잉여재산을 관리해야 할 의무를 갖고 있다. 따라서 부자는 단순한 수탁자에 불과하며 이웃의 가난한 사람들을 위한 대리자에 지나지 않다"는 것이다.

그는 가난의 경험이 있었기 때문에 자선이라는 것이 어떠한 효과를 갖게 되는지 잘 알고 있었다. 그는 맹목적으로 광범위하게 베풀어지는 단순한 자선에 대해 반대했다. 그는 "오늘날 이른바 자선이라는 이름으로 쓰이는 1000달러 가운데 950달러 정도는 바람직하지 않게 사용되고 있다. 그런 자선행위는 그것을 통해 치유 내지는 경감시키려 했던 악을 오히려 유발할 수도 있다"고 경고했다.[26]

그는 돈을 버는 데도 뛰어났지만 부를 나누는 방법에도 보다 발전된 시스템을 생각하였다. 록펠러는 실제적인 퇴임 후의 시간을 도덕적으로 올바르고 정직하게 보내고 있다고 생각했으나, 미국 대중의 생각은 그렇지 않았다. 록펠러는 록펠러 재단이 설립되기 전에 이미 만들어진 록펠러 의학연구소와 일반 교육위원회가 숱한 선행을 했는데도, 사람들은 여전히 그 기관들을 설립한 자의 재산을 문제 삼았다. 언론에서는 그의 기부금이 앤드루 카네기에 못 미칠뿐더러 재산이 불어나는 속도와도 보조를 맞추지 못한다며 록펠러를 압박했다.

1901년 무렵에 록펠러는 자신이 이제껏 해온 모든 자선 사업을 능가하는 큰 규모의 재단을 설립할 필요를 느꼈다. 그는 일종의 '자선사업 트러스트'를 설립할 작정이었다. "재단을, 그러니까 트러스트를 세웁시다. 그리고 우리의 조력을 받아가며 그 자선사업을 필생의 사업으로 여기고 효율적으로 이끌 적절한 이사들을 영입하는 겁니다."[27] 자선 담당 고문이었던 프레더릭 게이츠는 1906년 6월에 록펠러에게 편지를 쓰면서, "저는 회장님의 위대한 부와 더불어 15년을 살았습니다. 언제나 그 부의 증식과 활용 방법에 생각과 마음을 쏟았고, 그러한 생각들은 제 몸의 일부가 되었습니다. 마치 그것들이 제 재산인 듯 느끼기까지 합니다." 그는 자기가 가진 수사적인 기교를 모두 동원하여 다음과 같이 부추겼다. "회장님의 재산은 눈덩이처럼 불고 또 불고 있습니다! 거기에 보조를 맞춰야 합니다. 불어나는 속도보다 더 빠른 소도로 재산을 분배해야 합니다. 그렇게 하지 않으면 그 재산이 회장님과 자녀들, 또 후손을 깔아뭉갤 것입니다."[28]

게이츠는, 록펠러가 바로 행동에 나서지 않으면 상속인들이 유산을 낭비하면서 돈의 권력에 취하리라고 예견했다. 그가 제안한 해결책은 교육, 과학, 예술, 농업, 종교, 심지어는 시민 도덕 등의 다양한 대의를 위해 자금을 지원하는 "인류의 이익을 위한 영속적인 기업형 자선단체"를 설립하는 것이었다. 사재(私財)를 유능한 수탁자들에게 맡겨 공공복리 증진을 위해 집행하도록 하는 이러한 트러스트는 미국 사회에서 유례없는 방식이었다, 게이츠는 이렇게 설명했다. "수탁자가 된다는 것만으로도 유명한 인물이 될 만큼 어마어마한 규모의 자금이어야 합니다. 그것을 집행하는 일이 공적 관심, 공적 심의, 공적 비판의 대상이 될 정도로 규모가 거대해야 합니다."

자선 트러스트의 개념은 록펠러가 처음 고안한 것은 아니었다. 18세기와 19세기 중반의 벤저민 프랭클린(Benjamin Franklin)과 스티븐 지라드(Steve Gierard) 등도 비슷한 조직을 만들었다.[29] 하지만 록펠러는 그러한 조직 개념에 전례 없는 규모와 최신 형태로 바꾸었다.

그는 록펠러 재단의 이사회를 의도적으로 작은 규모로 만들어, 식구들 다섯 명과 록펠러가의 측근으로 구성하자고 했다. 이러한 청사진을 통해 자선사업에 대한 새로운 접근 방식의 윤곽이 그려지기 시작했다. 스탠다드석유회사의 창시자인 록펠러는 사안의 결정에서 자신이 거부권을 갖는 거대 재단의 창설을 당연히 찬성했다. 다시 한 번 록펠러가 가진 어마어마한 규모의 재산을 관리하기 위해 새로운 방안이 제안된 것이다.

1909년 6월 29일, 록펠러는 5000만 달러에 상당하는 뉴저지 스탠다드석유회사 주식 7만 3000주를 록펠러 주니어, 게이츠, 해럴드 매코믹, 이 세 수탁인에게 양도했다. 이것은 1억 달러로 책정된 록펠러 재단의 기본 자산 중 일부를 최초로 기부한 것이었다. 스탠다드석유회사에 대한 연방 반독점 소송이 진행 중이라 미국 상원으로부터 비과세 재단에 대한 설립허가를 이끌어내기는 무척 까다로웠다. 부정 이득을 챙

긴 악덕 기업에 연방 의회 의원들이이 연방 설립허가서를 내준다는 사실을 유권자들에게 어떻게 설명할 수 있단 말인가? 1910년 3월 상원에 입안된 재단설립법은 대중의 반감을 완화하기보다는 더욱 자극할 것 같았다. 그로부터 일주일 후, 스탠다드석유회사 변호사들은 반독점 소송의 항소와 관련하여 사건 적요서를 연방 대법원에 제출했다. 이로써 대중들의 마음속에는 두 가지 사건이 뒤섞여 록펠러라는 인물의 서로 다른 두 모습, 즉 철저한 악인의 모습과 철저한 선인의 모습이 나란히 존재하게 되었다.

록펠러와 재단 설립자들은 대중을 달래기 위해 자발적으로 상당한 양보를 했다. 그중 하나가 재단 본부를 미국의 수도 워싱턴에 두겠다는 제안이었다. 게이츠가 브린 마 대학 오찬에서 대통령과 우연히 마주쳤을 때, 윌리엄 태프트 대통령은 재단 설립 계획에 어떻게 안전장치를 마련할지 아이디어가 있으면 자신에게 보내달라고 말했다. 이후 대통령에게 보낸 서신에서 게이츠는 연방 의회가 재단의 자금 운용 방식을 언제라도 제한할 수 있다고 적었다. 또한 록펠러 일가가 부당한 권한을 휘두를지도 모른다는 우려에 대해서는, 25인의 이사회 구성원 중에 록펠러의 측근은 다섯 명만 포함시키겠다고 말했다. 그런 다음 게이츠는 놀라운 제안을 했다. 다음 열거하는 모든 사람 혹은 다수가 이사 임명을 거부할 권한이 있다는 것이었다. 그들은 바로 미국 대통령, 연방대법원장, 상원의장, 하원의장, 그리고 하버드, 예일, 컬럼비아, 존스 홉킨스, 시카고 대학의 총장들이었다.

여러 가지 노력에도 불구하도 연방 차원에서 설립허가서가 지연되자 록펠러 부자는 곧 워싱턴을 단념하고, 1913년 뉴욕주에서 설립허가를 받는 쪽으로 방향을 바꿨다. 그로부터 2년 전, 주 의회는 1억 2500만 달러의 기부금을 보유한 카네기 코퍼레이션의 설립을 허가했다. 그리고 록펠러에 대한 허가서 역시 한마디 반대의 의견조차 없이 신속하게 승인했다. 20세기초 경에 록펠러는 자선을 목적으로 1억 5750만 달러(현재 가치로는 대략 315억 달러)를 기부했다. 재산이 폭발적으로 증가하는 속도와 보조를 맞추어 분배해야 한다는 게이츠의 충고를 받아들여 첫해에 1억 달러를 록펠러 재단에 기부했고, 1919년까지 8,280만 달러를 추가 지원했다. 그것은 1919년까지 이미 록펠러가 앤드루 카네기가 평생 기부한 금액과 맞먹는 약 3억 5000만 달러를 기부했다는 것을 의미한다. 그는 또 세상을 뜨기 전에 1억 8000만 달러를 더 기부했다. 그의 아들도 추가로 5억 3700만 달러를 기부했으며 록펠러가의 이름으로 벌인 다른 자선사업을 통해서라도 별도로 5억 4000만 달러를 기부했기 때문에, 록펠러는 최대 라이벌(앤드류 카네기)의 기부액을 훨씬 능가하는 동시에 미국 역사상 최고의 자선사업가의 반열에 올랐다.[30]

1913년에 록펠러 재단 설립허가를 받아냄으로써 록펠러는 막대한 부를 상속세로부터 보호할 수 있었다. 그런데 그해, 최초로 연방 소득세를 성문화한 수정헌법 16조가 비준되었다. 처음에는 최고 세율이 6퍼센트밖에 안 되었지만, 록펠러는 이와 같은 개정에 무조건 반대했다. 그는 1914년에 어떤 기자에게 이렇게 불평했다. "어떤 사람이 이 법의 테두리 안에서 부를 축적했다면, 정부는 그 소득을 나누어 가질 권리가 없습니다." 다음 몇 해 동안 세율이 차츰 높아지고, 더 많은 세금을 내야했다. 이제 어떤 기업가라도 록펠러가 반독점 법안이 없는 자유방임의 세계에서 벌어들였던 것처럼 돈을 버는 일은 거의 불가능한 일이 되었다. 록펠러의 어마어마한 부는, 거대한 부의 축적을 제한하고 부를 재분배하며 사회적 긴장을 완화하는 방법으로 과세를 활용할 것을 주장하는 많은 사람들에게 설교의 소재로 사용되었다.

소득세법이 개정되어 누진 소득세를 통하여 부의 대물림과 부의 사회 재분배가 실현되었다. 그러나 록펠러가 재단을 만들려고 하던 시기인 1900년대 초는 록펠러식의 자선이 최선이었을 것이다.

록펠러 재단의 탄생은 프레더릭 T. 게이츠가 20년간의 헌신 끝에 록펠러의 사업에서 물러나는 것과 비슷한 시기에 이루어졌다. 게이츠는 록펠러 재단의 구상과 설립에 중요한 역할을 한 인물이었지만 이제는 9인의 이사 중에서 한 명에 불과했다. 록펠러 재단은 1913년 5월 19일 브로드웨이 26번지에서 첫 회의를 열고 록펠러 주니어를 회장으로 선출했다. 그는 아버지에게 참석해달라는 초청장을 보냈지만, 아버지가 거절하리라는 것을 알았다. 10년간 재단에서 명목상 이사였던 록펠러는 평소처럼 한 차례도 회의에 참석하지 않았다. 그는 이제 자선사업에서도 감독 역할로 물러나 더욱 많은 권한을 아들에게 물려주었지만, 거부권만은 포기하지 않았다. 아마도 재단 설립허가를 두고 연방 의회와 갈등을 빚은 일이 그에게 재단과 적당한 거리를 유지하는 것의 가치를 일깨워주었을 것이다. 아니면 그저 나이 때문이었는지도 모른다.

2) 록펠러 재단

<2-4, 록펠러 재단 로고>

1913년 5월에 뉴욕에서 설립된 록펠러재단은 다음과 같은 모토를 가지고 있다 "널리 세계에서 인류의 안녕을 지킨다(Promote the Well-being of Mankind throughout the World)". 그 모토를 실천하는 구체적인 방침은 다음과 같다. 첫째, 미국 내에서 성별, 인종, 신념의 차별없이 교육을 위해 경제적 지원을 한다. 영국 런던에 위생 및 열대 의학학교 설립을 지원한다.

미국의 존스 홉킨스 및 하버드 대학교에 공중보건학교를 세운다. 황열병(Yellow Fever) 예방 백신 개발. 나찌스(Nazis)에 의해 핍박받는 학자들을 위한 새로운 학교(New School) 설립이다.[31]

신설 재단의 몇 가지 특징을 살펴보면, 기존의 록펠러가의 자선사업들을 위한 지주회사와 같은 지배구조가 형성되었다. 9인의 이사 중에서 두 명은 가족 구성원(록펠러와 록펠러 주니어), 세 명은 측근(게이츠, 스타 머피, 록펠러 주니어의 비서 찰스 O. 헤이트), 그리고 네 명은 록펠러의 자선사업을 도운 인물 등 이었다. 록펠러의 자선사업은 여전히 동일한 인물들이 여러 이사회에 다리를 걸친 스탠다드 석유주식회사의 트러스트와 같은 구조로 이루어져 있었던 것이다.

록펠러 재단은 매년 재단의 수입 가운데 200만 달러를 분배할 수 있는 권한이 아버지 록펠러에게 있다는 점을 명확히 했다. 1917년에 이 제도가 폐지될 때까지 록펠러가 직접 선정한 대상이 전체 기부의 3분의 1을 차지했고, 침례교 선교사업, 찰스 B, 데이번포트의 우생학기록보관소 등 그가 특히 애착을 가진 몇몇 사업에 자금이 지원되었다. 돌이켜보면, 연방의회는 재단 설립 허가를 거부함으로써 자선자금 행사에 대한 록펠러의 영향력을 제한할 기회를 잃은 것이다.

연방 설립허가서와 관련된 소동에 시달린 후, 록펠러가 제단은 기부금 수혜 후보를 선정할 때 논쟁의 기미가 보이면 일단 탈락시켰다. 대중의 비판을 충분히 겪은 록펠러 일가는 일단 이 사업이 순수하고 결점이 없기를 바랐다. 록펠러가에서 운영하는 다른 자선사업과 마찬가지로, 록펠러 재단 역시 진보주의 시대의 낙천적이고 합리적인 분위기에 맞춰 신흥 기술 전문가들(테크노크라트)을 영입했다. (1912년에 정치학자 우드로 윌슨이 백악관에 입성하던 시절이었다.)

록펠러 부자는 주로 실용적이고 이념과 무관한 과학연구에 집중하였다. 오랫동안 록펠러 재단은 인문·사회과학과 예술 분야를 지나치게 주관적이거나 정치적으로 위험한 분야라고 여겨 기피했다. 1917년 록펠러 주니어는 아버지에게 5000만 달러를 록펠러의학연구소(Rockefeller Institute for Medical Research)에 기부해달라고 요청하면서 자신이 왜 의학을 선호하는지 이야기했다. "의학은 시끄러운 논쟁의 여지가 없는 분야이므로 자금 사용이나 정치적 위협과 관련하여 비판이 일 가능성이 거의 없을 겁니다. 또 의학 발전에는 한계가 없잖아요."32

처음 10년 동안 록펠러 재단은 국내외에서 공공보건과 의료 교육에 집중했다. 최초의 자선사업이 지닌 독특한 국제적 역량을 자랑스러워 했다. 이는 예나 지금이나 록펠러 재단의 특징이기도 하다. 1913년 6월, 이사회는 첫 사업으로 록펠러 위생위원회의 십이지장충 박멸 캠페인을 전 세계로 확장하기로 했다. 십이지장충의 박멸을 위해 멕시코와 협력하여 구충제를 만들어 먹여 미국 남부지역과 멕시코인들의 구충에 큰 도움을 주었다. 이를 세계에 확대하기 위해 위클리프 로즈(Wycliff Rose)의 지도 아래 국제보건위원회를 창설하고, 6개 대륙 53개 나라로 캠페인을 전파해서 수백만 명을 치료했다.

이후 재단은 말라리아, 결핵, 발진티푸스, 성홍열 등 많은 질병을 퇴치하는 병원 설립에 참여하는데, 그의 최대 성과는 한때 '서반구의 테러'라고 불린 황열병(Yellow Fevers)에 관한 것이었다. 에스파냐-미국 전쟁 동안 월터 리드 소령은 모기가 황열병을 옮긴다는 사실을 알아냈다. 당시 파나마 운하를 건설하던 W. C. 고거스(W.C. Gaugers) 대령은 그 사실을 숙지하고 모기가 득실거리는 정글을 통과하는 파나마 운하를 건설하는 동안 황열병 발병을 억제할 수 있었다. 1914년 아시아 지방을 여행하는 동안 로즈는 공공보건 관리들로부터 황열병이 새 운하를 통과하는 선박에서 옮을 수 있다는 우려를 전해 듣고 미국에 돌아와 고거스 대령과 의논했다. 고거스 대령은 체계적인 방법으로 서반구에서 황열병의 온상을 제거해나가면 "합당한 기간에 합당한 비용으로 근절될 수 있다"고 주장했다. 로즈는 고거스를 고용해 이를 실현하도록 했고, 그는 1920년 말까지 남아메리카와 중앙아메리카에서 황열병을 거의 근절하는 대단한 성과를 올렸다.

그러나 황열병이 다시 창궐하자 록펠러 재단은 일단 과학자들을 후원하여 그에 맞설 백신을 개발, 제조하도록 했다. 마침내 1937년에 백신이 개발되었지만, 그 과정에서 연구자 여섯이 문제의 질병에 걸려 목숨을 잃었다. 이렇게 개발된 수백만 병의 백신이 전 세계에 배포되어 제2차 세계대전 동안 무수한 미국 병사의 목숨을 구했다.

그러나 전염병을 뿌리 뽑으려는 노력에도 불구하고, 여전히 많은 문제가 있었고, 특히 한 가지 문제가 해결되지 않고 있었다. 정부에 훈련된 인력이 부족해서 과거 감염되었던 지역에 전염병이 또다시 발병할 경우 어떻게 대처해야 하는가 하는 문제였다. 이 문제를 해결하고 로즈의 수고를 물거품이 되지 않게 하기 위해서는, 공공보건기구를 설립할 수 있도록 정부가 돕는 것이 최상의 방법이었다. 다행히 당시는 그러한 노력을 기울이기에 적절한 시기였다. 이제 순수과학의 발전이 응용과학을 앞지르고 있었고, 그것은 곧 기존 지식을 활용하는 그것만으로도 대단한 성과를 이룰 수 있다는 것을 의미했기 때문이다. 록펠러 재단은 이 같은 사실을 간파하고 존스 홉킨스대학(Johns Hopkins University)에 600만 달러를 제공해 1918년에 위생학 및 공중보건 교육기관을 설립하도록 도왔다. 이는 위생공학, 유행병학, 생물통계학과 같이 새롭게 대두되는 학문 분야에서 공중보건 전문가들을 육성하기 위한 최신 기관이었다. 1921년에 재단은 하버드대학(Harvard University)에 공중보건학교를 세우기 위해 비슷한 액수를 기부했고, 마침내 콜카타와 코펜하겐 등 세계 각지에도 그러한 학교들과 다양한 장학금 프로그램을 창설하도록 2500만 달러를 기부했다. 록펠러 재단은 이러한 촉매 역할을 통해 미국 의학이 세계 정상의 위치에 이르는 데 없어서는 안 될 역할을 톡톡히 해냈다.

록펠러 재단의 막대한 자금은 여러 대륙에 걸쳐 분배되었는데, 그 중 중국은 미국을 제외한 다른 어떤 국가보다 더 많은 자금을 받는 특별 수혜 국가였다. 1909년에 록펠러가 시카고대학에 지원 규모를 줄일 무렵, 게이츠는 중국에 대형 대학교를 설립함으로써 미국에서와 같은 위업을 재현할 수 있으리라 생각했다. 당대의 많은 침례교인들과 마찬가지로 록펠러는 중국에서 이루어지는 광범위한 선교활동 때문에 중국에 관심이 많았다. 중국의 불안한 정치 상황 때문에 조금 주저하긴 했지만, 게이츠는 그곳을 조사하기 위해 연구 사절단을 파견했다. 그러나 이에 대해 두 집단이 완강하게 반기를 들고 나섰다. 하나는 중국 대학의 이교도적인 세속주의를 염려하는 지역 기독교 선교사 집단이었고, 다른 하나는 중국과의 외교문제를 두려워하는 정부 관리들이었다. 따라서 중국에 대한 관심은 교리나 이념적으로 중립을 지킬 수 있는 의학에 집중되었다. 1915년 록펠러 재단은 중국 의학이사회를 창립했고, 이를 통해 1921년에 베이징연합의과대학을 설립했다. 이 학교는 훗날 공산주의자들에 의해 국유화되었지만, 당시 중국 의사들에게 현대의학을 소개하는 데 큰 역할을 했다. 십이지장충의 퇴치와 중국에서의 의학의 발전을 위한 노력은 모든 후진지역의 질병 관리의 가능성을 보여 주는 예이다.[33]

또한 1914년에, 재단 위원회는 윌리엄 킹(William Lyon King)을 초대하여 재단 내에 새로운 산업 관계 부서를 만들었다. 그는 러들로 학살사건을 해결 할 때 록펠러 주니어에게 밀접한 도움을 주어서 그가 노동조합에 대한 태도를 돌리는데 일조를 했다.

1920년대에 이르자 록펠러 재단은 세계에서 가장 거대한 기부 재단이자 의학, 의료 교육 및 공공보건에 관한 미국 최고의 후원단체가 되었다. 존 D. 록펠러는 의사가 아니면서도 역사상 의학에 가장 많은 공헌을 한 후원자로서 지위를 굳힌 셈이다. 그가 평생 기부한 18억 3000

만 달러 가운데 4억 5000만 달러는 직간접적으로 의료사업에 들어갔다. 그는 사업에서 이룩한 것보다 더 영향력이 클지도 모르는 사회적 기여를 자선사업에서 이룩했다. 물론 록펠러가 등장하기 전에도 부유한 후원자들이 개인적으로 선호하는 기관(교향악단, 박물관, 학교 등)을 후원하거나, 후한 마음씨를 드러내기 위해 자기 이름을 붙인 건물(병원, 기숙사, 고아원 등)을 후세에 남기곤 했다. 이에 비해 록펠러의 자선활동은 지식의 창조와 발전에 보다 치중했고, 얼핏 덜 인간적으로 보일 수도 있지만 사실 가장 효과가 컸다.

미국이라는 나라는 19세기 말에서 20세기 초까지 국가의 기능 특히 사회복지와 같이 국가가 직적 개입해 빈부격차를 줄이고 사회적 긴장과 갈등을 완화시키는 힘이 약했다. 산업화, 다시 말해서, 대기업이 지배하던 시기(혹은 비판적인 용어로는 도금시대)에는 이 기능을 민간에서 자발적으로 만든 재단(Foundation)들이나 자선기관이 떠맡았다. 연방정부의 힘이 약했던 시기이기도 하고, 주정부 또한 그다지 제 기능을 하지 못했기 때문에 부의 재분배나 의학연구나 교육 등의 사회복지, 혹은 박애에 관한 일은 주로 대기업이 맡아서 할 수 밖에 없었다.

정부가 그 권력이 적거나 혹은 무능하면, 기업 경영자가 세상일을 자기일로 생각하게 된다. 보통 '적은 정부'라고 불려지던 혁신주의 시기 이전의 미국 정부-대통령을 위시한 정치가들의 정치국가- 시대에는 대기업이 새로운 정치학이 되고, 선출되지 못한 기업가들이 전통적으로 정치인들이 해왔던 역할을 대신하게 된다. 자신들에게 유리한 시스템을 통해 부를 축적한 사람들이 '부의 불평등에 반대하는 사람들'을 돕기 위해 발 벗고 나섰던 것이다. 세제 혜택과 보조금과 공유지 불하를 비롯한 여러 가지 혜택을 입은 기업가들이 노동자나 가난한 사람들 혹은 전 세계의 다른 나라 사람들을 돕기 위해 나섰다.

당시 그 기능을 다하지 못하던 정부 대신 대기업의 자선재단들이 미국 정부의 공백과 의도를 대신해주었다. 그 대표적인 박애단체가 바로 록펠러가 세운 록펠러재단이다. 현재까지도 많은 재단 기부금을 보유하고 활발하게 활동하는 재단이 록펠러 재단이다. 과거 19세기 말과 20세기 초 미국 정부가 권력이 약했던 시기에 록펠러의 박애는 운명이었던 것 같다. 존 D. 록펠러! 그는 당시로서는 매우 진보적인 재단을 설립했다. 어느 누구도 생각하지 못한 그리고 혁신적인 접근이 록펠러 재단의 특징 중의 하나였다.

사실 록펠러의 삶과 돈에 대한 철학을 살펴보면, 악착같이 벌어서 선하게 쓴 가장 전형적인 프로테스탄트적 경제관을 가지고 있었다. '악착같다'는 것은 본인은 어떻게 생각할지 모르지만, 기업 합병 과정과 후유증, 러들로 학살사건의 결말은 시민들의 비난의 화살이 됨 즉하다. 그러나 악착같이 모은 돈을 선한 사마리아인처럼 사용하였다. 앞에서도 썼지만, 록펠러 개인의 삶은 매우 규칙적이었고 어떻게 보면 소박했고 돈에 관계되는 숫자를 즐겼다. 사람들마다 좋아하는 것이 다른데, 예를 들면 숫자를 싫어하는 사람도 있고, 좋아하는 사람도 있으며, 예술을 좋아하는 사람, 문학을 좋아하는 사람 등 다 다르다. 숫자를 좋아한다고 다 부자가 되는 것도 아니지만, 일단 숫자를 사랑하면 부자가 될 가능성이 높을 것이다. 그는 타고난 기업가였으며, 그것을 즐겼다. 신앙심도 깊어서(깊다는 것은 매우 상대적이고 애매모호하다), 그 신앙심을 자선이나 기부에 흔쾌히 동조했을 지도 모른다. 혹은 60세가 넘어서 여러 가지 병이 들자 삶을 다시 성찰하는 계기로 박애나 자선을 시작한 것인지도 모른다. 왜냐하면, 그 후로 그것을 실천하기 때문이다.

기업가가 유토피아를 만들고, 또한 디스토피아를 잉태하고 있는 것은 헤겔의 이론으로 본다면, 필란토피아(philanthopia: 박애주의)로 해결할 수밖에 없다. 즉 기업가의 유토피아가 때때로 디스토피아적 악몽으로 변하지만, 그런 악몽을 치유할 수단도 다름 아닌 기업가의 역량에서 발견

할 수 있을 것이다. 다시 말해서 기업가는 자신의 유토피아를 만들면서 디스토피아적인 악몽을 해결할 수단도 갖고 있다.[34] 그것은 바로 '돈'이다. 자산, 부, 재산 등으로 불리는 이것은 기업의 알파요 오메가이다. 또한 디스토피아의 해결책이다. 록펠러는 '러들로 학살'이라는 디스토피아를 록펠러 재단을 설립하여 전화시키려 하였다. 기업은 '신화'(합리성, 호황, 성공, 풍요)와 '악몽'(비합리성, 불운 빈곤, 파산, 죽음)이 혼재하는 곳이다.[35] 록펠러는 기업의 특성인 이 두 가지가 혼재되고 앞서거니 뒤서거니 하면 결국 혼재되어 섞이거나, 아니면, 심연으로 빠진다고 본 것이다. 심연에 빠지기 전에 박애로 가야했다. 그 이유는 '사랑'이 아니고 개인적인 '구원'이었다. 혼재되어 섞인다는 것은 결국 회색지대가 되어 앞으로 영원히 비난받을 것이 자명했다. 사실 록펠러는 자선 사업이나 박애를 펼치기 전에는 '더러운 돈'의 원형, 수전노 등 '강도남작' 등의 비난의 대상이 되었다. 그러나 결국 그는 재단을 위시한 여타 많은 자선 단체를 만들어서 그의 재산의 반이상을 자선과 박애에 썼다. 결국 그는 그의 말마따나, "돈을 벌어라, 돈을 정직하게 벌어라, 또한 현명하게 나누어 주라(Get Money, Get it honestly, then give it wisely)."를 실천했는지도 모른다.

제3장 영국

기업의 경영을 통한 ‘더 좋은 세상’ 만들기 - 영국의 괴짜 CEO 리처드 브랜슨의 버진 그룹과 박애 -

김성룡(영남신학대학교 교양과정 교수)

1. 버진 그룹과 브랜슨

<3-1, 리처드 브랜슨>

출처: https://www.biography.com/people/richard-branson-9224520

기업가와 박애와 관련하여 영국에서 주목받는 기업은 버진 그룹(Virgin Group)이라 할 수 있다. 1950년 런던에서 태어난 브랜슨(Sir. Richard Branson) 경이 거둔 기업의 경영 성과는 괄목할 만하다. 회사의 광고를 자신이 직접 하기도 하는 그는 다양한 사업 분야로 진출했다. 전세계가 인정하는 재산가로 분류되는 브랜슨은 1968년 이래 최근까지 음악, 철도, 항공, 이동 통신 그리고 음료 등을 포함한 약 400개의 기업을 운영하고 있다.

성공적인 기업 경영과 더불어 브랜슨은 국제 사회의 현안 문제에 적극 개입했다. 1990년 이라크의 쿠웨이트 침공 시 그는 난민을 돕고 후세인(Saddam Hussein)이 잡고 있는 영국인 인질을 석방하기 위해 요르단의 국왕 후세인 1세(Hussein I)와 적극 접촉하여 문제를 해결했다. 또한 브랜슨은 남아프리카 공화국의 지도자였던 만델라(Nelson Mandela)와 긴밀한 유대 관계를 형성하기도 했다. 거기에 아프리카의 경제 문제를 근본적으로 해결할 수 있는 교육과 지구 온난화 문제와 같은 환경 문제에도 각별한 관심과 투자를 했다.

실제로, 1987년 이래 에이즈(AIDS) 방지를 위해 설립한 자선 단체를 2004년에 확대 · 개편한 재단인 버진 유나이티드(Virgin United)는 에이즈, 말라리아 그리고 영양 실조 등의 억제는 물론 각종 기부와 구제 사업을 시행하고 있다.[1] 2015년 12월 31일을 기준으로 버진 유나이트는 총수입 £12,400,000 그리고 총지출 £11,500,000의 결산을 보였다. 또한 2006년 9월 뉴욕에서 열린 지구 온난화 문제에 대응하기 위한 '클린턴의 국제적 제안'(the Bill Clinton's Global Initiative)에서 그는 향후 10년 동안 10억 달러($3,000,000,000)의 기부를 약속했다. 브랜슨을 소개할 때 박애주의 기업가로 불리는 것도 바로 그와 같은 이유에서 비롯되었다고 볼 수 있다.[2]

<3-2, 버진 그룹의 말라리아 퇴치 캠페인>

출처: https://www.virgin.com/virgin-unite/putting-malaria-out-business-permanently

그뿐만 아니라 2013년, 브랜슨은 게이츠(Bill Gates)와 버핏(Warren Buffett) 등의 주도로 2000년에 만들어진 '기빙 플레지'(Giving pledge)에 가입했다.[3] 자신이 가진 전재산의 50% 이상을 사회에 기부하겠다는 회원으로 구성된 기빙 플레지는 보다 나은 세상을 만들기 위한 박애 활동을 목적으로 하고 있다. 2017년 5월 현재 기빙 플레지는 21개 국가의 억만장자 170명이 회원으로 있다.

2. 말보다 행동으로

브랜슨의 성공 비결은 의외로 간단하다. '말보다는 행동 우선'이 바로 그것이다. 무엇보다 그는 기존의 것을 달리 생각해 보고 또 새롭게 하고자 했다. 한마디로 브랜슨은 말보다 행동을 중시하면서 보다 긍정적인 자세로 자신의 삶과 기업에 임했다. 그는 고등학교를 중퇴할 정도로 기존의 틀에 얽매이는 것을 혐오스럽게 생각했다. 브랜슨은 기존의 생각에 의문을 제기했다. '왜?'라고 질문하면서, 그것이 타당하면 그대로 유지하고 만약 좀 더 좋은 아이디어나 생각이 떠오르면 바로 즉시 바꾸고자 했다.

브랜슨은 1968년에 『학생』(*Student*)이라는 잡지를 발간했다. 당시 16세였던 그는 학교의 교육 방식이나 기성 세대의 여러 문제를 지적하고 또 바로 잡고 싶었다. 그러면서 브랜슨은 독자를 광범위하게 확보할 수 있는 잡지명, 학생 신분을 적절히 활용하여 많은 유명 인사와의 면담 그리고 적극적인 광고의 섭외 등을 통해 『학생』을 본궤도로 올려놓았다.

그 뒤 브랜슨은 『학생』의 배포망을 응용하여 1970년 레코드의 우편주문 판매, 1971년 버진 레코드(Virgin Records) 1호점 그리고 1972년, 1973년에 버진 리코딩 스튜디오(Virgin Recording Studio) 및 버진 뮤직(Virgin Music) 등을 설립했다. 1984년에는 버진 애틀랜틱 항공(Virgin Atlantic) 및 버진 카고(Virgin Cargo) 등을 발족했다.

항공 분야에서 탁월한 성과를 거둔 브랜슨의 버진 그룹은 1996년 영국 내 130개의 역을 연결하는 철도 운영권을 획득했다. 버진 트레인(Virgin Trains)은 여타 회사와 구별되는 독특한 모양의 기차와 차별화된 서비스를 제공했다.[4] 그 결과 버진 트레인은 2016년 영국의 장거리 노선을 운행하는 열차 가운데 최상위 등급의 평가를 차지할 수 있었다.

이처럼 브랜슨은 기존의 것을 달리 생각해 보고자 했다. 또한 그는 새로운 분야로 진출하는 과정에 모두가 할 수 없다는 일에 도전하는 모습을 보였다. 브랜슨은 비즈니스를 창조로 규정했다.[5] 그는 독특한 발상을 넘어 무엇보다 행동을 강조했다. 실패에 대한 두려움으로 인해 대부분 사람들은 행동을 주저하고 기존의 관행을 답습하게 되기 때문에 발전이 제약된다는 것이다.

그와 같은 원칙은 여러 분야에 적용되었다. 그 단적인 예가 1994년 항공 산업으로의 진출이었다. 거기에는 자신이 대서양을 비행기를 이용하여 횡단하면서 느낀 불편함과 불친절함이 바탕으로 자리 잡고 있었다. 물론, 대형 항공사들이 진출해 있는 노선에 비행기 한 대도 없는 회사가 진출한다는 것은 무모할 수 있다. 그러나 그는 새로운 방식, 즉 차별화된 기내 서비스 그리고 비행기 공간의 재배치 등을 포함한 획기적인 고객 대응책을 마련하면서 마침내 버진 애틀랜틱을 성공적으로 이끌 수 있었다.

<3-3, 버진 트레인의 기차>

출처: https://www.blackpoolgazette.co.uk/news/your-chance-to-name-a-virgin-train-1-9122354

이처럼 혁신적인 방법의 도입·적용을 위해 브랜슨은 늘 고민했다. 무엇보다 그는 끊임없이 고객의 입장에서 생각하고자 했다. 브랜스은 주변에 다음과 같은 질문을 자주 권했다. '경영자로서 스스로에게 이것이 내가 고객이었을 때 원했던 대우인가?'가 바로 그것이다. 대서양을 왕복하는 노선에 버진은 기내에 스탠드바를 도입했다. 항공기에 탑승했을 때 대화를 하고 싶어도 장소가 여의치 않은 불편함을 그가 몸소 체험했기 때문이다.

브랜슨이 중시한 고객 우선의 정책은 열차의 연착 자동 보상제에도 반영되었다. 기차가 30분 이상 연착할 경우 구매 당시 고객의 계정으로 보상금이 자동 입금되는 것이 바로 그것이다. 물론, 사전에 인터넷이나 어플 등으로 기차표를 구매했을 경우라는 조건이 있지만 해당 정책이 시행되는 2015년 한 해에만 자동 보상제로 인해 약 £2,800,0000의 추가 비용이 필요할 것으로 예상되었다. 그러나 지연 보상을 승객이 직접 신청해야 하는 번거로움을 해소하려는 정책은 고객의 입장에서 먼저 생각한다는 버진의 기업 이미지와 부합할 수 있었다. 거기에 2013년 영국의 철도 이용객 가운데 지연 도착으로 인한 보상을 신청하지 않은 승객의 비중이 전체의 약 88%라는 것을 고려하면 그것은 더욱 분명해진다.[6]

3. 브랜드로 묶어지는 벤처 캐피털(branded venture capital)

말보다 행동을 강조하는 버진의 기업 경영은 다른 기업과 구별되는 모습을 보이게 했다. 대부분의 경우 기업은 각자의 전문 분야가 있다. 특별한 한 가지 사업에 집중하여 회사가 운영되는 경우가 허다하기 때문이다. 실제로, 전세계 상위 20개 브랜드 가운데 대부분의 경우 그 진출 영역이 분명하다. 코카콜라, 마이크로소프트 그리고 나이키 등을 그 예로 들 수 있다.

그러나 버진은 그렇지 않다. 복수의 기업과 더불어 광범위한 비즈니스를 추구한다. 항공, 철도, 이동통신, 텔레비전 및 라디오와 같은 미디어, 인터넷 금융 그리고 건강 관리 등이 바로 그것이다. 이처럼 버진은 고객에 대한 새로운 서비스를 실제 행동으로 옮겼다. 물론, 그러한 결정을 하는 과정에 브랜슨의 판단이 차지하는 비중은 당연히 절대적일 수 있다. 그러나 그의 기업 경영, 즉 말보다는 행동을 중시하는 것은 그 자신에게만 한정된 것은 결코 아니다. 무엇보다 버진 그룹 자체가 그것을 중시할 수밖에 없는 구조이기 때문이다.[7]

브랜슨은 기업의 구조를 국가를 중심으로 대체로 다음의 세 가지 모델로 구분했다. ① 미국 ② 한국 ③ 일본 등이 바로 그것이다. 먼저, 미국의 경우이다. 한마디로 그것은 대규모 투자 회사를 통해 주식 투자에 초점을 두는 것으로 그 특징을 규정지울 수 있다. 버핏이 설립한 버크셔 해서웨이(Berkshire Hathaway)를 그 단적인 예로 들 수 있다. 그러나 미국의 사례는 건전한 투자일 경우 수익을 보장할 수 있지만 자칫 투자를 통한 기업의 인수 합병이 대세를 이룰 수 있다는 문제를 지닐 수 있다.

둘째, 한국의 경우이다. 그것은 재벌에 의한 비즈니스를 특징으로 한다. 물론 한국의 경우 그것을 통해 놀라운 경제 성장을 보인적도 있다. 삼성, 현대 그리고 LG 등을 그 예로 들 수 있다. 컴퓨터, 이동통신 그리고 자동차 등의 산업에서 거둔 성과가 특히 그러하다. 그러나 가족 혹은 족벌 경영을 특징으로 하는 재벌의 경우 필요한 자금을 빠른 시일 안에 조달할 수 없고 자신들만을 돌보는 경향이 다분하다. 또한 심각한 유동성 위기에 직면했을 경우 즉시 대처할 수 있는 여력은 제한될 수밖에 없다. 미국 모델처럼 한국의 재벌 또한 가족 중심이 아닌 버진 그룹과는 거리가 먼 구조라 할 수 있다.

셋째, 일본 모델이다. 미국 및 한국 모델과 달리 브랜슨은 일본의 게이렛츠(系列)에 주목했다. 그는 버진 레코드를 경영하면서 일본의 기술에 많은 호감을 가질 수 있었다. 그뿐만 아니라 일본의 기업 문화에 대해서 면밀한 분석도 함께 할 수 있었다. 그것의 골자는 대체로 다음과 같다.

일본의 경우 2차 대전 이전에는 몇몇 대기업 재벌 등이 경제를 주도했다. 그러나 패전 이후 사정은 달라졌다. 군수 산업이 금지되고 평화 산업으로 진행되면서 여러 제조업이 호황을 맞게 되었다는 것이다.

토요타, 닛산, 히타츠 그리고 미스시타 등을 대표적인 경우로 들 수 있는 일본의 게이렛츠는 서로 긴밀하게 얽혀 있다. 일본 은행의 적극적인 대출을 통해 혈연이 아닌 신뢰를 바탕으로 하는 기업 집단이 형성되었기 때문이다. 그러나 게이렛츠는 각기 다른 독자적인 회사이다. 또한 상호 출자로 유지되고 전문 경영인으로 구성되어 있다. 그렇기 때문에 게이렛츠는 소유권이 중앙에 집중되어 있는 한국의 재벌과는 구별된다.

<3-4, 버진 그룹의 기업 로고>

출처: http://marketbusinessnews.com/financial-glossary/sister-company/

그렇다면 버진 그룹은 어떠한 기업 구조를 지녔을까? 그와 관련하여 버진 그룹의 구조에 관한 다음의 용어가 각별한 시선을 모은다. '브랜드로 묶어지는 벤처 캐피털'이 바로 그것이다.[8] 브랜슨의 버진 그룹은 미국, 한국 그리고 일본의 비즈니스 모델을 적용하지도 않았고 또 할 수도 없었다. 미국식 구조의 경우 주식 투자 혹은 기업의 합병으로 흐를 수 있기 때문에 말보다 행동을 중시하는 버진 그룹과는 결코 조화를 이룰 수 없게 된다. 한국의 재벌도 마찬가지이다. 가족을 중시하는 한국과 달리 버진의 구성원이 한 가족이 아니기 때문이다.[9]

그뿐만 아니라 브랜슨의 기업은 각 회사가 독립적인 프로젝트를 자유롭게 수행한다. 또한 일의 성격에 따라 합류했다가 다른 곳으로 이동하기 때문에 한국식 재벌과는 무엇보다도 다를 수밖에 없다. 일본의 구조도 버진 그룹과 상이하다. 게이렛츠의 상호 출자는 끈끈한 유대를 바탕으로 한다. 그렇기 때문에 항상 신뢰의 유지에 만전을 기해야 한다. 한마디로 보다 적극적인 기업 경영은 제약을 받을 수밖에 없는 구조이다. 이처럼 일본의 회사는 끊임없이 간섭을 해야 하고 그 결과 회사의 운영은 자칫 경직될 수밖에 없다.

브랜슨은 바로 그러한 문제를 해결하기 위해 브랜드는 함께 하되 경영은 독자적으로 하는 방식을 모색했다. 그는 상호 간섭이 없는 게이렛츠, 즉 일종의 벤처 자본 기업을 희망했다. 전세계적으로 이름 있는 버진의 브랜드를 통해 회사를 함께 묶으면서 가치관은 공유하되 기업의 운영은 스스로 그리고 전력을 다한다는 것이 바로 그것이다.[10] 그렇기 때문에 버진의 경우 브랜드의 이미지 제고는 무엇보다 중요할 수밖에 없다.

4. 비즈니스는 곧 사람의 마음을 사로잡는 것

브랜슨의 기업 경영은 한마디로 브랜드를 강조하는 것으로 요약할 수 있다. 그와 관련하여 그는 자신의 성에 담긴 의미를 가끔 소개하기도 했다. 브랜슨이라는 성이 바로 브랜드슨(Brandsons)에서 유래했다는 것이 바로 그것이다. 즉 가축에 낙인을 찍는 사람인 그의 조상은 브랜딩을 생업으로 했다는 것이다. 실제로, 자신의 성처럼 브랜슨은 그의 기업에 대한 선호도가 당대에 한정되지 않고 2대, 3대까지 확장될 수 있도록 최선을 다했다.

브랜슨은 끊임없이 사업을 구상하고 자신의 브랜드를 확충해 나갔다. 거기에는 한 가지 요건이 필요했다. 브랜드의 확장을 위해 신뢰가 뒷받침되어야 한다는 것이 바로 그것이다. 버진이라는 브랜드에 걸맞은 비즈니스를 위해서는 반드시 그렇게 할 수 있고 또 실제로 행동할 수 있다는 판단이 확실할 경우에만 해당 사업에 진출할 수 있기 때문이다.[11]

비즈니스는 곧 관심을 집중하게 한다는 브랜슨의 의식은 다음의 언급에서 잘 나타난다. '자연도 쇼를 하며 벌레까지도 자신을 뽐낸다고 하면서 세상에서 무엇인가를 팔아야 한다면 반드시 사람들의 이목을 끌어야 한다'는 것이 바로 그것이다. 무엇보다 1984년 이래 브랜슨은 '자신이 직접 몸으로 광고한다'는 원칙을 고수하고 있다. 그것은 버진 애틀랜틱을 시작할 때 레이커(Freddie Laker)가[12] 그에게 권유한 것이다.

당시 브랜슨은 팬아메리카 항공(Pan American world airways), 트랜스 월드 항공(Trans world airlines) 그리고 영국 항공(British airways) 등과 같은 대규모 항공사와 무모하게 보일 수 있는 경쟁을 시작할 무렵이었다. 모든 지원을 신생 항공사에 집중하고 있던 상황에서 그는 레이커의 권유를 다음과 같이 수용했다. 자신이 직접 나서서 회사를 알리고 버진의 사업 내용을 신문의 1면에 장식하게 한다는 것 등이 바로 그것이다. 자신도 '미친 짓'으로 언급한 여러 독특한 행동 등을 서슴지 않았던 것도 바로 그와 같은 이유에서 비롯되었던 것이다.

이처럼 브랜슨은 기업의 회장이나 최고 경영자가 직접 밖으로 나가 자신의 사업을 광고할 것을 강조했다. 그러나 거기에는 한 가지 원칙이 있었다. '고객은 항상 옳다'는 것이 바로 그것이다. 한마디로 광고는 무엇보다 기성 사회에 진실된 도전의 이미지를 주어야 한다는 것이다. 브랜슨은 유명인들이 나와 정말 좋은 제품이라고 하는 광고는 지양하고자 했다. 고객이 거짓으로 느낄 뿐만 아니라 그들이 제품에 대한 이미지를 제대로 반영하지 못한다고 보았기 때문이다.[13] 다시 말하면, 고객 역시 지적이고 혁신적이기 때문에 광고 너머에 있는 진실된 다른 무엇인가를 반드시 전달해야 한다는 것이다.

버진 그룹은 새로이 시작하는 사업에서 대체로 후발 주자로 나타났다. 그렇기 때문에 그들에게는 광고가 무엇보다 중요하다. 그러나 거기에는 분명 한계가 있을 수 있다. 자본력이나 인지도의 측면에서 우위를 확보하지 못하는 상황에서 선발 주자를 따라 잡는 것이 역부족일 수 있기 때문이다.

그러나 브랜슨은 바로 그와 같은 문제를 대중들의 눈에 버진이 오히려 '소비자의 옹호자'로 인식할 수 있도록 했다. 실제로, 1999년 출범한 세계 최초의 가상 이동망 사업자(Mobile virtual network operator, MVNO)인[14] 버진 모바일의 경우 선발 업체에 과감한 통신료 인하를 요구했다. 스타를 모델로 하는 재치 있는 광고는 물론 자신이 직접 모델로 나섰다. 2002년 7월 브랜슨은 뉴욕의 타임스퀘어(Time Square)에서 벌거벗은 모습으로 작은 휴대폰으로 자신의 몸을 가린 채 나타났다. 그때 그는 '나는 미국 버진 모바일의 서비스가 말 그대로 '아무것도 감출게 없다'(Nothing to hide)는 것을 보여주기 위해 이렇게 나타났다'라는 말을 남겼다.[15] 그 결과 미국 버진 모바일의 인지도는 상승하게 되었고 현재까지 미국에서 안정된 영업을 계속 할 수 있었다.

<3-5, 2002년 뉴욕의 버진 모바일 광고 모습>

출처: https://goo.gl/images/GwMzmu

그뿐만 아니라 버진 모바일은 무엇보다 고객의 마음을 사로잡는 상품을 제시했다. 영국에서 거의 최초로 획기적인 선불폰 서비스를 실시했던 것이다. '당신이 사용할 수 있는 만큼 지불하세요!'(pay as you go!)가 바로 그것이다. 가입하는 데 제약이 있는 여행자, 장기 방문자 혹은 외국인 등이 보다 쉽게 휴대폰을 사용할 수 있게 하여 브랜드의 가치를 보다 더 확장할 수 있었다. 그 동안 다른 회사로부터 무시당했던 고객에게 합리적인 가격을 제시하여 그들을 버진 모바일에 남을 수 있게 했기 때문이다.

이처럼 브랜슨의 기업 홍보 방식은 독특했다. 거기에는 비즈니스는 곧 사람의 마음을 사로잡는 것이라는 그의 인식이 자리 잡고 있었다. 실제로, 브랜슨이 다소 무리해 보일 수 있는 파격적인 행보를 서슴치 않는 경우를 자주 목격할 수 있다. 물론, 기업체의 회장이 알몸으로 자신의 기업을 선전하는 것이 과연 건설적인가를 두고 논란이 있을 수 있다. 그러나 그는 거기에 대해 긍정적인 입장을 견지했다. 자신의 모험적인 이야기가 바로 버진 기업의 브랜드를 돋보이게 함은 물론 고객에게 인간적인 면모를 부각시킬 수 있다고 보았기 때문이다.

이처럼 독특한 광고와 특유의 비즈니스관을 통해 버진은 계속 성장할 수 있었다. 2000년에 호주에 진출했던 버진 블루의 경우 사업 시작 1년 안에 25배의 성장을 이루었다. 버진 특유의 유니폼과 특별한 서비스는 물론 인터넷 예약을 통한 좌석의 조기 마감 등을 통해 비용도 절감할 수 있었기 때문이다.[16]

5. 돌보는 자본주의(Caring capitalism)

비지니스는 구매 가치가 있는 상품이나 서비스를 제공하는 것으로 사업, 거래 그리고 장사 등으로 번역을 할 수 있다. 브랜슨은 기업가이다. 당연히 그는 이윤을 추구한다. 그러나 그는 여타 기업가와 달랐다. 기업의 경영과 기부 혹은 자선을 구별하지 않고 그것을 함께 추구하기 때문이다. 브랜슨이 이른바 박애자본주의 기업가로 분류되는 것도 바로 그와 같은 이유에서 비롯되었던 것이다.

그렇다면 브랜슨의 기업 경영은 어떠한 모습을 보였을까? 물론, 그와 관련된 분석이나 저술은 언론의 평가 등을 중심으로 일일이 나열할 수 없을 정도로 다양하게 축적되어 있다. 그 가운데 박애와 관련된 그의 비즈니스에는 한 가지 특징적인 양상을 확인할 수 있다. 이른바 '사람 중심의 비즈니스'가 바로 그것이다.

그와 관련하여 브랜슨은 이른바 '돌보는 자본주의'에 주목했다. 그는 미국 버몬트(Vermont)에 있는 아이스크림회사인 '벤 앤 제리스'(Ben and Jerry's)의 예를 들었다. 1978년 코헨(Ben Cohen)과 그린필드(Jerry Greenfield)가 설립한 그 회사는 인간이 기계의 부속품으로 점차 전락하는 자본주의의 문제를 심각하게 고민했다. 그 결과 1984년에 퇴직했던 그린필드와 함께 '벤 앤 제리스 재단'(the Ben and Jerry's foundation)의 설립이 1985년에 이루어졌다. 이후 그들은 매년 세전 수입의 7.5%를 비영리 자선 단체에 기부하고 있다.

그러나 벤 앤 제리스의 기부는 오히려 회사에 긍정적으로 작용했다. 벤은 '돈이 가치와 별개의 것이 되면 모든 악의 근원이 될 수 있지만, 사회적 목적과 부합할 경우 기회의 근원이 된다'고 보았다. 기업의 성장이 공익을 추구하는 노력과 함께 할 경우 결코 나쁜 일이 아니라는 것이다. 바로 이러한 기업의 경영 방향은 회사의 발전은 물론 직원들에게도 유익한 결과를 가져왔다. 1995년 총 매출이 $15,500,000에 달했던 벤 앤 제리스가 2008년에는 $200,000,000로 증가하면서 회사는 전세계에서 두 번째로 큰 아이스크림 생산 업체가 되었다. 거기에 주기적인 상담을 통한 근무 여건의 개선 등으로 인한 직원의 자부심과 도덕성의 제고와 더불어 새로운 제품을 개발하고자 하는 분위기를 형성할 수도 있었다.

이른바 돌보는 자본주의는 브랜슨의 기업 경영을 이론적으로나 실제적으로 뒷받침할 수 있었다. 무엇보다 그것은 고객과 직원에 대한 배려로 이어졌다. 브랜슨은 비즈니스를 사람의 관심을 사로잡는 것으로 이해했다.[17] 그것은 그의 특이한 이력을 이해할 수 있는 실마리라 할 수 있다. 1984년 브랜슨은 버진 애틀랜틱 항공을 설립했다. 보잉 747 한대로 시작한 그의 사업은 내용적으로나 형식적으로 비약적인 발전을 거듭했다. 버진 항공은 오늘날 전세계 약 300곳을 운항하고 있다. 그와 동시에 버진 애틀랜틱, 오스트레일리아의 버진 블루(Virgin Blue), 유럽의 버진 익스프레스(Virgin Express) 그리고 버진 나이지리아(Virgin Nigeria) 등과 같은 항공사를 보유하고 있다.

<3-6, 버진 항공 광고 사진>

출처: http://www.echostories.com/social-media-for-entrepreneurs/

브랜슨의 비즈니스관, 즉 감동을 주면서 성장하는 것은 고객에게만 한정되지 않았다. 회사 직원들에게까지도 그것이 영향을 미쳤기 때문이다. 그는 비즈니스를 다음과 같이 이해했다. '사람들에게 풍요롭고 보람 있는 삶을 제공해 주어야 한다'는 것이 바로 그것이다. 실제로,

1995년까지 버진의 직원으로 있던 약 30명이 백만장자나 혹은 억만장자가 되었다. 그 이후에도 약 80명이 백만장자가 되었다고 한다.

그러나 브랜슨은 회사의 직원들을 급여보다 다른 관점에서 접근했다. 그는 상사가 자신의 말을 무시함에 따라 느낄 수 있는 소외감과 좌절감 등에서 전직 희망이 나타난다고 파악했다. 그러면서 브랜슨은 직원들이 주인 의식을 가질 수 있도록 각별한 배려를 했다. 문제를 발견하고 해결할 경우 누구나 사용할 수 있는 항공권을 제공하고 고객의 타당한 불만에 대해 직원이 재량껏 보상을 할 수 있게 됨에 따라 자신의 행동에 책임질 수 있게 했다.

바로 그러한 규율을 브랜슨은 강조했다. 즉 각자의 업무를 숙지하고 책임질 수 있도록 하여 고객에 대한 서비스를 완벽하게 할 수 있도록 하자는 것이다. 그것을 통해 서로 신뢰할 수 있는 직원으로 자리 잡게 한다는 것이다. 오스트레일리아의 콴타스(Qantas) 항공사에 비해 적은 연봉에 더 많은 시간의 일을 하는 버진 블루의 직원들이 고객에게 보다 친절한 이유가 바로 거기서 비롯되었던 것이다.

이처럼 브랜슨은 직원들로 하여금 소외감이나 좌절감을 갖지 않도록 자율과 규율을 통해 주인 의식을 지닐 수 있도록 했다. 그뿐만 아니라 적절한 휴가를 통해 직원의 휴식과 스트레스의 해소를 도모했다. 거기에 회사는 직원을 위한 쾌적한 근무 환경을 제공했다. 실제로, 버진의 근무 장소는 직장이면서 공공 장소라 할 수 있다. 항공기나 기차의 경우 직원들의 자리도 편안하게 했고 양질의 식사 제공도 물론이다. 항공기나 기차 또한 최신식으로 배치하여 안전함과 능률성을 제고했다.[18]

한마디로 직원들에게 올바른 시스템을 제공하여 그들의 적극적이고도 활발한 업무를 가능할 수 있도록 배려를 하는 것이 브랜슨의 기업 경영관이라 할 수 있다. 그 결과 주변에서 버진에 재직한다는 이유 하나만으로도 각별한 시선과 부러움을 모을 수 있게 되었다. 회사에 대한 자부심은 오히려 당연하다고 볼 수 있다.

그뿐만 아니라 브랜슨은 버진 블루가 25배나 성장하여 유리한 조건으로 매각할 수 있었음에도 불구하고 사원들 앞에서 매각을 취소하는 모습을 보이기도 했다. 2001년 911 테러 사건 당시 항공 시장에 닥친 위기 상황에서 부득불 직원들을 해고해야 하는 상황에서도 특별하게 대처했다. 버진 애틀랜틱의 직원 1,200명을 내보내야 했지만 그들을 아르바이트, 일자리 나누기, 무급 휴가 그리고 다른 부분으로 배치 등을 통해 직원들의 피해를 최대한 줄이기 위해 최선을 다했다. 그리고는 시장이 호전되면서 대부분을 다시 복직시켰다.

그렇다면 즐겁게 일을 할 수 있는 여건과 환경의 제공을 통해 버진 그룹은 과연 어떠한 성과를 거둘 수 있었을까? 그와 관련하여 브랜슨의 기업이 안전에 대한 각별한 성과가 있었다는 사실에 주목할 필요가 있다. 항공사나 철도 기업의 경우 안전이 무엇보다 중요하기 때문이다. 버진 그룹의 항공사와 철도가 거둔 미미한 안전 사고의 발생률 등이 그것을 잘 나타낸다.

6. 더 좋은 세상 만들기

브랜슨은 기업가이다. 그는 끊임없이 사업을 구상하고 자신의 브랜드를 확충해 나갔다. 브랜슨은 고객의 만족을 위한 회사 경영에 집중했다. 거기에 직원들의 근무 여건 개선을 포함한 자부심 고취 등도 함께 이루어졌다. 그 결과 그의 사업은 성공할 수 있었다.

그러나 브랜슨은 사업가이면서도 또 다른 면모를 보였다. 더 좋은 세상을 만드는 데 초점을 두기 때문이다. 무엇보다 그는 돈에 대한 욕심이 모든 악의 근원이라는 말에 동의하지 않는다. 사용하는 방법에 따라 각기 다른 양상이 나타날 수 있기 때문이다. 브랜슨은 돈은 선행을 위한 힘이 될 수 있지만, 반드시 그것의 전제는 아니라는 태도를 견지하고 있다. 돈이 없이도 충분히 남을 도울 수 있다고 보기 때문이다.[19]

브랜슨은 무엇보다 '남에게 절대로 해를 끼쳐서는 안 된다'는 것을 사업의 원칙으로 삼았다. 그러나 거기에는 두 가지 측면이 반영되었다. 기업가의 책임감과 의무감 등이 바로 그것이다. 그는 50,000명의 전 직원과 그 가족의 생계를 책임져야 한다. 또한 브랜슨은 다른 사람에게 해가 되는 일이 없도록 해야 함은 물론 더 좋은 세상을 만들어야 한다는 의무를 강조했다.[20]

그와 관련하여 기업가와 경영가의 구별에 시선이 모아진다. 기업가는 무엇보다 새롭게 무엇인가를 시작하려고 하는 것을 특징으로 한다. 그들은 다른 시각에서 다른 사람이 보지 못하는 기회를 창조하고 도전한다. 사업의 운영이 효과적이지 못할 수도 있는 것도 바로 그와 같은 이유에서 비롯될 수 있다.

이에 반에 경영자는 새로이 시작하는 기업가의 사업을 조직적으로 이끌고 또한 효율적으로 조정하여 이익을 창출하는 것을 본분으로 한다. 한마디로 자신이 기업가라면 새로이 구성된 회사를 맡아서 운영할 수 있는 경영자를 찾아야 한다. 그 이후에야 새로운 회사를 세우는 과정으로 나아갈 수 있기 때문이다.[21]

이러한 기업가에 대한 정의는 브랜슨으로 하여금 고객과 회사의 직원에 대한 배려는 물론 보다 나은 세상 만들기로 이어질 수 있었다. 그렇다면 보다 좋은 세상을 위한 브랜슨의 활동은 과연 어떠한 양상으로 나타났을까? 그것은 대체로 다음의 네 가지로 나누어 볼 수 있다. 환경문제의 중시, 돌보는 자본주의, 기업가적 소양을 함양하는 교육 그리고 국제 문제의 중재 등이 바로 그것이다.

먼저, 브랜슨은 이른바 '가이아 자본주의'(gaia capitalism)를 추구했다.

1974년 러브록(James Lovelock)은 다음과 같은 이론을 제시했다. 생물은 살기에 적합하도록 항상 스스로 환경을 조절하며 지구의 그와 같은 자리매김은 지표면에서 생활하는 생물체 때문이라 것 등이 바로 그것이다.[22] 이른바 가이아 이론은 논란은 있지만 지구 온난화와 같은 환경 문제에 관심을 환기했고[23] 브랜슨은 또한 그것을 심각하게 고민했다. '지구에 해를 끼친 적이 과연 없는가?를 고민했고 그 결과가 바로 가이아 자본주의의 강조로 이어졌던 것이다. 버진 그룹이 탄소 사용을 줄일 수 있는 신연료의 개발은 물론 기업 경영을 보다 환경친화적으로 추구한다는 것이 바로 그것이다.

그와 같은 인식은 브랜슨으로 하여금 관련 분야의 전문가 및 정치인들을 접촉하게 했다. 그러면서 그는 보다 구체적인 제안을 세상에 내놓을 수 있었다. 2006년 9월 뉴욕에서 열린 지구 온난화 문제에 대응하기 위한 '클린턴의 국제적 제안'에서 향후 10년 동안 $3,000,000,000의 기부 약속, 2007년 탄소 제거 방법을 해결할 방안을 개발한 과학자들에게 $25,000,000의 상금 제시 그리고 2008년 UN에서 2007년의 계획을 확대하여 세계 20대 부국에서 최대 $500,000,000를 상금으로 주자는 제안 등을 그 예로 들 수 있다.

둘째, 브랜슨은 이른바 돌보는 자본주의를 적극 설천하고자 했다. 고객은 물론 직원들에게도 적용한 그것을 국제 사회를 위해 강조하고자 했던 것이다. 그 단적인 예가 2004년 버진 그룹의 사내 구호 재단인 버진 유나이트의 설립이다. 1980년대 중반 에이즈가 심각한 문제를 야기했을 때 브랜슨은 영국 전역에 안전한 성행위에 대한 인식을 확산시키기 위한 노력을 경주했다. 그 뒤 버진 유나이티드는 에이즈 0%의 목표를 수립하고 활동을 지속하고 있다. 그뿐만 아니라 2007년 버진 유나이트는 부베지 지역 보건소(Bhubezi Community Care Center)를 설립했다. 아프리카의 한 자리에서 모든 기초 의료가 가능할 수 있도록 하게 하기 위

함이다.[24]

셋째, 브랜슨은 더 나은 세상 만들기 위해 기업가적 소양을 제고하기 위한 교육에 매진하고자 했다. 이른바 '브랜슨 기업가 정신 센터'(Branson centres of entrepreneurship)가 바로 그것이다. 브랜슨은 버진 유나이티드를 통해 아프리카에 많은 지원을 아끼지 않았다. 그 과정에 그는 한 가지 특별한 경험을 하게 되었다. 재봉틀을 구입하여 새로운 사업을 시행하겠다는 한 여인으로부터 $300를 빌려줄 것을 요청받았다. 당시 브랜슨은 그녀에게 그 금액을 빌려주었고 3개월 뒤 다른 사람을 통해 그녀에게 빌려주었던 $300를 돌려받을 수 있었다.[25]

바로 그러한 것을 브랜슨은 존중했다. 그 결과가 2006년에 남아프리카에 설립된 '브랜슨 기업가 정신 학교'(Branson school of entrepreneurship)이다. 재봉틀 구입비를 빌려달라는 아프리카 여인의 사례처럼 남을 돕되 자립할 수 있도록 하고 또 자립한 사람이 남을 돕게 하는 구조를 만들자는 것이 그것의 배경이다. 2009년을 기준으로 약 4,100명을 교육한 해당 학교는 2010년 브랜스 기업가 정신 센터로 명칭을 변경하고 자메이카에도 그것을 개설하기도 했다.

끝으로, 브랜슨은 국제 사회의 평화를 위해 노력했다. 1990년 그는 이라크의 쿠웨이트 침공으로 인한 난민 구호 및 영국인 인질 구출 등을 위해 실질적으로 이바지를 했다. 또한 2002년 브랜슨은 911 테러 이후 예상된 이라크 전쟁을 막기 위해 후세인 대통령의 망명을 추진하고자 했다. 그러나 그의 계획은 실행 전에 침공이 시작됨에 따라 좌절되었다.

그 뒤 브랜슨은 지구촌 문제들을 해결하기 위한 한 방안으로 2007년 이른바 '원로 회의'(the Elders)를 구성했다. 그것은 음악가이자 인권운동가인 가브리엘(Peter Brian Gabriel)의 아이디어, 즉 아프리카의 경우 마을에 문제가 생기면 원로들이 해결한다는 데서 비롯되었다. 한마디로 지구촌의 문제를 원로들을 통해 해결의 실마리를 찾자는 것이다.

이후 브랜슨과 가브리엘은 £9,000,000의 기금을 모았으며 브랜슨 등의 노력으로 마침내 원로 회의는 2007년 7월 만델라의 89세 생일에 출범했다. 당시 만델라는 원로 회의가 '가난과 분쟁 등 세계적 과제의 해결에 기여할 것'이라고 밝혔다. 또한 그는 국가, 인종 그리고 종교를 초월한 원로들의 경륜과 도덕적 용기가 세계를 더욱 평화롭고 살기 좋은 곳으로 만드는 데 도움을 줄 수 있을 것"이라고 말했다.[26]

<3-7. 브랜슨과 원로들(2007년 7월)>

출처: https://www.telegraph.co.uk/culture/3666717/The-power-of-twelve.html

원로 회의는 우선 세계에서 가장 가난한 대륙인 아프리카 문제 해결에 주력하고자 했다. 원로 회의의 박애주의 설립자들은 첫 3년 동안 $18,000,000(원8백만 달러)를 제공했고 원로들은 이 예산을 원하는 곳에 쓸 수 있었다. 원로 회의가 행동에 옮긴 첫 번째 임무는 수단을 방문하여 다푸르 지구에서의 대량 학살을 중단할 것을 촉구한 것이었다.[27] 현재, 원로 회의는 의장으로 아난(Kofi Annan) 외에 13명으로 구성되었다.

이처럼 브랜슨은 보다 좋은 세상을 만들기 위해 다양한 노력을 경주했다. 물론, 그와 관련하여 비판도 제기되었다. 약 400개에 달하는 회사를 이용하여 기부에 따른 세금을 줄이는 것은 물론 회사의 가치를 제고하려는 수단이라는 것 등이 바로 그것이다. 그러나 그와 같은 평가에는 문제가 있다. 탄소 절감을 위해 약속한 $300,000,000(3억 달러)의 기금을 석유 사업에 투자할 경우 오히려 수익이 더 나을 수 있다는 브랜슨의 반론 역시 설득력이 있기 때문이다.

사실, 브랜슨은 기업 경영과 사회 사업을 추진하면서 자본주의의 잘못된 시스템을 개선하여 보다 풍요로운 삶의 가능성을 모색했다. 거기에는 기업가에 대한 남다른 자부심이 바탕으로 자리 잡고있다. 전 세계와 역사가 인정하듯 기업가들이 서양 세계에서 가난을 몰아냈다는 것이다. 생산성과 생활 수준의 향상, 항구적인 번영과 발전을 이룩하는데 있어서 기업가적인 자유 시장 체계와 필적할 만한 사회 체계는 없다고 보았다. 그러면서 브랜슨은 아시아 지역을 그 예로 들었다.

이처럼 브랜슨은 기업가의 활동을 높이 평가했다. 그는 이윤에만 집착하는 편협한 자본주의의를 벗어나 빈곤의 퇴치와 번영을 이끌 수 있도록 노력했고 그와 같은 일을 기업가가 사회적 책임을 가지고 할 수 있다고 보았다. 19세기의 카네기(Andrew Carnegie)에서 시작하여 오늘날의 게이츠에 이르기까지 기업가들을 박애주의자로 평가한 것도 바로 그와 같은 이유에서 비롯되었다.[28] 브랜슨은 기업가는 혼자서 일을 하는 것도 아니고 최고를 찾는 것도 아니며 돈을 버는 일에 국한되는 자가 아님을 강조했다. 흥미로운 것을 자본으로 전환하여 더 많은 것을 할 수 있게 하여 그로 인해 앞으로 나아갈 수 있게 한다는 것이다.[29] 바로 그러한 일을 브랜슨이 하고자 했고 그 과정과 결과가 주목을 받고 있는 것이다.

제4장 영국

퀘이커교도 기업가
조셉 론트리의 도덕적 박애

최현미(경북대학교 사학과 교수)

1. 빅토리아 시기 박애활동

일반적으로 박애활동의 상징인 재단 설립이 처음 나타난 곳은 미국이라고 알려지고 있다. 그런데 미국인 기업가들의 재단 설립 이전에 영국에서 먼저 재단설립이 이루어졌다. 미국에서 처음 재단을 설립했던 앤드류 카네기(Andrew Carnegie, 1835~1919)도 스코틀랜드 출생으로서 미국으로 건너가 철강 산업으로 성공한 후 1901년부터 재단 구성을 하였다고 하지만, 1910년에 카네기재단을 창립하였고, 카네기의 영향을 받았던 기업가 존 D. 록펠러(John Davison Rockefeller, 1839년-1937)는 1913년에 록펠러재단을 창립하였다. 그러나 그 이전 이미 1904년에 영국 요크에서 론트리 기업에 의해 론트리 재단이 창설되었다는 사실이 주목되어야 한다.

영국에서는 17세기 초부터 구빈법 제도가 실시되어 공적으로 구빈활동이 제도화 되었지만, 자발적인 재정기부를 통한 구휼 활동으로서의 자선(Charity)이나 박애활동은 산업혁명 이후 빅토리아시기에 많이 이루어졌다. 그런데 빅토리아 시기 자선(charity)과 박애(philanthropy)에 대한 개념은 사실상 모호한 가운데 용어가 혼재되어 사용되었던 것으로 보인다. 학자들 사이에서도 philanthropy를 자선활동으로 설명한다. 이러한 연구경향 속에 자선 혹은 박애와 관련한 연구들을 살펴보면, 먼저 구빈원과 수도원을 중심으로 행해졌던 중세 및 근대 초 17세기까지의 구빈 및 자선활동을 광범위하게 정리한 저서로서 Wilbur Kitchener Jordan의 *Philanthropy in England 1480-1660: A Study of the Changing Pattern of English Aspirations*가 있으며, David Edward Owen의 English Philanthropy 1660~1960 (1965)가 있다. Wilber K. Jordan 과 David E. Owen은 기본적으로 박애의 개념을 '기부금을 내는 행위 그리고 그 기부금을 재정으로 삼아 자발적인 활동을 수행하는 것'으로 규정하였다. Brian Harrison은 "Philanthropy and the Victorians," *Victorians Studies*

9(1966)에서 '호의를 베풀어 돌보는 개념'에 더하여 시간과 노동을 자발적으로 기부하는 활동을 포함하였다.

1980년대 이래 1990년대에 걸쳐 Philanthropy에 대한 왕성한 연구가 추가되었다. 영국사에서 박애에 대한 연구자로 정평이 나있는 Frank K. Prochaska는 *Royal Bounty: The Making of the Welfare Monarchy*(1995)의 저서를 통해 '자발적 자선 및 박애활동의 범위와 생명력'에 대한 역사적 사례를 제공하는데 이바지하였다. 프랭크는 Philanthropy를 이전에 '돈을 기부하던 것'으로만 파악하던 것에서 '도움이 필요한 사람을 대상으로 호의를 베풀어 돌보는' 개념으로 전환시켰고[1] 나아가 사회를 변화시켜 나간 박애활동의 면모를 연구하였다.

그런데 1980년대 사회사 영역에서의 자선 및 박애활동에 대한 연구는 19세기 자유주의 개혁과 '중간계급'의 정체를 밝히는 연구의 일환으로 행해졌다.[2] 즉 박애활동을 통해 중간계급 공동체 내의 사회적 입지를 강화함으로써 지역사회에서의 영향력과 지도력을 발휘하고자하는 목적을 가졌다는 것이다. Michael B. Katz 와 Christopher Matthew De Sa chess는 박애의 개념을 지역과 국가의 공적영역의 활동 측면과 개인이나 가족 혹은 협회들의 자발적 활동으로서의 사적영역의 활동으로 구분하여 파악하였다. 한편 Johns Hopkins 대학은 '비영리 부분 사업의 비교 프로젝트'를 통해 박애활동을 시장과 국가 밖의 사회 공간을 차지하는 제 3의 영역에 대한 보편적인 정의로운 활동으로 설명하였다. 이것은 오늘날 행해지는 인류애 차원의 박애활동의 면모 즉, 국가의 재정지원이나 권력에 영향 받지 않는 독립적인 비영리 조직에 의해, 국가를 초월하여 세계도처의 도움이 필요한 곳에 원조 및 지원 활동이 수행되는 것에 해당된다.

영국의 경우, 민간 비영리 집단의 자발적인 사회복지를 추구하는 자선이나 박애 활동은 빅토리아시기에 이미 많이 나타났다. 그런데 빅토리아시기의 박애활동은 주로 시민들이 참여한 자선협회들에 의해서 수행되었다. 자선협회들의 박애활동에 대한 연구는, 자선활동들의 동기가 '공동체 내에서 생존의 위협을 받을 정도로 열악하게 빈곤한 생활을 하는 사람들에 대한 이타적 관심과 부조'라는 순수한 동기와 목적에서 비롯되었다는 관점에서 더 나아가 다른 관점으로 설명되었다. 즉 산업혁명기를 통해 경제적으로 부상했던 중간계급들이 자선협회 활동의 주축을 이루었으며, 그들이 정치적 자유주의 전개에 힘입어 민주화를 추구하면서 지역사회에서의 일정한 영향력을 구축하려 하였다는 점이 지적되었다. 모리스(R. J . Morris)는 중간계급 시민들이 박애활동을 통해 자신들에 대한 존경심과 충성심을 유도하면서, 빈곤한 노동자들의 위협적 움직임을 컨트롤하는데도 기여하였다고 파악하였다.[3] 또한 모리스는 중간계층이 노동자들에 대해 자신들의 체면을 세우는 일환으로 자선활동을 한 것으로 파악하였다. 또 다른 측면에서는, 복음주의 신앙인들인 중간계층 사람들이 도덕적인 책임감에서 구빈 대상자들의 피폐한 삶을 도우고자 자선협회를 통해 박애활동을 한 것으로 평가되기도 하였다. 연구자 모리스 와 바리(J. Barry)는 자선협회를 시민사회 발전에 기여한 중요한 요소로 평가하였다.[4] 일반적으로 계급이해를 공유하는 동호회나 공제조합과는 달리 박애활동을 수행한 시민협회 안에서 후원자들은 평등한 교류 관계에 있었으며, 하층민으로부터 중, 상류층까지 전계층이 참가하여 직·간접적으로 교류하였다고 한다.

연구사에 따르면, 대략 Charity나 Philanthropy의 개념은 모두 다 인류애의 측면에서 물질을 자발적으로 기부하여 구휼대상자들을 도우는 활동을 의미한다. 그러나 본 저서에서 집중하고 있는 박애활동의 의미를 세밀히 구분해 보면, 박애활동은 단순히 물질과 재정을 자발적으로 기부하여 구휼하는 행위를 넘어서 사적 및 공적 영역을 망라하여 불평등한 사회구조 속에서 구휼 대상자들에게 근본적인 자생력을 함양시키고 삶의 환경까지 개선해 줌으로써 양질의 삶을 영위하는데 기여하는 활동으로 정의할 수 있겠다. 산업혁명 이래 박애활동은 주로 상공업에 종사했던 중간 계층 기업가들에 의해 행해졌다. 그들은 온정주의(Paternalism)를 미덕으로 삼아 노동자들을 구휼의 대상으로 생각하며 자조적 정신을 심어주는데 그 초점을 두었다. 그리하여 공장주들은 근면성을 촉구하고, 규율을 강제하며, 노동자들의 삶의 자세를 변화시키는데 주력하였다. 이때문에 사실상 노동자들의 곤궁한 삶의 환경을 개선하거나 삶의 문제를 해결해 주지는 못했다.

본 글에서는 빅토리아시기, 보편적인 온정주의 기업가들의 박애활동과는 차별화되는 기업가 사례 즉 노동자들의 곤궁하고 피폐한 삶의 문제를 개선하기 위해 노력했던 기업인과 기업운영 사례로서 '론트리' 기업을 소개하고자 한다. 본 저서의 명제 즉 '기업가들이 불평등한 사회구조에 긍정적 변화를 초래하는데 기여할 수 있는가? 기업이 자본주의를 도덕적으로 만들 수 있는가?라는 명제에 대한 실천적 사례로서 도덕적 자본주의(Ethical Capitalism)을 실천했던 퀘이커교도 기업인의 기업운영과 박애활동을 소개하고자 한다.

영국 산업혁명시기 영국 경제를 감당하였던 상공인들과 제조업자들 중 상당수가 퀘이커교도들이었다. 17세기 중엽 청교도 혁명 이래 종교적 박해를 받아 공직과 각종 전문직에 진출할 수 없었던 퀘이커교도들의 생존 진로는 상공업과 제조 산업뿐이었다. 그들의 절박한 생존노력은 마침내 산업혁명기 각종 상공업과 제조업 분야에서 성공을 거두는 것으로 결실을 맺었다. 조셉 론트리(1836~1925)는 퀘이커교도 기업가로서 요크지역에서 초콜릿 산업을 시작하고 매진했던 결과, 한 개인으로 시작했던 비즈니스가 요크지역을 전원지역, 소상공업도시에서 산업도시로 변모시키는 결과를 이루어내었다. 나아가 론트리 기업은 지역민의 빈곤과 주택문제, 복지적 환경을 조성하는데 크게 이바지 하였다.

2. 기업가 조셉 론트리에 대한 영국인들의 평가

2002년 11월 24일부터-27일까지 BBC에서 "Great Briton's poll'이라는 프로그램으로 Radio 와 TV 공동으로 '영국의 가장 위대한 기업가'를 선정하는 온라인-여론 투표 이벤트를 실시하였다. 대중 인지도와 기업가의 업적 그리고 그가 남긴 사회적 유산을 기준으로 후보 기업인들을 선발하였고 그 중에서 최종 8명의 기업가들이 후보자로 선택되었다.[5] 시청자 및 청취자 총 4,000명이 참여했던 투표 종료 결과 1위는 존 루이스 백화점 창업자 아들 존 스페단 루이스(John Spedan Lewis)(22.36%), 2위는 스코틀랜드 출신 미국 철강 왕 앤드류 카네기(Andrew Carnegie)(21.18%), 3위가 요크지역 초콜릿 제국의 주인 조셉 론트리(Joseph Rowntree)(15.73%.)의 순위로 나타났다.[6]

<4-1, 조셉 론트리(1836~1925)사진>

2012년 8월에는 요크 지역 사회가 '조셉 론트리를 평생 동안 요크의 가난과 슬럼화를 청산하기 위해 노력하였던 사회개혁가이자 박애주의자'로 평가였다. 또한 조셉 론트리와 그 업적'을 후대 세대가 기억하자는 취지로서 요크타운 중심지 시의회 광장에 그의 조각상을 세우자는

운동이 온라인 페이스 북에서 전개되었다.[7] 그 이전 밀레니엄 전환기에는 요크셔의 한 신문(*The Yorkshire Evening Press*)이 독자들에게 '요크 지역에 영향을 끼친 밀레니엄 인물이 누구인가?'를 묻는 여론 조사를 실시했는데, 그 때 1위를 차지한 사람도 바로 조셉 론트리였다고 한다. 그도 그럴 것이 요크타운의 공공건물 중 많은 건물- 론트리 극장, 론트리 공원, 론트리 재단과 3개의 론트리 트러스트 그리고 각종 론트리 스포츠 클럽, 테니스 코트, Seebohm의 정원 홈 스테드 등-이 바로 론트리 기업이 자사 직원들과 지역민 그리고 지역사회를 위해 조성하고 설립했던 유산들이었기 때문이다.

<4-2, 론트리 혹스비 공장>

조셉 론트리와 론트리 기업에 대한 연구로는 론트리 기업 창설가로서의 조셉 론트리(Joseph Rowntree, 1836~1925)의 생애와 두 아들 존 빌헬름 론트리(John Wilhelm Rowntree, 1868~1905) 그리고 벤자민 씨봄 론트리 (Benjamin Seebohm Rowntree, 1871~1954)등에 대한 전기적 연구가 있다.[8] 관련 연구에서 조셉 론트리는 열악한 작업 환경을 개선하고 노동자들의 근무조건과 권리를 복지제도를 통해 노동자들의 삶을 개선시켰던 공로자였음에도 불구하고, 단지 '요크의 성공한 기업가', '자비로운 아저씨' 정도로 과소평가되기도 한다.[9] 그러나 대부분의 연구들에서 조셉 론트리와 벤자민 씨봄 론트리는 '선한 사업가, 박애주의자 이상의 사회개혁가'로서 평가

된다. 특히 벤자민 씨봄 론트리는 빈곤의 고통 속에 있었던 요크 지역의 저소득 노동자들의 실태 파악을 위해 조사했던 결과를 저서로 발간하였다. 그의 저서『 빈곤 : 노동자들의 타운 생활에 대한 한 연구』(*Poverty : A Study of Town Life*, 1901),『 빈곤과 진보』(*Poverty and Progress*, 1941), 『 빈곤과 복지국가 』(Poverty and the Welfare State, 1951)들은 당대의 사회 개혁가 찰스 부스(Charles Booth, 1840~1916)의 조사내용과 비교되는 관점으로 해석되기도 한다.[10] 다른 연구들로는 론트리 기업의 차별화된 기업문화에 대한 연구 즉 론트리 기업이 노동자들의 노동환경과 주택문제를 해결하기 위해 조성했던 이상적인 공동체 '뉴 이어스윅 빌리지(New Earswick Village)'에 대한 연구[11] 그리고 조셉 론트리의 뜻으로 설립되었던 론트리 재단과 트러스트 창설 및 운영에 대한 연구[12] 및 조셉과 론트리 가문의 기업 경영에 영향을 끼친 종교적 배경으로서 퀘이커교의 가르침과 퀘이커 교도들의 상호연대 활동에 대한 연구[13]들이 있다.

3. 창업에서 직원복지 실천 기업에 이르기까지

1) 창업과 성장

조셉 론트리는 북동부도시 요크에서 식료품 가게를 운영하였던 아버지 Senior Joseph Rowntree(1801~1859)와 맨체스터 출신 어머니 Sara Stephenson (1801~1888)의 둘째 아들로 태어났다. 그는 요크지역 프렌즈 협회의 부설 보딩 스쿨이었던 부담 스쿨(Bootham School)에서 교육을 받았고, 학교를 다니는 중에 아버지의 식료품 가게에서 도제 훈련을 시작하였다. 1855년에 아버지를 따라 런던의 프렌즈 협회 연례모임에 참석하던 중 당시 곡물법폐지 운동으로 명성을 날리던 퀘이커교도 급진주의 정치가 존 브라이트(John Bright, 1811~1889)를 만났다. 그 후 1857년에 그는 런던으로 가서 펜 처치 스트리트 (Fenchurch Street)에서 가게를 운영하던 고모의 도매 식품상점에서 도제살이를 마쳤다. 그곳에서 조셉은 tea와 커피콩을 볶고 갈며 음료 제조법을 익히기도 하였고, 설탕 정제소와 서인도산 1등품 취급 가게를 견학하다가, 요크로 돌아와 아버지의 동업자로서 일을 시작하였다. 2년 뒤 1859년에 아버지가 사망함에 따라 혼자서 식료품 가게를 10여년 경영하였다.

조셉의 인생을 살펴보면, 개인적으로 그는 1862년 결혼 후 1년 만에 아내를 잃는 아픔을 겪었으나, 1869년 재혼 후에 다복한 가정(4남 3녀)을 꾸리게 되었다. 그 중 두 아들 존 빌헬름 론트리(John Wilhelm Rowntree, 1868~1905)와 벤자민 씨봄 론트리 (Benjamin Seebohm Rowntree, 1871~1954)가 조셉 사후 론트리 사(社)와 재단을 계승하여 훌륭하게 운영하였다.

론트리 가문은 어떻게 코코아 사업과 인연을 맺게 되었던 것일까? 코코아 사업과의 인연은 1860년 조셉의 동생 헨리 아이작(Henry Isaac Rowntree, 1838~1883)이 코코아 가게를 매입하면서 시작되었다. 2년 뒤 헨리가 단순한 판매를 넘어서 코코아 생산에 필요한 기계를 사 들이고, Tanner's Moat 거리에 공장용도의 건물을 매입하였던 것이 바로 론트리 기업의 모태 작업장이 되었다. 12명의 노동자를 고용하여 시작된 태너 街 모아트 공장에서는 주당 코코아 12,000 파운드의 양을 생산하였다. 점차 헨리는 의욕적으로 더 큰 규모의 공장건설을 계획하였으나, 재정이 부족하였으므로 형 조셉에게 도움을 청하게 되었다. 그후 1869년에 마침내 조셉이 동생의 사업에 합류하게 되었다. 이후 형제는 모아트 작업장에서 10여년을 공동 경영하였다.

1870년대 불황기 속에서 경쟁업체였던 버밍엄의 캐드버리 사(社)가 신제품 '코코아 에센스'로 승승장구 하는 동안, 론트리 사(社)는 돌파구를 찾지 못하고 있었는데, 1879년 런던에서 근무하던 프랑스의 한 제과업자 끌로드(Claude Gaget)가 조셉 론트리에게 당시 영국에는 없었던 신제품 '껌(Gum)과 과일 맛 정제(Pastilles)' 캔디를 소개해 주었다. 그것이 론트리 기업에 부를 안겨다 준 행운의 열쇠였다. 당시 영국에서는 프랑스산(産) 수입 제과들이 고급제품으로 비싸게 팔리며 인기를 누렸는데, 초콜릿제품에 몰두하던 론트리 기업은 처음에는 망설였지만, 프랑스 산 캔디를 저렴하게 그리고 영국인 입맛에 맞게 다양한 과일 맛으로 개발함으로써 초콜릿제품 판매에서 얻을 수 없었던 높은 수익과 매출을 거둘 수 있었다. 껌과 과일 맛 캔디는 론트리 사의 효자상품이 되었고, 이 제품들과 관련해서는 론트리 사의 경쟁 상대는 없었다. 론트리 사의 유일한 경쟁상대는 바로 값비싼 프랑스산 수입제품 뿐이었다. 론트리 사의 창립 초기 단계는 그렇게 유지되었다.

<4-3, 론트리의 추출 분말 코코아(론트리 초콜릿 회사의 대표상품)>

그런데 론트리 사의 번영을 도왔던 또 다른 변수가 있었다. 요크타운 중심지로 철도 노선이 개통되었던 것이다. 요크 인근지역의 기업가이자 정치가로서 후에 '철도 왕'이라 불렸던 조지 허드슨(George Hudson, 1800~1871)이 요크타운 내 철도 노선 개통의 필요성을 주장하였는데 그 후 에딘버러와 런던 사이의 철도 노선이 개통되었다. 철도 부설 후 1877년 론트리 사는 제품을 매일 전국 배송 할 수 있게 되었다. 1880년-1883년 동안 론트리 사의 고용 노동자 수는 배가 되었으며, 연간 총

판매액은 1880년대 초 £44,000로부터 1880년대 말경 £99,000에 이르렀다. 1년 평균 이윤은 이전 10년에 비교해서 거의 4-5배나 향상되었다. 1883년 5월 동생 헨리의 사망이후 형 조셉이 회장으로 취임하면서 새로운 국면을 맞았던 론트리 사는 1887년 신제품 '추출 분말 코코아' Rowntree's Elect Cocoa'를 개발함으로써 한동안 번영 가도를 달리게 되었다.

대부분의 기업들처럼 1차 세계대전은 론트리 사에게도 위기였는데, 종전이후까지 계속 고전하였다. 경쟁 기업사 캐드버리 사가 왕성한 광고전략과 1930년대에 혁신적인 신제품 '마시는 초콜릿 음료 데어리 밀크 초콜릿'(Dairy Milk Chocolate)을 개발하여 대중 입맛을 사로잡아 초콜릿 업계의 제 1위의 자리를 고수하였다.

론트리 사는 마침내 경영진 교체를 통해 위기를 극복하고자 1923년에 조셉이 은퇴하고 아들 벤자민 씨봄 론트리가 회장으로 취임하였다. 2대 수장 벤자민 씨봄은 시장분석을 통한 마케팅 전략에 주력하면서 작업 효율화를 위해 테일러식 노동관리 시스템을 도입하였으나 여전히 성장 침체를 면하지 못하였다. 산업계의 전반적인 불황과는 별개로 론트리 기업의 성장 둔화는 바로 가족경영 자체에 있었던 것으로 보였다. 즉 아마추어 경영의 한계에 직면하였던 것이다. 그리하여 벤자민 씨봄 론트리는 과감하게 가족 경영 체제를 버리고 당시 마켓팅 분야에서 최고 전문가로 명성이 높았던 조지 J. 해리스(George James Harris, 1896~1958)를 회장으로 영입하여 환골탈퇴를 시도하였다. 그 결과, 조지는 짧은 기간에 신제품 초콜릿 바 블랙 매직(Black Magic, 1933), 킷캣 초코바(KitKat and Aero Bars, 1935)와 캔디 류에 해당하는 스마티(Smarties, 1937), Polo 등을 출시하여 성공하였고, 이전보다 더 과감한 홍보를 통해 마침내 경쟁사를 앞서는 성과를 거두었다. 조지 해리스의 공로로 론트리 기업은 '오늘날 선 보이는 시장 마케팅'의 선구자로 평가된다.[14]

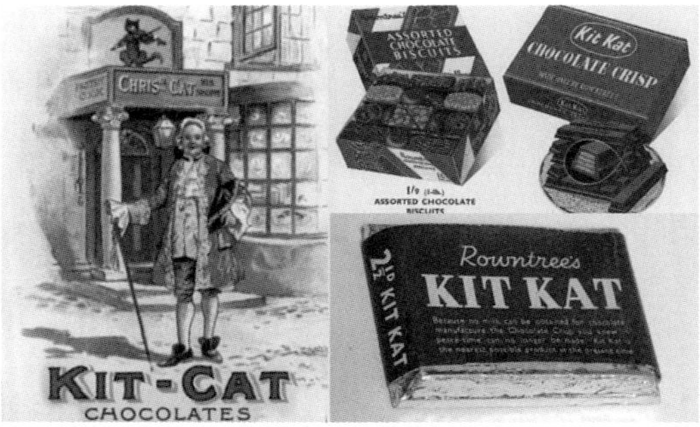

<4-4, 론트리 회사의 대표상품들 : 킷 캣 초코바, 드롭스 캔디>

1953년 조지 해리스 은퇴 후 1950년대에 론트리 사는 윌리엄 월리스(William Wallace)와 로이드 오웬(Lloyd Owen)이 회장 직을 수행하면서 수송회사 (N. M. U. Transport Ltd.)를 합병하여 뉴캐슬에 새로운 공장을 세웠다. 1960년대 초 중반까지 독일, 벨기에, 네덜란드 그리고 이탈리아까지 확장하였다. 그러나 1960년대 말부터 산업계 전반의 경기 침체로 론트리 기업 또한 재정난에 직면했을 때, 투자기업 매킨토시(Mackintosh)가 그 기회를 틈타서 론트리 사를 합병하였다. 1982년에는 론트리-맥킨토시 이름으로 세계전역에 22개 공장 그리고 28,000명 직원보유, 120개 국가로 상품을 수출하기에 이르렀다. 계속 확장을 도모하던 론트리-맥킨토시는 1984년경 영국, 프랑스, 오스트레일리아, 미국, 캐나다에 13개 회사를 추가로 설립하였으나 원거리 문제로 효율적인 경영이 어려워지게 되었다. 1984년에 4개 회사가 나누어 경영하다가, 1987년에 제과생산과 유통 및 국내·외 유럽 수출을 담당하는 4개의 새로운 자회사를 인수·통합하였다.(①Rowntree-Machintosh Confectionery Ltd., ② Rowntree-Machintosh Distribution ③ Rowntree Machintosh Export LTD., ④ Rowntree-Machintosh European Exports) 론트리-맥킨토시 사는 1988년에 다시 스위스의 네슬러 기업에게 인수 합병 당했다. 당시 네슬러는 EU공동시장 통합(1992)을 앞두고, EU시장에서의 네슬러 기업의 힘을 강화시키고자 열망하였으므로, 재정난을 겪고 있던 론트리-맥킨토시 기업을 지켜보다가 마침내 합병하였던 것이다. 합병이후 론트리 기업의 법적 독립성은 잃었을지라도, 네슬러는 거의 200년 동안 잘 경영되었던 론트리 기업의 경영방침을 그대로 유지하며 경영하였다고 평가된다.

2) 직원복지 실천을 위한 경영

창업 이후 론트리 사 경영의 기본 원칙은 무엇이었으며 다른 기업들과는 어떻게 차별화 되었을까? 당시의 기업주들은 권위의식을 지니며 스스로를 높이며, 노동자들과 일정한 거리를 두었다. 그들은 상위자의 입장에서 노동자들의 잘못된 습관을 일방적으로 고치도록 강요하거나, 무지를 깨우쳐주고자 하였으므로 작업장의 분위기는 고용주의 개인왕국처럼 운영되었다. 노동자들을 계도한다는 목적으로 기업주 자신들이 원하는 방향으로 노동자들을 길들이고자 하였던 점이다.[15]

창업당시 노동자 포함 30여명으로 시작했던 론트리 사 경영진은 노동자들과 거리를 두지 않았다. 다른 기업들이 수직적 구조와 고용주 중심의 상명하달식 경영을 한 것에 비하여 론트리 사는 첫째, 고용주와 노동자 간의 민주적인 관계를 기반으로 '협업하고 상의하는' 작업 방식으로 택하였다. 그것이 론트리 사의 차별화된 경영 방식이 되었다. 두 번째 차별화된 경영방식은, 현직 노동자들의 고용안정과 은퇴 노동자들의 경제적 안정을 보장해주는 연금 정책과 각종 복지정책을 제도화한 것이었다. 21세기 현재에도 온전히 시행되지 못하는 복지정책 과제를 론트리 기업은 어떻게 실시해 갈 수 있었을까? 그 배경은 초기 작업장 모아트의 좁고 열악했던 환경의 장단점 즉, 노동자들과 사주가 함께 작업장에서 가족처럼 친밀한 관계를 유지했던 점을 장점으로 삼아 가족들의 삶을 개선시키려는 바램과 노력이 경영정책으로 나타났던 것이다. 론트리사 사주 가족은 종교적 신념을 중요시하였다. 그들은 고용주나 노동자가 신 앞에서 모두 평등하다고 생각하였으므로 직원(노동자)들의 근무환경과 미래의 삶을 염려하였던 것이다.[16]

그런 가운데 1887년의 신제품 '추출 분말 코코아'의 수요가 급증하면서 회사가 급성장하자 조셉은 보다 넓은 작업장이 필요하다고 생각했다. 1880년대 말 론트리 기업 직원의 수가 900여명에 달하게 되자, 작업장에서 고생하는 노동자들에 대한 회사의 고민은 깊어져 갔다. 조셉은 10여 년 전 1875년에 퀘이커교도 신앙단체인 프렌즈 협회 회원이자 경쟁업자인 캐드버리사 공동체, '본 빌 공동체(Bournville Community)'를 시찰한 바 있었다. 그 후 조셉의 가슴 속에도 이상적인 공동체 설립에 대한 열망이 생겨났다. 그리하여 1890년에 조셉이 혹스비 (Hoxby Road)에 29에이크의 땅을 매입하였을 때, 조셉의 꿈은 한 발자국 전진하였다. 조셉은 단순히 일하는 작업장이 아닌, 위생적인 시설과 전기 시설을 갖춘 아름다운 건물의 공동체를 만들어서, 직원인 노동자들에게 다양한 교육과 여가를 즐길 수 있는 최상의 생활환경을 조성해주고 싶었다. 그는 1주일에 25실링 밖에 벌지 못하는 저소득층 노동자들도 아름다운 정원이 딸린 집에서 행복하게 살 수 있어야 한다고 생각했다.[17] 조셉은 모아트 작업장에서부터 이미 노동자들의 건강을 보살피는 의료직원과 담당 직원들을 고용하였다.[18] 그 후 1891년에는 여성 사회사업가를 고용하여 10대 소녀 노동자들의 생활과 건강을 전담하게 하였다. 전담 관리자가 소녀 노동자들의 동아리 활동, 결근 사유, 현장 작업복 및 의복 차림 등을 관리하였고, 회사는 댄스 수업과 요리교육 프로그램까지 제공하였다. 직원들 수가 초기보다 몇 배나 증가 했을 뿐만 아니라, 초기에 입사했던 10대의 소년소녀들이 성년 남자, 성년여성으로 성장하는 것을 보면서, 조셉은 1901년에 요크 중심 시로부터 3마일 떨어진 외곽지 New Earswick에 150에이커의 땅을 더 매입하였다.

직원들의 양질의 삶을 진심으로 고민하였던 론트리 기업의 박애적인 기업 운영은 바로 1890년 혹스비(Hoxby)와 '뉴 이어스윅 빌리지(New Earswick)'를 조성하는 과정에서 한 단계식 발전되어갔다. '뉴 이어스윅 빌리지' 건설책임자로는 조셉의 아들 씨봄 론트리가 임명되었다. 그는 이상적인 공동체를 건설할 책임자로서 가장 적합한 인물이었을 것이다. 왜냐하면 씨봄 론트리는 1885년 론트리 기업에 합류한 후 합리적이고 과학적인 경영과 노동력 관리 문제를 고민하던 가운데 그 문제들이 노동자들의 빈곤한 생활과 밀접한 관련이 있음을 깨달았다. 그리하여 그는 요크 내의 11,560 가정 46,754명의 개인을 대상으로 직접 가난의 실태를 조사하였고(1899), 그 결과물이 1901년에 발간되었던 저서 『빈곤 : 노동자들의 타운 생활에 대한 한 연구』(The Poverty: A Study of Town Life)이다. 그는 지역 내 주민들의 가난한 삶을 직접 조사했던 당사자였으므로, 누구보다 직원들의 어려움을 이해하며 노동자들의 윤택한 삶을 살 수 있기를 희망했기 때문이었다. '뉴 이어스윅 빌리지' 완공 후 론트리 사는 의사였던 맏사위 피터(Peter Macdonald)를 빌리지 내 전담의사로 고용하였고, 초콜릿 생산 회사의 노동자들이었기 때문에 특히 염려되었던 치아건강을 위해 치과의사도 추가로 배치하였다.[19] 또한 생활의 편의와 건강을 도모하는 다양한 시설들도 확충하였다.

무엇보다 론트리 사의 박애주의적 기업경영의 모습은 직원들을 상명하달의 대상-하수인으로 생각하지 않고 기업발전을 함께 도모할 동료로서 평등한 존재로 간주하였다는 점이다. 벤자민 씨봄은 론트리 기업의 경영 효율화를 위해 고용주들이 직원인 노동자들을 위해 지켜야 할 사항이 있다고 주장했다. 이것은 론트리 사의 노동관리 철학으로 간주될 수 있고, 론트리 사는 퀘이커교 가르침의 양심으로 실천해야함을 선포하였다. 그리하여 씨봄 론트리는 고용주들의 첫째 의무로서 ① 회사 고용주들이 효율성을 높이기 위해 어떻게 동참할 것인지를 먼저 고민해야 한다는 것 ② 고용주는 자사 노동자들의 품위 있는 생활을 보장해야 한다는 것 ③ 고용주들은 노동자들의 고용 안정을 제공해야 한다는 것(임의대로 해고하거나 단축조업을 행하지 않아야 한다) ④ 고용주는 연금이나 질병 수당과 같은 경제적인 보장을 제공할 것 ⑤고용주는 노동자들을 공정하게 대우해야하며 회사 운영과정에서 노동자들을 협업하는 동반자로서 동참시켜야 한다는 내용의 고용주 실천사항을 선포하였다. 당시로서는 선구자적인 민주적 노사관계를 구축하는 내용들이다.

<4-5, 조셉 론트리 극장, 요크>

<4-6, 벤자민 씨봄 론트리(1871-1954)>

씨봄은 작업과정에서 작업위원회, 문제 해결 위원회와 위원들, 노사 공동 복지 행정 논의체와 같은 기구들이 설치되어야 하고, 노동조합의 그 역할을 인정할 때 노사 간의 민주적인 관계가 형성되며, 그 결과 회사의 경영 효율이 높아진다고 주장하였다.[20] 씨봄의 이러한 주장은 론트리 기업에서 1920년대-30년대에 사실상 그대로 실천되었다. 이렇게 론트리 기업은, 오늘날 산업계에서도 완전히 정착되지 못한 민주적이고 협조적인 노사관계와 노동자 복지정책을, 국가가 제도화하기 이전에 론트리 사가 먼저 제도화하였다. 론트리 사는 직원을 협업자로 존중하며 직원 복지를 중시하는 박애주의적 경영을 지향하였다.

4. 도덕적 박애 자본주의: 퀘이커 신앙의 가르침을 따라

조셉과 론트리 기업의 경영방침과 박애활동은 단순히 조셉 개인의 인품과 사회개혁 의식에 달려 있었던 것인가? 그 원동력은 조셉 개인의 인품과 능력을 넘어서, 세대를 계승하여 전승되었던 가문의 종교적 신념에서 비롯된 것으로 보인다. 론트리 가문은 퀘이커교도 가문이었다. 그들은 신 앞에서 모든 사람들은 평등하고, 서로의 생활은 상호 연결되어 있으므로 고용주와 노동자 직원은 협력의 관계로서 공동체를 운영해야 한다고 인식하였다. 퀘이커교도들은 사업과 정치는 신앙의 가르침을 실현하는 하나의 수단이라고 생각하였다.[21] 바로 그러한 퀘이커교의 가르침이 창업주 조셉과 론트리 기업 운영의 기저정신이자 기업정신으로 작용했던 것이다.

퀘이커교는 공동체의 결속과 조화, 평등, 간소함을 미덕으로 삼는 실천적 종파라 볼 수 있다. 그들은 생활 속에서 간소하고 검소한 의식주와 음주, 유희 그리고 삶의 태도를 지향하며, 사치는 허영의 근원이자 전쟁의 원인이 되는 것으로 가르침을 받았다.[22] 퀘이커교도들은 선한 복음주의적 열정으로 삶속에서 신앙의 가르침대로 순종하며 살아갈 때 그들 모두는 구원 받을 수 있다고 믿었다. 그러한 영성을 지니며, 그들은 신 앞에서 모두 평등한 인간의 권리를 존중하고, 어려운 형편에 있는 사람들의 삶이 변화될 수 있는 새로운 사회 건설을 위해 헌신하고자 하였다.[23]

17세기 이래 현재까지 수 세기 동안 퀘이커교도들이 기업 활동을 성공적으로 지속해 올 수 있었던 이유들 중심에 바로 프렌즈 협회가 있었다고 보는 견해가 있다.[24] 프렌즈 협회는 조지 폭스(George Fox, 1624~1691)가 창설한 것으로 알려져 있다. 조지 폭스 사후, 그의 가르침은 지역마다 정기 월례모임 때 전수되었고, 그 내용은 '삶의 성찰'과 관련하여 파생된 새로운 질문에 대한 답변들을 1년에 한 번 씩 정리해서 증보한 것으로 1738년에 처음으로 저서 <<기독교도 그리고 형제다운 행동을 위한 조언>>(Christian and Brotherly Advices, 1738)로 간행되었다. 이후 시대적 상황과 사례가 반영되어 21세기 현재 10번째 수정· 보충 판이 지속적으로 계승되어 삶의 실천 윤리지침이 되었다.[25] 그 내용 중 핵심적인 내용은 '탐욕 통상거래'에 대한 조지 폭스의 조언이었다. 조언록에는 '세상의 부와 다양한 분야에 만연하는 탐욕을 버리라'는 조지 폭스의 가르침을 비롯하여 엄격한 도덕성과 삶의 자세, 절제의 도덕, 퀘이커교도들의 매너, 재산 획득 및 처분의 방법들에 대해 총괄 정리가 되어 있었다. 퀘이커교도들이 종교적 박해로 인해 공직에 진출하지 못함에 따라, 그들은 상공업에 많이 종사하게 되었는데, 조지 폭스는 그들을 향해 '수단과 방법을 가리지 않고 부를 추구하기보다는 정직하게 거래하라'는 가르침을 남겼다. 조지 폭스의 가르침은 프렌즈 협회의 정기 월례 모임(MMs), 분기모임(QMs), 연례모임(AMs), 예비모임(PMs)을 통해 전승되었다. 프렌즈 협회 회원들은 정기 모임을 통해 예배와 삶의 성찰의 시간을 가지는 한편, 회원들끼리 상공업 활동의 실질적인 정보와 조언을 나누면서, 상호 도움을 주고받았다.

그런데 퀘이커교도들이 사회의 가난한 사람들에게 관심을 돌리게 된 하나의 계기가 있었는데, 바로 1895년 11월 12일부터 15일까지 4일간 개최되었던 맨체스터 컨프런스였다. 조셉 론트리의 아들 존 빌헬름이 퀘이커교도들의 신앙적 양심을 촉구하며, 지역 사회에 대한 광범위한 실태 조사와 선한 활동을 촉구하였던 것이다. 1895년 맨체스터 컨프런스는 '사회의 부와 빈곤에 대한 퀘이커교도의 양심을 상징하는 랜드마크'가 되었다.[26]

5. 론트리 재단 설립과 박애활동

요크 지역 내 혹스비의 작업장과 뉴 이어스 윅 공동체에 갖추어진 모든 시설과 교육 프로그램 그리고 론트리 기업의 행정과 민주적 경영은 바로 론트리 기업이 남긴 유산이 되었고, 21세기 산업계의 관행이 되었다. 1899년 벤자민 씨봄의 지역조사 결과 당시 요크 지방민들이 심각한 빈곤 상태는 아니었으나, 주당 25실링 수입의 노동자들의 빈곤 상태를 가속화시켰던 문제는 바로 주택문제였다. 그리하여 조셉은 뉴 이어스윅에 직원(노동자)들에게 제공할 주택을 건축하고자 했다. 그 결과 3년 뒤 1904년경에는 30채의 집이 건축되었고, 1954년에는 방 세 개짜리 집 500채, 더 큰 규모의 집이 40채 그리고 싱글들을 위해 코티지(cottage)와 아파트(flat) 90채를 더 공급하였다. 그럼에도 불구하고 노동자들을 포함한 지역민에게 주택은 더 필요하였고, 주택난의 문제는 지속적으로 요크 지역이 해결해야 했던 과제였다. 그리하여 조셉의 지역 사회개혁을 위한 열망은 재단결성이라는 구체적인 유산으로 남았다.

JRF JOSEPH ROWNTREE FOUNDATION

<4-7, 조셉 론트리 재단 로고>

이처럼 조셉 론트리는 론트리 공장 밖을 넘어서, 지역 주민의 빈곤과 어려움을 덜어주기 위해 생존 당시인 1904년에 론트리 재단과 다수의 트러스트들을 창설하였다. 그리고 재단사업은 아들 벤자민 씨봄 론트리에게 계승되었다가 씨봄 론트리 사후 1954년에 재정립되었다. 오늘날의 재단과 The Joseph Rowntree Memorial Trust의 모습을 갖추었으며, 론트리의 그 자녀 세대를 통해 현재까지 지역사회 및 국가 차원의 당면한 문제와 어려움을 해결하는데 기여하고 있다.[27]

1904년 기원의 조셉 론트리 재단과 3개의 트러스터는 지역사회의 빈곤타파와, 전쟁반대, 평화운동, 지구의 기후변화 및 노령사회의 문제 등 지역사회와 국가 나아가 국제사회가 직면한 사회문제들을 해결하기 위해 다양한 모습으로 지원하고 있다. 즉 ① 조셉 론트리 재단(The Joseph Rowntree Foundation)은 국제적인 평화를 도모하며 군사적 무장 해제를 지지하며, 아일랜드와 남아프리카에서 진행되고 있는 갈등 국면을 대화로서 해결하고자 노력한다. 론트리 재단은 20세기 말경 수혜 대상지역을 상대로 빈곤의 뿌리를 밝혀내는 연구와 개발지원과 교육을 위해 대략 한해에 1,000만 파운드의 이상의 재정을 지출하고 있다. ② 조셉 론트리 자선 트러스트(The Joseph Rowntree Charitable Trust)는 주로 기업의 사회적 책임에 대한 인식을 보급하고 산업사회의 민주적인 노사관계를 조성하기 위해 역할하고 있다. 기업이윤을 사회화하는 것과 박애활동 등에 관심을 두고 있다. ③ 조셉 론트리 사회 서비스 트러스트(The Joseph Rowntree

Social Services Trust)는 사회개혁 트러스트로 되어 국가의 제도적인 개혁을 위해 캠페인을 전개하고 있다. 또 공공의료 메디 케어, 어린이 양육을 지원하는 패밀리 펀드, 노령사회의 문제, 고독 사회의 문제, 지구적 기후의 문제 등 광범위한 주제에 대한 연구에 지원을 하고 있다. 설립 90주년을 기념하는 1990년대까지 정치적으로 자유주의 이상을 추구하는 어젠다와 정치가 및 단체들을 지지하면서 국민 개인의 권익 신장과 개인 권리 보장을 위한 여론 조성과 선거 등의 현실적인 정치에도 영향을 끼치는데 주력하고 있다. ④ 조셉 론트리 빌리지 트러스트(The Joseph Rowntree Village Trust)는 세계대전 전후의 도시 밀집 주택들 문제와 노인들을 위한 주택, 요크지역 이어스 윅의 현대화 작업과 현재 사회의 빈곤과 주택문제, 도시주택의 리뉴얼 작업등을 포함하는 영역들에 그 해결책을 모색하는 일을 도움으로써 론트리 기업이 추구했던 이상을 후대로 전승시키고자 한다.

조셉 론트리는 요크지역을 초콜릿 제국 즉 초콜릿 산업도시로 성장시켰을 뿐만 아니라, 요크타운 내 많은 건물- 론트리 극장, 론트리 공원, 론트리 재단과 3개의 론트리 트러스트 그리고 각종 론트리 스포츠 클럽, 테니스 코트, Seebohm의 정원 홈 스테드 설립 및 조성을 통해 지역민의 삶의 질을 향상시키며 현재까지도 영향을 끼치고 있다. 론트리 빌리지 트러스트는 요크 지역 자체의 주택문제를 비롯하여, 잉글랜드, 웨일즈, 스코틀랜드, 북아일랜드에 이르기까지 주택 사정을 조사하며 주택문제 해결에 이바지하였고, 그 활동은 영국의 해외 식민지였던 아프리카 케냐, 짐바브웨까지 확대되었다. 21세기 현재 론트리 기업은 합병되었으나, 조셉이 남긴 유지는 재단과 3개 트러스트의 보유자산의 투자활동과 수익을 재정으로, 요크를 넘어서 국제사회로까지 연계·확대되어 도움이 필요한 지역 수혜 대상의 양질의 삶을 도모하는 박애주의 활동으로 되살아나고 있다.

이탈리아 박애의 계보, 종교적 자선에서 급진적 박애로[1]

장문석(영남대학교 역사학과 교수)

I. 들어가며

박애(philanthropy)는 일상생활에서 잘 쓰이지 않거니와 그 의미도 다소 간 모호한 용어이다. 일찍이 박애가 역사 연구의 중요한 주제라고 주장한 커티(Merle Curti)는,[2] 그리스어에서 '인간에 대한 사랑(philos+anthropos)'을 뜻하는 박애라는 말이 처음 영어 사전에 나온 때가 1628년이고, 그것도 "Philanthropie; Humanitie; a loving of man"이라는 짤막한 형태였다는 사실을 소개한 바 있다. 그만큼 영어권에서도 박애는 드물게만 쓰인 용어인 듯하다. 예컨대 미국 식민지 시대의 학자들도 이소크라테스와 크세노폰, 에픽테토스, 플루타르코스, 폴리비오스 등의 그리스-로마 시대의 원전들을 읽으면서 알게 된 박애의 개념을 그리스 원어 그대로 차용했을 뿐이다. 미국 사회에서 박애라는 말이 비교적 널리 사용되기 시작한 것은 19세기 중엽 이후였다는 것이 커티의 판단인데, 그때 박애는 대략 "인간에 대한 사랑, 자선, 자비, 인도주의, 사회 개혁"을 뜻했다고 한다. 그럼에도 커티에 따르면, 여전히 박애라는 말은 엄격한 개념이라기보다는 모호한 용어로서 통용되었는데, 대체로 볼 때 커티가 글을 쓰던 1950년대까지도 박애는 일반 미국인들에게 "피바디(Peabody)와 카네기(Carnegie), 록펠러(Rockefeller) 같은 거부들의 대규모 기부"를 뜻하는 말로 이해되었다고 한다.[3]

비록 대규모 기부라는 뜻의 박애가 개념적 엄밀성을 결여하고는 있었지만, 카네기와 록펠러의 시대에 박애의 개념은 큰 변화를 겪게 되었다. 이에 대해서는 미국 기업사가인 준즈(Olivier Zunz)의 연구가 유용한 길잡이가 된다. 일단 준즈는 전통적 자선(charity)과 근대적 박애를 개념적으로 구별하고자 한다. 자선이 단기적이고 즉각적이며 직접적이고 일회적이며 감성적이라면, 박애는 장기적이고 전략적이며 간접적이고 지속적이며 이성적이라는 것이다. 이런 차이는 유명한 격언에 나타나는 차이로 치환하여 표현할 수도 있다. 즉 물고기를 잡아주면 하루를 살고(자선), 물고기 잡는 법을 가르쳐주면 평생을 산다(박애)는 격언을 이르는 것이다. 요컨대 준즈에 따르면, 양자의 차이는 자선이 당장에 궁핍한 사람들을 대상으로 하는 반면, 박애는 인류를 대상으로 한다는 점에서 극명하게 부각된다.[4] 그런데 준즈에 따르면, 미국의 박애를 혁신한 것은 카네기와 록펠러 같은 거대 기업가들이 박애와 자본주의를 접합시키면서부터였다. 이에 따라 박애 활동을 위한 모금이 일종의 금융 투자로 간주될 뿐만 아니라 투자 위험을 최소화하고 기부 범위를 확대하기 위해 합리적인 사업 기법이 활용되는 가운데 전통적 자선과 다른 근대적 박애의 개념이 탄생했다. 이제 박애는 "기독교에서 이해되는 친절한 행위가 아니라 사회 개선을 위한 자본주의적 사업"으로 간주된 것이다.[5]

물론 이런 준즈의 주장이 그 자체 새로운 것은 아니다. 일찍이 커티도 대략 카네기와 록펠러의 시대에 미국의 박애가 "면대면 기부(face-to-face giving)"를 뛰어넘어 "과학적 박애"로 변모했다고 주장함으로써 준즈와 매우 유사한 주장을 펼친바 있다.[6] 그런데 준즈의 주장에서 새로운 점은, 근대적인 미국식 박애의 핵심에 재단(foundation)이 있다고 본 대목이다. 특히 20세기 미국의 대규모 재단들은 방대한 자원을 이용하여 가능한 다양한 수혜자들이 도움을 받도록 기업처럼 경영된 "미국식 발명품"이었다. 실상, 광범위하고 개방적인 일반 목적을 지향하면서 사적 자원과 주도성으로 운영된 이 재단들은, 변화하는 사회적 필요에 적응하고 무제한적인 활동 반경을 과시하며 공공의 목적에 기여했다는 것이 준즈의 판단이었다.[7]

그러나 준즈는 사회를 실질적으로 변화시킬 수 있는 재단의 잠재력을 지나치게 과대평가하는 경향이 있다. 과연 재단이 현실에서 얼마만큼의 힘을 발휘할 수 있는지는 여전히 따져봐야 할 문제로 남는다. 또한 이와 연관되어 준즈가 박애 자체를 다소 편파적으로 이해했다는 점이 지적되어야 한다. 준즈의 책에 대한 어느 서평자의 말대로, 준즈의 관심은 챈들러(Alfred D. Chandler, Jr.)의 영향을 받은 기업사가답게 대규모 조직에만 쏠려있다. 챈들러가 대규모 산업 기업에 초점을 맞추었듯이, 챈들러의 제자는 대규모 재단에 주목했다는 것이다. 이로부터 준즈는 궁핍한 개인들을 구호하는 일을 "단순한 자선"으로 치부하며 대규모 재단의 활동만을 부각하는 경향이 있다. 이런 비판적 시각에서 보면, 준즈의 책 제목은 잘못 지어진 것이다. 미국 박애 일반의 역사가 아니라 미국식 박애 재단의 역사가 더 적합한 제목일 거라는 말이다.[8]

그렇다면 매카시(Kathleen D. McCarthy)의 연구가 준즈의 연구를 교정하고 보완하는 역할을 한다. 매카시는 미국의 박애가 소수 거인들의 작품이 아니라 다수 소인들의 작품으로서, 개혁의 엔진이자 도덕 자본주의의 기수이며 시민 불복종의 도구였다고 주장했다. 이런 관찰을 토대로 그는 록펠러 3세(John D. Rockefeller III)의 표현을 빌려 미국의 박애가 연방 정부 및 사업계와 구분되는 독립적인 "제 3섹터(third sector)"였다고 보았다. 과연 매카시의 관점은 준즈와 여러모로 대비된다. 준즈는 미국을 "재단의 나라(foundation nation)"로 만든 세속적이고 자본주의적인 박애에 초점을 맞췄다. 그러나 매카시는 박애가 단지 부자와 권력자를 위한 사회 통제의 도구가 아니라 여성과 흑인 등 소수자를 위한 "해방의 통로"가 되면서 "거대하고 자비로운 성경의 제국(huge benevolent empire of Bible)"을 창출한 과정에 주목했던 것이다.[9]

이런 비판에도 불구하고 준즈의 연구는 당분간 역사적 현상으로서 박애에 접근하는 의무적 출발점이 될 듯하다. 그만큼 그의 책은 미국 박애의 역사를 해석하는 유력한 패러다임을 제공한다. 이런 장점을 인정하면, 다음으로 제기되는 문제는 그의 패러다임이 미국 바깥 세계에도 적용될 수 있을지의 여부이다. 특히 그의 입론이 유럽의 경우에도 적용될 수 있을 것인가? 미국과 유럽의 박애를 비교 분석하는 것과 관련해서는 정치학자 클러프(Shepard B. Clough)가 이미 중요한 통찰을 던져준 바 있다. 그는 서구 문화에 "강하고 행운을 타고난 유복한 사람들이 약하고 불운하며 가난한 사람들의 고통을 덜어주고 젊은이들에게 공교육을 제공하며 예술과 과학의 창조 작업을 떠받치고 고무할 책임이 있다는 믿음"이 일종의 이데올로기로서 오랫동안 존재해왔다고 지적했다. 그런 믿음은 필경 유럽과 미국에서 박애의 나무가 자라난 토양이었을 것이다. 그러나 클러프는 근대 국가가 점점 복지 국가의 "세례를 받는" 가운데 사적 박애가 국가 행위로 대체되는 과정을 지적하면서 유럽이 그런 흐름의 선두에 있었음을 지적했다. 그 결과는 유럽에서 "리바이어던 국가"의 대두와 사적 박애의 쇠퇴였다. 유럽의 부자들은 국가가 징수하는 누진세를 구실로 사적 박애에 냉담한 태도를 취했고, 유럽의 세속 국가들은 박애가 종교 기부를 촉진하고 조세 회피를 유인하는 수단이 될 거라고 두려워하면서 기부금에 대한 공제를 인정하지 않는 등 오히려 박애를 경계했던 것이다.[10]

본 연구에서는 박애에 대한 준즈의 패러다임을 참고하고 미국과 유럽의 박애에서 나타나는 차이를 고려하면서 이탈리아 기업가들의 사례를 통해 자본주의와 박애의 관계라는 문제에 접근해보고자 한다. 이를 위해 시기상으로는 민족 통일 이후 자유주의 및 파시즘 시대로 연구 범위를 한정하여, 해당 시기에 이탈리아 자본주의를 대표한 거대 기업가들이 보여준 박애의 이념과 실천을 연구 대상으로 삼고자 한다. 즉 19세기 후반 산업 이탈리아를 대표한 모직물 기업가이자 정치가인 "가난한 자들의 아버지" 알레산드로 로시(Alessandro Rossi, 1819~1898), 20세기 초반 이탈리아 자본주의의 '이륙'을 상징한 자동차 기업 피아트(Fiat)의 창업자 조반니 아넬리(Giovanni Agnelli, 1866~1945), 그리고 기업가의 박애 전통이 상대적으로 약한 이탈리아에서 이례적으로 대규모 재단을 설립하여

"이탈리아의 록펠러"로 불린 제롤라모 가슬리니(Gerolamo Gaslini, 1877~1964)가 그런 사례 연구 대상이다. 여기에 클러프가 암시했듯이 사적 박애를 전유하려고 한 "리바이어던 국가"의 변종으로서 이탈리아 파시스트 국가의 존재가 기업가들의 박애에 영향을 미친 중요한 환경이었음을 덧붙이려고 한다.

서론을 끝맺기 전에 독자의 이해를 돕기 위해 미리 결론의 일부를 말하자면, 이탈리아 박애는 종교적 자선의 전통에서 온정주의와 복지 국가의 이념을 거쳐 재단을 통한 근대 자본주의적 박애로 진화해나가는 모습을 보여준다. 특히 모든 기업과 재산을 박애 활동에 투입한 가슬리니의 경우는 박애가 기업 활동의 수단이 아니라 오히려 목적 자체가 되는 급진적 박애의 양상을 보여준다. 이 가슬리니의 경우로 말하자면, 급진적 박애가 단순히 가슬리니라는 기업가의 개인적인 특징에 불과한 것인지, 아니면 박애의 한 유형으로 분류될 수 있는 것인지의 여부는 따져볼 필요가 있다. 그럼에도 급진적 박애는 기업 활동의 일부로서 이해되는 통상적인 박애의 한계를 뛰어넘으면서 새로운 유형의 기업 활동, 예컨대 사회적 기업과도 접목될 수 있는 어떤 특징을 보여주는데, 이에 대해서는 결론부에서 간단히 언급하고자 한다. 어쨌든 이상의 연구를 통해 미국식 박애와 구별되는 이탈리아식 박애의 특징과 함의를 도출하고 박애를 둘러싼 여러 쟁점과 시각을 좀 더 명료하게 정리할 수 있기를 기대한다.

II. 박애에서 자본주의로

이탈리아에서 재단 중심의 박애 활동이 본격적으로 개시된 것은 미국에 비해 최소한 한 세대 이후였던 것으로 보인다. 준즈가 말한 근대적 박애가 시작된 이후에도 여전히 이탈리아에서 박애는 "전근대적、온정주의적 성향의 비민주주의적인" 현상으로 폄훼되곤 했다.[11] 이를 잘 보여주는 것이 이탈리아에서는 기부가 빈자에 대한 부자의 연민에서 나오는 일방적 행위로 간주되면서 공공성을 상실했다는 점이다. 그 대신, 이탈리아에서 공공 서비스는 어디까지나 국가 행위의 영역으로 간주되었다. 이와 관련하여 푸사리(Sabrina Fusari)는 흥미로운 분석을 내놓았다. 그에 따르면, 이탈리아에서 박애를 뜻하는 'filantropia'라는 말은 영어의 'philanthropy'와 미묘하게 다른 의미를 내포한다. 영어에서 'philanthropy'가 "기부 행위를 둘러싼 태도뿐만 아니라 자선 부문과 기증 패턴, 증여 관리의 윤리를……포함하는 포괄적 용어"인 반면, 이탈리아어에서 'filantropia'는 협소한 용어로서 "궁핍한 사람들에 대한 자애의 행위"라는 의미가 강하다는 것이다. 즉 이탈리아에서 박애의 개념에는 기부자가 세금 감면 등의 경제적 혜택을 얻는다는 생각은 말할 것도 없고 도덕적、사회적 의무라는 관념이 들어설 여지가 매우 비좁다는 말이다. 그렇기에 이탈리아에서 박애는 주로 "비영리(non-profit)"라는 말로 대체된다고 한다.[12]

이탈리아에서 박애의 상대적 지체와 왜소함에도 불구하고, 이른바 "사회 국가(Stato sociale)"[13]의 쇠퇴와 민영화 바람을 타고 대략 1990년대부터는 재단 중심의 미국식 박애가 부상한 것이 사실이다. 이렇게 보면, 준즈가 분석한 미국과 이탈리아의 박애는 대략 100년의 시간차를 보이는 듯하다. 어쨌거나 최근 "이탈리아 박애의 파도"를 서핑하고 있는 것은 바로 은행 설립 재단들이다. 이들의 약진으로 이탈리아의 박애가 유럽적·국제적 차원에서 급부상하고 있다.[14] 그러나 이탈리아의 박애에서 여전히 장기지속적 구조들이 의연히 존재한다는 점에 주목할 필요가 있다. 이런 점에서 볼 때 조명 받아야 할 대상은 '은행 기원의 재단'들이 아니라 '재단 기원의 은행'들이다. 예컨대 산 파올로 재단

(Compagnia di San Paolo)은 그 기원이 1563년 토리노에서 설립된 종교적 형제단으로 거슬러 올라가는데, 17-18세기에 상당한 규모의 기부를 받으며 사회 활동을 전개하고 20세기 초에 들면 비영리 그룹으로서 교육과 건강, 예술, 연구 등의 분야에서 특화되었다. 중요한 것은 1930년대에 금융업이 이 그룹의 핵심 사업이 되면서 산 파올로 금융자선기구(Istituto San Paolo Credito e Beneficenza)로 발전했다는 점이다. 과연 산 파올로의 사례에서 나타나는 진정한 새로움은 부유한 은행이 박애를 조직한다는 것이 아니라 박애가 이윤을 추구하는 금융 시스템을 만든다는 데 있다. 즉 준즈가 보여준 역사적 인과 관계와는 반대로, 이탈리아의 일부 사례들에서는 자본주의에서 박애로 나아간 것이 아니라 박애에서 자본주의로 나아간 셈이다.[15]

이렇듯 이탈리아에서 박애가 자본주의적 발전을 인도하고 촉진하는 모습은, 독일의 협동조합 이념에서 영향을 받은 신용협동조합으로서 유한책임회사의 형태를 띤 민중 은행들(banche popolari)이 설립되고 확산되는 과정에서도 잘 나타난다. 이탈리아에서 민중 은행은 1863년에 처음 그 이론적 구상이 발표된 이래로 1864년 로디에서 최초의 은행이 설립되고 그 이듬해 밀라노에서 두 번째 은행이 설립된 것을 신호탄으로 하여 급속히 증식되어, 그 수가 1870년의 50개에서 1878년의 124개로 불어났다. 당시 이탈리아 민중 은행의 설립 운동을 주도한 영향력 있는 가톨릭 사회사상가이자 정치가인 루차티(Luigi Luzzatti)에 따르면, 당시 전국적으로 민중 은행의 회원 수는 10만여 명에 달했고, 그 주된 면면은 농업과 상공업 분야의 소기업가들이었다. 1883년에 이르면 민중 은행의 수가 대략 250개를 헤아렸는데, 확실히 이 은행들은 "북부 이탈리아의 산업 성장을 비춰주는......거울"이라고 할 만했다.[16]

특히 박애와 자본주의의 긴밀한 관련은 산업화가 본격적으로 진행되던 19세기 후반 북부 이탈리아, 그 중에서도 가톨릭 세력이 강했던 베네토의 농촌 지역에서 쉬이 확인될 수 있다. 당시 베네토 농민들이 영위한 삶의 진정한 단위는 코무네(comune)와 같은 행정 단위가 아니라 교구(parrocchia)였다. 베네토에서 코무네의 수는 롬바르디아의 절반에 불과했으나, 교구의 수는 오히려 롬바르디아의 갑절 이상이었다. 그런 맥락에서 베네토는 가톨릭을 상징하는 색깔이 칠해져 "하얀 베네토(Veneto bianco)"라고 불리기도 했다. 베네토의 가톨릭 사제들은 농민들의 도덕적·정신적 삶만 돌본 것이 아니라 다양한 방식으로 그들의 경제적·물질적 삶을 도와주었다. 예컨대 빚보증을 서거나 어음 할인을 해주고 화재로부터 집을, 질병으로부터 가축을 보증해주며 비료와 누에를 대행 판매해주고 포도주를 대행 구매해주며 다양한 산물을 광고지에 홍보해주고 협동조합에 식료품을 공급해주며 심지어 이민을 조직하는 등 가톨릭교회의 활동은 농민들의 생계에 없어서는 안 될 필수적인 지렛대였던 것이다.[17]

당시 베네토는 물론이요, 이탈리아 전체에서 가장 큰 모직물 기업을 이끈, "위대한 기업가이자 박애주의자"[18]인 알레산드로 로시는 베네토의 가톨릭 전통을 잇는 박애의 이념을 원대하게 천명했다. 그는 아버지에게 보낸 한 편지에서 당대의 물질적 진보가 야기한 사회 문제를 해결하기 위해서는 "인간 철학"에 입각한 "부의 분배"와 기독교 철학에 기초한 "사랑(carità)와 겸양(umiltà)"에서 해결책을 찾아야 한다고 주장했다.[19] 나아가 그는 베네토 가톨릭교회의 제도와 관행에서 자본주의적 발전의 동력을 끌어낼 잠재성을 꿰뚫어보았다. 그는 농촌 기업이 풍부한 수력과 저임금의 농민 노동력을 이용할 수 있다는 측면에서 오히려 유리하다고 보고 의식적으로 분산적 농촌 산업화를 추진했다. 그리고 다소 진부한 토대/상부구조의 비유법을 원용하면, 로시는 농촌 자본주의의 토대에 어울리는 상부구조가 다름 아닌 가톨릭 이데올로기라고 생각했다. 절제(저소비)와 저축의 이념에 입각한 교회의 이데올로기적 지도가 농민 노동력을 규율하는 데 유익하다는 것이었다. 그는 이런 방식으로 교화된 순응적인 농민 노동력이야말로 농촌 산업화의 가장 큰 장점이라고 생각했다. 이에 덧붙여, 공제조합(Società di Mutuo Soccorso)의 설립과 공동 창고의 건립, 빈민 구호 등 교구 망을 통해 전개된 사제들의 다양한 사회경제적 활동은 그 자체로 개별 기업가가 부담해야 할 노동력의 생산 및 재생산을 위한 사회적 비용을 절감하는 데 큰 도움이 되는 것으로 평가했다.[20]

<5-1, "가난한 자들의 아버지" 알레산드로 로시의 말년 모습>

출처: Wikimedia Commons

이런 전망에서 로시는 공장 노동자들과 배후의 도시와 농촌의 공동체들을 대상으로 몸소 다양한 박애 프로그램을 펼쳐냈다. 그의 박애 활동은 그 규모와 형태에서 장대한 파노라마를 보여주는데, 그 대체적인 모습은 로시가 사망한 이듬해 그의 박애 업적을 기록한, 1899년 10월에 발간된 「위생 공학」(L'Ingegneria Sanitaria) 제10호에 일목요연하게 나타나 있다. 먼저 로시의 고향이자 그의 주력 공장이 위치한 곳으로서 당시 "이탈리아의 맨체스터"라고 불린 스키오(Schio)를 혁신적인 노동자 주택 지구로 탈바꿈시킨 계획이 눈길을 사로잡는다. 이 "신스키오(Nuova

Schio)" 혹은 "신도시(Nuovo Quartiere)"는 로시의 박애 이념의 결정판이었다. 완벽한 상수도 시설을 갖춘 노동자 주택들을 중심으로 도시 초입에 성 안토니오 교회(Chiesa di Sant'Antonio)가 건립되고 아름다운 정원들과 분수들이 마련되며 도시 한가운데에 이상적인 직물 노동자를 형상화한 몬테베르데(Monteverde)의 동상이 세워졌다.

"신스키오"를 비롯해 로시 공장들이 흩뿌려져있던 주변 농촌들과 도시들에는 다양한 복지 시설들이 들어섰다. 그 중 잡지에서 가장 먼저 소개된 시설은 1878년에 세워진 보육원(Asilo di Maternità)이었다. 보육원은 생후 15일부터 3년까지의 유아들을 50명가량 수용할 수 있었는데, 건강한 유모들과 직원들에 의해 위생적이고도 체계적으로 관리되었다.[21] 한편, 로시가 1867년부터 짓기 시작한 어린이집(Asilo Infantile)은 3세에서 7세까지의 어린이들을 500명가량 수용할 수 있었는데, 성장 발달의 단계에 따라 다양한 방식으로 어린이들을 교육시켰다. 이 스키오의 어린이집과 유사한 것이 스키오에서 3킬로미터 가량 떨어진 토레벨비치노(Torrebelvicino)의 공장 인근에도 건립되었다. 또한 거대한 욕조와 옷장이 마련된 공중목욕탕도 눈길을 끄는데, 로시의 공장 노동자들은 단돈 10 첸테시모만 내면 언제든지 목욕탕을 이용할 수 있었다. "신형 공동 세탁소"도 흥미롭다. 여기에는 증기기관으로 물을 데우는 온탕기가 있어서 노동자들이 무료로 온수를 이용할 수 있었다. 그런가 하면 공동 빙고는 200평방미터의 공간에 180톤 정도의 얼음을 보관할 수 있었다. 나아가 로시는 기성 스키오 병원을 개인 비용으로 증축했고, 1890년에는 나병전문병원(Lazzaretto)까지 세워 스키오 시당국에 기증했는데, 잡지에 따르면, "다행히도 아직까지 이 병원을 이용한 사례는 없었다."[22]

다른 한편, 로시의 기업에서는 13세 이상이 되면 공장에 들어갈 수 있었는데, 어린 신참들 가운데 뛰어난 자질과 태도를 보여준 학생들은, 로시가 1877년에 비첸차(Vicenza)에 세운 직업학교(Scuola Industriale)에 보내져 전문 교육을 받았다. 연금 및 보조금 제도도 주목할 만하다. 작업 중 사망한 경우와 장애를 입은 경우, 질병에 걸린 경우, 젊은 여성이 결혼하는 경우 등 다양한 경우에 따라 연금이나 보조금이 지급되었다. 로시는 1876년 스키오에 우체국저축은행을 설립하기도 했는데, 모든 노동자에게 1리라가 입금된 통장을 나눠주었다. 끝으로 잡지는 로시의 발의로 1861년 8월 25일에 처음 조직된 공제조합을 언급하는데, 공제조합은 스키오의 주력 공장을 필두로 공장별로 따로 조직되었다. 스키오 공제조합은 1899년 당시 82,000리라의 기금에 841명의 회원을 거느리고 있었고, 피에베(Pieve)와 토레(Torre), 로케테-피오베네(Rocchette-Piovene)의 공장들에도 공제조합이 있었다. 특히 스키오 공제조합에는 1088권의 장서를 보유한 부설 도서관과 협동조합 상점이 딸려 있었다.[23]

물론 로시의 이상과 실천은 다소간 괴리되어있었다. "신스키오"를 건설하는 과정에서도 자신에게 항명하고 파업을 일으킨 노동자들에 실망한 데다 재정 압박까지 겹치자, 원래의 야심적인 청사진을 크게 왜소화시켜버렸다. 게다가 로시의 박애 활동은 철저하게 '기업가=아버지'와 '노동자=자식들'이라는 온정주의적인 성격의 전통적 권위와 위계의 개념에 기초한 것이었다. 그렇기는 해도 로시는 19세기 이탈리아에서 가장 큰 자본주의적 기업을 이끌면서 사회적 개선을 위한 원대한 박애의 전망을 제시한 근대적 기업가였다. 그런 전망을 상징적으로 보여주는 것이 바로 보육원 건물 전면의 박공벽에 새겨진 "아이 속에 희망이(In puero spes)"라는 모토였다. 키케로의 말에서 유래한 이 간결한 모토는 스키오 한가운데 우뚝 솟은 몬테베르데의 동상과 더불어 당장의 필요를 뛰어넘어 다음 세대로까지 이어지는 이상적 노동자상에 대한 로시의 야심적인 전망을 웅변으로 말해준다.[24] 확실히, 로시의 사례는 전통적인 성격의 종교적 박애가 자본주의적 발전을 지지하고, 다시 자본주의적 기업가가 기성의 종교적 제도와 관행을 후원하며 박애를 확대재

생산하는 과정을 잘 보여준다. 흥미로운 것은 로시가 미국 자본주의의 예찬자이기도 했다는 점인데, 그는 대서양 건너편의 '신세계'에서 이루어진 자본주의의 눈부신 발전이 단지 경제적、물질적 동기에 충실했기 때문이 아니라 경제 발전에 윤리적、종교적 가치를 긴밀하게 결합시켰기 때문에 가능했음을 꿰뚫어보았다.[25] 그가 "신스키오"에서 한 일도 그런 '신세계'의 원리를 '구세계'에서도 검증하려는 시도였다.

III. 국가와 박애

로시로 대표되는 기업가의 사적 박애는 이탈리아에서 개입주의적인 국가와 경쟁해야 했다. 이미 로시는 당시 사회 문제의 해결을 위해 국가의 사회 입법을 주창한 사람들과 논쟁하고 있었다. 그는 특히 루차티의 입장을 "국가 사회주의(socialismo di Stato)"라고 공박하면서 사회주의를 예방하기 위해 또 다른 형태의 사회주의를 도입하는 것은 어리석은 일이라고 비난했다. 이탈리아에서 국가의 사회 정책은 통일 이탈리아 왕국이 수립된 직후부터 나타났다. 대표적으로는 1862년 8월 3일의 법령 제753호, 즉 라타치 법(legge Rattazzi)에 의해 빈민을 구호할 목적으로 자선협회(Congregazione di Carità)를 설립한 일을 꼽을 수 있다. 자선협회는 빈자들을 도울 자원을 관리하고, 나아가 그 기원이 16세기로 거슬러 올라가는 이탈리아의 전형적인 종교적 구호 단체인 성심협회들(Opere Pie)을 감독할 책임을 부여받았다. 다시 1890년 7월 17일의 법령, 즉 크리스피 법(legge Crispi)으로 자선협회가 모든 코무네에 의무적으로 설치되고, 군행정 평의회(Giunta Provinciale Amministrativa)를 통해 중앙 정부가 자선협회를 통제할 권한이 강화되었다.

그러나 이탈리아 국가의 사회 정책에서 전환점은 파시스트 국가의 등장이었다. 파니가(Massimiliano Paniga)에 따르면, 파시즘은 전통적인 종교적 자선의 개념을 극복하고 국가를 중심으로 하는 대안 모델을 추구함으로써 이탈리아 현대사에서 사회 국가 혹은 복지 국가의 개념이 등장하는 데 큰 자극을 주었다. 사회 보장(previdenza)에 대한 파시즘의 원칙은 다음과 같은 명제에서 간명하게 요약되었다. "국가에서 시작되어 국가로 돌아간다." 그러면서 파시즘은 국가의 사회 정책이 "개인들의 이기적인 이해관계가 아니라 국가의 통일적인 이해관계를 옹호하는 것"을 목표로 한다고 제시했다. 요컨대 파시즘에서는 국가야말로 모든 사회적 삶의 진정한 조직자였던 셈이다. 그러나 이는 이데올로기적인 목표였을 뿐이다. 실제로 파시즘은 1922년 10월 '로마 진군'을 통해 권력을 장악한 이래로 유연하고 타협적인 노선을 견지했다. 그리하여 1923년 12월에 발포된 법령 제 2,841호는 크리스피 법에 의해 심각하게 침해받은 성심협회들의 자율성을 부분적으로 회복시켜주었다. 그러나 법령 제 2,841호와 같은 날에 발포된 다른 법령은 파시스트 국가, 특히 내무부의 권위를 천명하면서 지사의 권한을 크게 강화했다. 이는 명백히 지방 엘리트들에 대한 중앙의 통제를 확립하기 위한 것이었다.[26]

다시 파니가에 따르면, 파시스트 정부는 복지(assistenza)와 자선(beneficenza)을 엄격하게 구별하여 복지를 국가의 관할권에 묶어둔 반면, 가톨릭 교회 등의 사적 박애의 영역들을 자선의 몫으로 남겼다. 파시즘은 복지 단체와 구호 활동을 재편하려는 노력에 박차를 가했다. 먼저 1925년에 모성과 아동 보호를 위한 전국연합회(Opera Nazionale per la Protezione della Maternità e dell'Infanzia, 이하 ONMI)가 발족했다. ONMI는 국가의 재정 지원을 받는 공익법인으로서 "주민의 신체적·도덕적 교정과 향상을 위한 강령"에 충실한 파시즘의 이데올로기적 기구이기도 했다. 또한 같은 해 노동자들의 여가 시간을 조직할 목적으로 전국 도폴라보로 연합회(Opera Nazionale Dopolavoro, OND)가 결성되었는데, 이 조직은 조만간 파시즘 치하 이탈리아에서 가장 큰 대중 조직으로 성장할 터였다. 파시스트 정부는 1926~27년에 집권 초기의 '자유주의적' 국면을 포기하고 본격적으로 독재로 전환하면서 사회 문제에 국가가 적극적으로 개입하는 "새로운 파시스트 사회 국가"의 전망을 제시했다. 이는 곧 "사회 보장과 복지를 위한 구조들의 점진적인 공영화와 파시스트화"를 의미하는 것이었다. 이런 목표는 1927년의 "노동 헌장(Carta del Lavoro)"에서 상징적으로 천명되었는데, 이에 따르면 파시즘은 일체의 사회 보장 체제를 과감하게 혁신하여 국가의 이름 아래 생산 계급들이 협력하는 코포라티즘(corporativismo) 체제를 실현할 것이었다. 그러나 "노동 헌장"도 이데올로기적 선언에 그쳤을 뿐 법령과 제도 등의 의미 있는 후속 조치들이 따르지는 못했다.[27]

그렇기는 해도 파시스트 이데올로기가 특히 중점을 둔 모성과 가족의 영역에서 이루어진 진전은 주목할 만하다. 먼저 1926년에는 청소년들의 준군사 단체라고 할 수 있는 전국 발릴라 연합회(Opera Nazionale Balilla, ONB)가 결성되었다. 이듬해에는 미혼모들과 버려진 아이들을 구호할 목적으로 군 단위의 아동 및 모성 단체들(Istituti Provinciali Infanzia e Maternità, IPIM)이 설치되었다. 또한 1929년 이후 경제 위기 국면에서 파시스트 체제는 종래의 ONMI를 좀 더 확고히 국가 통제 아래에 두고 가족이 최소한의 생계를 유지할 수 있도록 가족 수당 등을 부분적으로 도입하기도 했다. 이렇듯 모성과 가족의 복지를 주도하려는 파시스트 국가의 시도는 전통적으로 그 영역을 관할해오던 가톨릭교회의 반발을 불러왔다. 특히 1929년에 국가와 교회 사이에 라테라노 화약이 체결된 이후 사회 정책을 둘러싼 파시스트 국가와 가톨릭교회의 경쟁이 더욱 두드러졌다. 이 시기는 대공황의 위기와도 겹친 시기여서 파시즘은 "민중에게로 가자"라는 구호를 내세워 대중의 동의를 획득하려는 노력에 어느 때보다도 더 몰입하던 때였다. 그럼에도 교회는 자신의 네트워크를 이용하여 취약 계층과 주변 계층에 대한 구호 사업을 지속적으로 펼치면서 복지에 대한 국가 독점을 균열시켰다.

<5-2, 전국 발릴라 연합회에 소속된 소년들의 집회 모습>
출처: Wikipedia

그러나 국가와 교회의 경쟁만큼이나 중요한 것은 국가와 당의 경쟁이었다. 파시스트 당(Partito Nazionale Fascista, PNF)은 각 지부마다 독자적인 복지활동법인(Ente Opere Assistenziali, 이하 EOA)을 거느렸는데, 이는 내무부 중심의 행정 계통과 충돌했다. 그리하여 일대 조직 정비가 이루어진 바, 1937년 6월 3일에 발포된 법령 제847호에 의해 기성의 자선협회를 대체하는 새로운 코무네복지법인(Ente Comunale di Assistenza, 이하 ECA)이 창설되었다. ECA의 창설은 무엇보다 그 명칭 변경에서도 잘 나타나듯이 자선(carità)이 복지(assistenza)로 대체되었음을 알린 중요한 사건이었다. 그 후 복지의 주도권을 둘러싸고 국가와 당이 치열하게 경쟁했다. 그러나 ECA는 그 이름(코무네)부터가 국가의 행정 계통을 강조하고 있었다. 결국 파시스트 당에 부속된 EOA가 해체되고 ECA가 사회 정책의 근간을 이루게 되었다. 마침내 1938년 11월에 무솔리니(Benito Mussolini)는 "인종 헌장(Carta della Razza)"을 발표하여 "이탈리아 인종"을 위한 복지 공동체라는 원대한 사회적 구상을 밝히기에 이르렀다. 그리고 이탈리아가 전쟁에 돌입한 이후에는 국가 주도의 전시 사회 보장을 위한 다양한 법인체들이 조직되었다.[28] 그런 흐름을 통해 자선과 달리 복지는 국가의 업무라는 전통이 확립되었다. 이와 동시에 파시즘은 사적 자선과 국가 복지 사이에서 박애의 운명을 불확실하게 했다. 이런 역사적 맥락은 미국과 이탈리아(유럽)에서 박애가 보이는 차이를 설명해준다. 앞서 언급했거니와, 미국에서는 사적 자원과 주도성으로 조직된 박애도 공적 성격을 띠는 반면, 이탈리아에서 공공성은 오직 국가 행위의 영역을 가리키는 경향이 강한 것이다.

전반적으로 볼 때, 파시즘의 사회 정책은 한편으로 사회에 대한 전체주의적 지배라는 이데올로기적 목표에 의해, 다른 한편으로는 체제에 대한 대중의 동의를 획득하려는 정치적 필요에 의해 중층적으로 결정되고 있었다. 그런데 이데올로기적 목표와 대중 정치의 필요는 때때로 충돌했다. 일례로 파시즘은 이데올로기적으로 철저한 반사회주의 노선을 견지했으나 현실 정치에서는 사회주의 세력과 경쟁하며 그 영향력 아래에 있는 노동자들의 지지와 투표를 빼앗아올 필요가 있었기에 다양한 '사회주의적' 강령과 정책을 받아들였다. 이런 맥락에서 파시스트당의 전신인 이탈리아 전투단(Fasci Italiani di Combattimento)의 강령에 8시간 노동제와 최소임금제, 노동자의 경영 참여, 누진세 도입, 전시 이윤에 대한 중과세 등 급진적 요구들이 포함되어있었음은 자못 흥미롭다.[29] 파시즘이 복지에 접근한 태도 역시 그런 맥락에서 이해되어야 한다. 파시즘은 이데올로기적으로 "새로운 인간(uomo nuovo)"을 위한 도덕적·정신적 혁명을 부르짖었지만,[30] 대중의 지지를 묶어두기 위해서는 당장의 경제적·물질적 삶을 돌봐야 했다. 그렇다면 파시즘에게 복지는 그 자체 목적이라기보다는 현실정치적인 수단이었던 셈이다. 파시즘은 한편으로는 국가의 통제권을 강화하면서도 다른 한편으로 전통적 자선과 박애의 자율성을 부분적으로 인정하며 그때그때의 필요에 따라 사회 정책을 추진해나갔다.

그런 점에서 파시즘의 사회 정책은 국가 이데올로기의 강화와 즉흥적인 대중정치라는 양면성을 보여주었고, 그 결과는 이데올로기적으로 경도된 무리한 국가 통제권의 강화와 조직적 파편화였다. 그리하여 파시즘 시대에 국가가 수사학적으로나 현실적으로 교회, 당 등과 경합하는 가운데 각종 복지 관련 법인들이 난립하는 모습이 드러났다. 이런 상황은 무솔리니가 1934년 이른바 "밀라노 노동자들에게"라는 유명한 담화에서 공식화한 약속, 그러니까 사회주의 혹은 "국가 사회주의"를 떠올리게 할 정도의 고차원적인 사회 정의에 대한 약속이 결국 파시스트 이탈리아에서 실현될 수 없었던 이유를 부분적으로 설명해준다.[31] 그럼에도 파시즘이 고안한 ECA가 파시즘이 패망한 후에도 살아남아 1978년에 최종적으로 해산될 때까지 이탈리아 국가의 사회 정책에서 주도적인 역할을 했다는 사실은 의미심장하다. 파니가는 (ECA의 사례에서 잘 나타나는) "파시즘에 의해 건립된 사회 국가"가 필경 이탈리아 복지 국가의 역사에서 고립된 사례는 아니었다고 지적했다. 즉 ECA는 여러 가지 한계에도 불구하고 파시즘 시대와 민주주의 시대를 관통하는 모종의 연속성을 암시하는 사례라는 것이다.[32]

IV. 자본주의에서 박애로

파시즘의 사회 정책은 종래의 사적 박애가 관할하던 영역을 크게 잠식하고 전유했다. 물론 사적 박애가 완전히 사라진 것은 아니어서, 예컨대 교회의 자선 활동은 오롯이 유지되고 있었다. 그렇기는 해도 파시즘 시대에 국가가 사회 문제의 해결사로 자처하며 압도적인 존재감을 발휘한 것은 부정할 수 없다. 물론 파시즘의 사회 정책이 얼마만큼 실효성이 있었고, 나아가 이탈리아 사회 국가 혹은 복지 국가의 발전에서 어떤 역할을 수행했는지에 대해서는 앞으로도 규명해야 할 점이 많을 것이다. 그러나 적어도 파시즘이 사회 문제의 해결을 둘러싼 국가와 박애 사이의 균형에서 저울추를 국가 쪽으로 크게 기울게 했음은 분명하다. 그런 경향은 파시즘 이후에도 바뀌지 않을 터였다. 그럼에도 파시즘의 숲에서 사적 박애의 나무들이 모두 고사하지 않았다는 점은 거듭 강조되어야 한다. 고사하기는커녕 오히려 일부 사례는 규모와 형태에서 이전 시대의 박애를 능가하는 새로움을 보여주며 번성했다. 아넬리와 가슬리니가 그런 사례인데, 이 기업가들은 이탈리아 자본주의가 국가와 경합하며 박애를 혁신할 수 있었음을 입증한다.

아넬리는 1920년대 초반부터 피아트 노동자들과 직원들의 복지를 위한 다각적인 노력을 경주했고, 그런 노력은 1930년대 초반 경제 위기 속에서 더욱 가속화되었다. 피아트 문서고의 "사회 활동(Opere Sociali)"이라는 항목에 포함된 "피아트의 사회 제도와 복지 활동" 등의 문서들은 당시 아넬리의 노력을 집약해서 보여준다. 먼저 1921년에 탄생한 피아트 직원공제회(Mutua Impiegati Fiat)와 1923년에 설치된 피아트 노동자내부공제기금(Cassa Mutua Interna Operai Fiat)이 주목할 만하다. 이 공제회들은 질병과 사망, 출산에 따라 회원들에게 보조금을 지급하고 의료 및 휴양시설을 이용할 혜택을 주었다. 직원 후생과 관련된 공제회 외에도 아넬리가 역점을 둔 것은 이상적인 '피아트맨'을 교육하는 문제였다. 그가 1922년에 설립한 피아트 전문학교(Scuole Professionali Fiat)는 친척 중 피아트 직원이 있는 15세에서 17세까지의 청소년들을 대상으로 하루 8시간씩 연구와 실습 과정을 운영했다. 그러나 스펙터클의 면에서 주목을 끄는 것은 1933년 마리나 디 마사(Marina di Massa)의 해안가에 세워진 대규모 보육원인 발릴라 타워(Torre Balilla)였다. 아넬리는 '발릴라 타워'의 건립 계획을 무솔리니에게 알렸고, 무솔리니는 이를 파시즘의 업적으로 홍보했다. 그러나 파시스트 체제가 이를 위해 한 일은 없었다. 아넬리는 보육원 명칭도 파시스트 유소년단의 이름인 '발릴라'에서 비행기 사고로 사망한 자신의 아들을 추념하여 '에도아르도 아녤리(Edoardo Agnelli)'로 바꾸었다. 아녤리는 1937년에도 보육원을 지어 아들보다 먼저 사망한 딸의 이름인 '티나 나지 아녤리(Tina Nasi Agnelli)'로 명명했고, 2년 후에도 보육원 '코스탄초 차노(Costanzo Ciano)'를 지어 보육에 대한 사적 기업가의 주도성을 거듭 과시할 터였다.[33]

이상의 사회 제도와 복지 활동이 주로 피아트 노동자들과 직원들을 대상으로 한 것이었다면, 전시 아녤리의 구호 활동은 토리노 시민들로 그 대상 범위를 크게 확장했을 뿐만 아니라 이에 따라 투자 규모도 아낌없이 확대하는 모습을 보여주었다. 피아트는 전시에 무너진 교통 체계를 대체하여 직원들은 물론이요, 시민들도 무료로 이용할 수 있는 자체 교통망을 운용하고 총 4,000여 명을 수용할 수 있는 보육 시설들을 개방하며 회사 매점과 식당을 통해 각종 생필품과 약품 등을 저렴하게 시민들에게 판매했는데, 그 중에는 유명한 "피아트 수프"도 있었다. 특히 흥미로운 것은 피아트가 운영한 매점과 식당에 공급할 식자재를 확보할 요량으로 인근 농촌에서 작물을 대거 구매하는 한편, 아예 감자를 재배하기 위한 대규모 농지까지 임차하는 등 전시 토리노의 시민 생활을 위한 적극적인 구호 활동을 펼쳤다는 사실이다. 그러나 아녤리의 이런 노력은 파시스트 당국에게는 체제의 무능함을 부각시키는 정치적 도전으로 받아들여져, 내무부는 그의 구호 활동을 오히려 매점매석 행위로 맹비난했다.[34] 과연 이런 대립은 자본주의적 기업과 파시스트 국가가 피아트 노동자들과 토리노 시민들의 충성심을 서로 독차지하기 위해 벌인 경쟁의 맥락에서 나타났다고 할 수 있다. 복지의 의제를 둘러싸고 국가와 교회, 국가와 당이 경쟁한 만큼 국가와 자본주의도 경쟁한 것이다.

<5-3, 전시 피아트 매점에서 물품을 구하기 위해 줄을 서서 기다리는 토리노 시민들(1941)>

출처: Archivio Storico Fiat

파시스트 국가의 사회 정책과 구별되는 아넬리의 사회 활동은 20세기 초반 미국과 유럽 각국에서 널리 확인되는 산업 온정주의(industrial paternalism)나 복지 자본주의(welfare capitalism)라는 맥락에서 이해될 수 있다.[35] 그러나 파시스트 국가가 복지를 독점하고 가톨릭교회가 자선의 전통을 유지하던 당시 이탈리아의 상황에서 아넬리의 사회 활동은 복지와 자선을 빼고 남는 영역으로서 박애의 맥락에서도 파악될 수 있지 않을까 한다. 그동안 아넬리의 노력을 박애와 연관 지어 이해하지 않았던 데는 무엇보다 푸사리도 앞서 지적했듯이 이탈리아에서 박애라는 용어 자체가 모호할 뿐더러 통용되지 않은 사정이 작용했을 것이다. 즉 자선도 아니고 복지도 아닌 기업가의 사회 활동을 명명할 적절한 개념이 없는 상태에서, 기업가의 박애는 복지 국가와 구별되는 복지 자본주의나 전통적인 온정주의의 재판으로 단순히 이해된 것이다. 물론 아넬리의 사회 활동이 무엇보다 자사 노동자들과 직원들의 복지라는 제한되고 폐쇄적인 특수 목적을 지향했다는 점에서 광범위하고 개방적인 일반 목적을 추구하는 박애의 본뜻과는 다소 거리가 멀다고 생각할 수도 있다. 또한 아넬리는 로시의 경우와도 달리 공공연하게 박애의 이념과 수사를 구사한 적도 없기 때문에 쉽사리 박애와의 연관성을 떠올리기도 힘들다. 그러나 전시 피아트의 경우에는 사정이 조금 다르다. 이 시기 아넬리는 기업의 담장을 넘어 지역 공동체를 대상으로 하는 폭넓은 시민 구호 활동을 펼쳤으며, 이는 다시 전후 재단 설립을 통한 일반 목적을 지향하는 사회 개선 사업으로 이어졌다. 그러므로 "피아트의 사회 제도와 복지 활동"이 보여준 연속성과 확장성을 고려하면, 당시 아넬리의 사회 활동을 기업가의 박애라는 개념으로 파악하는 것은 충분히 가능하다고 생각된다.

그러나 아넬리의 경우보다 더 명시적으로 기업가의 박애를 보여주는 사례는 바로 가슬리니다. 그는 식품업과 금융업, 부동산업 등으로 짧은 시기에 거대한 부를 축적한 성공한 기업가이자 축적한 부 모두를 사회에 환원한 박애주의자였다. 그의 박애 활동 중 가장 인상적인 것은, 어려서 죽은 자신의 딸 이름을 딴 잔니나 가슬리니 소아병원 연구소(Istituto Giannina Gaslini)를 1931년에 설립하여 1938년에 공식 개장한 일이었다. 여기서도 알 수 있듯이, 그가 박애에 투신한 동기는 사랑하는 딸의 이른 죽음이었다. 이 점에서 그는 가톨릭적인 전통에서 박애의 이념을 펼친 로시나 자본주의적 기업 경영의 현실적 필요에서 박애 활동을 출발한 아넬리와 달랐다. 가슬리니의 박애는 딸에 대한 사랑이 모든 아동에 대한 사랑으로 확대된 것이었다. 그의 박애 활동에서 전환점은 1949년에 자신의 이름을 딴 '제롤라모 가슬리니 재단(Fondazione Gerolamo Gaslini)'을 설립한 순간이었다. 준즈가 말한 일반 목적을 추구하는 재단에 토대를 둔, 전형적인 형태의 근대적 박애가 이탈리아에 출현한 것이다. 그 후 가슬리니는 이 재단을 통해 아동의 건강 및 교육의 분야를 중심으로 다양한 사회적 서비스를 제공했고, 마침내 제노바에 당시 이탈리아와 유럽에서 가장 큰 소아병원을 건립하기에 이르렀다. 이 병원은 이론의 여지없이 가슬리니의 박애가 낳은 가장 큰 업적이었다.

<5-4, 몬차(Monza)에 있는 가슬리니 생가의 명판.
"1877년 7월 3일 이 집에서 박애주의자 제롤라모 가슬리니가 태어나다.">
출처: Wikimedia Commons

가슬리니는 자신이 다른 박애주의자들보다 더 철저한 박애주의자임을 강하게 의식하고 있었다. 다른 사람들은 죽을 때가 되어서야 돈을 남기고 돈이 어디에 쓰이는지 알지 못하는 데 비해, 자신은 살아있을 때 자신이 원하는 분야에서 부를 사회에 환원했다는 점에서 더 완벽한 박애를 실천했다고 자부한 것이다. 과연 가슬리니의 그런 방식은 오늘날에는 특별해 보이지 않지만, 당대에는 확실히 드물었다. 이에 대해 그는 한 인터뷰에서 자랑스럽게 다음과 같이 말했다. "모든 사람이 죽을 때 자신의 돈을 남길 수는 있습니다. 그러나 정작 용기가 필요한 것은 살아있을 때 하는 것입니다. 모름지기 자신의 '후원금(palanche)'이 어디로 흘러 들어가는지 알아야 합니다.....나는 나 자신의 유언 집행자가 되기를 강력하게 원합니다......모든 사람이 나처럼 합니다. 일하고 저축하고 그 다음에는 필요한 사람에게 돈을 주지요. 나는 그런 일을 의료 분야에서 했습니다. 다른 사람들은 다른 분야들을 택할 수 있겠지요."[36]

그러나 가슬리니를 연구한 이탈리아 기업사가인 루가피오리(Paride Rugafiori)는 가슬리니의 박애가 보여준 특징을 다른 면에서 찾았다. 가슬리니는 통상 "이탈리아의 록펠러"라는 별명으로 불렸지만, 록펠러보다 더 "급진적" 박애를 실천했다는 점에서 독특하다는 것이었다. 여기서 급진적이라고 함은 보통 사람들이 재산의 일부, 비록 상당한 양일지라도 어쨌든 일부를 기부하는 데 비해, 가슬리니는 재산의 전부를 박애 활동에 투자했다는 의미에서다. 그리고 이와 연관된 또 다른 특징이 있다. 종종 기업가들은 자기 자신과 자기 기업의 이미지를 좋게 만들어 기업 경영에 도움을 얻으려는 목적으로 기부한다. 물론 이런 동기가 박애의 의의를 훼손하지는 않는다. 그러나 이런 목적을 위해서라면 굳이 개인과 회사 재산 모두를 포기할 필요가 없을 뿐더러 그렇게 포기해서도 안 된다. 왜냐하면 기업을 계속 운영해야 하기 때문이다. 그러나 가슬리니가 70세가 넘어 모든 재산을 모두 사회에 쾌척했다는 사실은 그의 목적이 그런 이미지 관리에 있지 않았음을 입증한다는 것이 역사가 루가피오리의 판단이었다.[37] 요컨대 가슬리니의 급진적 박애는 박애가 기업 활동의 일부가 아니라 오히려 기업 활동이 박애의 일부가 되는, 즉 박애가 기업 활동의 수단이 아니라 오히려 목적 자체가 되는 철저하고 근본적인 박애의 양상을 보여주었다고 할 수 있다.

확실히, 가슬리니의 보기 드문 사회적 기여는 산업 온정주의나 복지 자본주의의 차원과는 다르고, 그것을 뛰어넘는 이른바 "박애 자본주의(philanthrocapitalism)"[38]의 한 단면을 보여주는 듯하다. 특히 딸에 대한 사랑에서 인간에 대한 사랑으로 승화된 듯한 그의 박애에서 루가피오리는 "윤리적으로 동기 부여된 사회적 이타주의"를 발견했다. "나는 달리 행동할 수 없고, 지금과 달리 변하지도 않는다." 과연 이 말에는 가슬리니의 강한 책임의 윤리가 묻어난다.[39] 물론 가슬리니는 냉철한 기업가이기도 했다. 그는 "정직과 신뢰와 정확성"을 생명으로 하는 "상인적 도덕 규약"의 신봉자였다. 그렇다면 그런 도덕 규약과 사회적 이타주의는 어떻게 조화를 이루는가? 또한 그는 이윤을 위해서라면 권력(파시즘)과의 거래도 마다하지 않은 기민한 협상가였다. 그렇다면 그런 현실주의와 책임의 윤리는 어떻게 양립할 수 있는가? 요컨대 가슬리니의 사례는 사업과 도덕, 기업과 박애, 영리와 비영리의 관계라는 난해한 문제를 제기한다. 이에 대해 루가피오리는 가슬리니가 고르디우스의 매듭을 푼 방식이 이윤과 윤리를 철저히 구별하는 것이었다고 보았다. 즉 가슬리니에게 기업은 이윤을 낳는 효율적인 수단일 뿐, 궁극적으로 다른 목적에 봉사하는 것이었다는 말이다. 그리하여 우리는 가슬리니에게서 "이례적인(anomalo)" 박애주의자와 "전형적인(esemplare)" 기업가를 동시에 보게 된다.[40]

V. 나오며

이상에서 살펴본 로시와 아넬리, 가슬리니는 19세기 후반 및 20세기 초반의 산업 이탈리아를 대표하는 가장 성공한 기업가들이었다. 이와 동시에 그들은 이탈리아에서 국가의 복지와 교회의 자선 사이에 난 좁은 길을 걸어간 박애 기업가들이었다. 일찍이 이탈리아에서는 교회가 전통적 박애를 주도했고, 통일 이후, 특히 파시즘 시대 이후에는 국가가 자선을 복지로 대체하며 박애의 영역을 독점하려고 했다. 그런 상황에서 이탈리아의 박애 기업가들은 한편으로 교회의 제도와 관행을 활용하면서, 다른 한편으로 사회 국가의 요구와 경쟁하면서 "사회 개선을 위한 자본주의적 사업"이라는 준즈적인 의미에서 근대적 박애의 변경을 개척했다. 그 과정에서 예컨대 로시는 전통적 박애에서 근대적 박애로의 연속적 이행을 준비했는가 하면, 가슬리니는 전통과는 단절된 형태의 새로운 박애의 기준을 도입하기도 했다. 과연 그들의 경험은 이탈리아에서 박애의 운명이 적잖이 불확실했음을, 그럼에도 박애의 전통이 끊어지기는커녕 오히려 흥미롭고 독특한 사례들을 통해 근대적 박애로 이어졌음을 증언한다.

한편, 이탈리아의 박애 기업가들의 사례는 공히 박애의 저변에 깔려 있는 근본적 동기라고 할 이윤과 윤리의 관계를 중요한 쟁점으로 제기하는데, 그런 쟁점에 대한 토론은 박애에 대한 역사적 이해를 확장하고 심화할 수 있는 훌륭한 기회를 제공한다. 그들의 사례에서 이윤 동기와 윤리적 동기를 충족시키는 방식에 따라 두 가지 유형의 박애가 나타나는 것 같다. 로시와 아넬리는 기업 경영이라는 하나의 돌로 이윤 동기와 윤리적 동기라는 두 마리 새를 동시에 잡으려는 유형이다. 이들에게 박애는 윤리적으로 동기화된 이타적 행위이면서 동시에 자본-노동 관계를 안정화하고 기업 이미지를 제고하는 등 이윤 추구 노력에 의해 동기화된 기능적 행위였다. 다만 로시의 경우는 박애주의자의 명성에 걸맞게 윤리적 동기가 부각된 반면, 아넬리의 경우는 경영상의 필요와 맞물린 이윤 동기가 더 크게 작용한 듯하다. 한편, 가슬리니는 기업과 재단이라는 두 개의 돌로 각각 이윤 동기와 윤리적 동기라는 두 마리 새를 잡는 유형이다. 특히 그의 윤리적 동기는 딸의 이른 죽음이라는 비극적 경험에서 비롯된 개인적 동기에 의해 강화되어 궁극적으로 특유의 "급진적" 박애로 표출되었다(아넬리의 경우에도 보육 시설에 일찍 사망한 딸과 아들의 이름을 붙인 것을 보면, 그의 박애 활동에 그와 같은 개인적 동기가 작용했음을 알 수 있다). 아마도 준즈의 가늠자로 보면, 로시와 아넬리의 유형보다는 가슬리니의 유형이 진일보한 박애의 단계로 설정될 것이다. 여기서 주목할 것은 가슬리니의 박애가 철저한 이분법적 구조를 보인다는 점이다. 즉 이윤과 윤리가 각각 독자적인 영역으로 구별되고, 그런 다음 이윤이 윤리적 실천의 재원이 되는 식이다. 요컨대 기업가는 이윤 추구자로서 행동하고, 그런 다음 박애주의자로서 실천에 나서는 것이다.

차마니(Stefano Zamagni)는 그런 이분법이야말로 박애가 드러내는 본질적 한계라고 지적한다. 즉 "생산의 법칙과 부의 분배라는 법칙"이 이원적으로, 단계적으로 설정되고 있다는 말이다. 이로부터 이윤 생산이 문제가 될 때에는 윤리의 문제는 뒤로 밀려나고, 윤리가 앞에 나설 때도 이는 장식물에 불과한 때가 많다고 본다. 말하자면, 병을 주고 약을 주되, 약효도 신통치 않은 격이라는 것이다. 차마니에 따르면, 이윤과 윤리의 이원론은 자본주의가 딛고 있는 정당성의 기초를 허물어뜨릴 위험이 있다고 한다. 이와 동시에 박애는 증여자와 수혜자 사이의 불평등한 관계를 암묵적으로 전제하기 때문에 증여자의 존중심 결여가 곧 수혜자의 굴욕감을 야기하는 또 다른 한계를 드러낸다. 즉 박애는 상호적인 관계가 아니라 일방적인 관계에 기초해있는 것이다. 그런 일방적 관계는 증여자에게나 수혜자에게 공히 불편함을 야기한다. 다시 차마니에 따르면, 일찍이 영국 자유주의자 밀(J. S. Mill)도 박애를 "의존과 보호의 이론"이라고 일축하면서 노동자들도 그런 "가부장적이거나 온정주의적인 지배 시스템"에 더 이상 종속되고 싶어 하지 않는다고 지적했다고 한다. 20세기 초반 이탈리아에서 밀의 전통을 계승한 고베티(Piero Gobetti) 역시 경제적 자유주의를 옹호하면서 온정주의와 복지 국가의 관행이 기업가와 국가의 지원만을 기다리는 수동적이고 타율적인 시민만을 길러낸다고 비판한 적이 있다. 밀과 고베티 같은 자유주의자들에게 박애는 개인의 독립성과 시민의 권리를 인정에 기초한 증여와 원조로 대체하는 퇴행적 경향을 노정하는 개념일 뿐이었다.[41]

만일 박애가 그런 한계들을 노정한다면, 대안은 무엇인가? 차마니는 박애 기업가보다는 사회적 기업가(imprenditore sociale)를 대안으로 내세운다. 그에 따르면, 사회적 기업가란 (자본주의와 구분되는) "시장의 논리에 따라 활동하며 기업가의 기능을 수행하면서도 비경제적인 성격의 목적을 추구하는" 자로서 중세 이래 역사적으로도 드물지 않게 출몰한 기업가 유형이다.[42] 필경 사회적 기업가에 대한 역사적ㆍ사회학적 연구는 흥미로운 지적 작업이 될 것이다. 그러나 사회적 기업가가 박애 기업가보다 더 진화된 대안이라는 차마니의 주장은 여전히 검증해야 할 가설로 남는다. 그의 주장을 받아들인다고 해도 덜 진화된 개체가 반드시 멸종하는 것은 아니며, 더 진화된 개체와 공존하며 전체 생태계의 균형에 기여한다. 기업가의 박애도 그 자체 완벽한 대안은 아니지만, 사회 문제에 관심을 갖는 한 자본주의 생태계의 균형에 기여할 것이다. 그렇다면 박애의 존재이유는 분명하다. 이탈리아의 로시와 미국의 카네기를 모두 연구한 아발리아노(Lucio Avagliano)는, 박애를 "미국 자본주의의 심장"으로 비유하면서 번성하는 자본주의에 인간적 국면이 내재해있음을, 또한 자본주의의 저변에 이윤 동기 외에 윤리적 동기가 깔려있음을 통찰했다.[43] 준즈도 박애가 "자본주의를 도덕적으로 만들고 정부를 책임 있게 하는 지속적인 운동"을 촉진하면서 미국 자본주의를 떠받쳤음을 강조했다.[44] 여기서 무엇보다 주목할 점은 박애가 실제로 얼마만큼 효과를 발휘했는지의 여부가 아니다. 물론 그런 문제도 따져보아야 하겠지만, 이보다 더 중요한 문제는 자본주의에 도덕적 한계를 설정하고 압력을 가하는 힘이 작동하고 있다는 사실 자체이고, 오늘날 기업가든 국가든 그런 힘을 존중하지 않을 수 없으며, 미래에는 더욱 그러하리라는 사실이다.

제6장 프랑스

푸조 자동차와 그 자회사 오펠(OPEL)사의 사회적 기여

은은기(계명대학교 사학과 교수)

1. 푸조의 역사적 발전

프랑스에서 '푸조(Peugeot)'가문의 이름은 성공과 자존심의 상징이다. 푸조는 프랑스에서 가장 오래된 현존하는 자동차생산 기업이다. 푸조 자동차는 르노자동차와 선두를 다투는 프랑스 최대 자동차회사이기도 하다. 벤츠 다음으로 세계에서 두 번째로 오랜 역사를 가진 푸조자동차 회사는 1897년 아르망 푸조(Armand Peugeot, 1849~1915)에 의해 설립되었다. 1889년 당시 증기차 설계의 대가였던 레옹 세르폴레의 도움을 받아 소형 증기엔진을 얹은 세 바퀴 미니 증기 자동차를 처음 만들어 내었다. 이 차는 파리에서 리용까지 500km 주행 시험에 성공했으나 통틀어 4대밖에 만들지 못했다. 그 이유는 이즈음 증기엔진보다 더 간편하고 속도가 빠른 가솔린엔진 차가 나타나 아르망의 흥미를 끌었기 때문이다.

<6-1, 푸조의 첫 삼륜차, 세르폴레(1889년)>

출처: 구글 이미지

1889년 아르망 푸조는 가솔린엔진이 자기가 만들고 있는 증기 자동차보다 훨씬 발달된 엔진인데다가 전망이 매우 밝은 사업이 될 것이라는 확신을 가졌다. 푸조는 자기의 증기 자동차공장에서 생산되는 소형 증기차의 보일러를 뜯어내고 대신 르바소르가 만든 다임러의 가솔린엔진을 장치한 4바퀴 자동차를 1890년 말에 완성하는데 성공한다.

사업의 확산과 더불어 푸조 가족은 지역주민들의 신뢰를 바탕으로 시장으로 당선되는가 하면 주택과 학교를 건설하는 등 사회 발전을 위한 다양한 사업 분야에서 큰 공헌을 하였다.

아르망은 1891년부터 그때까지 엔진을 차 뒤쪽의 의자 밑에 장치했던 것을 차 앞쪽으로 옮긴 현대식 설계로 바꾸고 디자인도 마차형에서 자동차 고유의 디자인으로 변형시켰다. 이리하여 1897년에는 오뎅꾸르(Audincourt)와 릴(Lille)에 자동차 공장 건설과 함께 정식으로 푸조자동차회사(Automobiles Peugeot)를 설립했다. 당시의 자동차들은 힘이 세고 빠를수록 덩치가 커서 운전하기가 불편한 것을 발견한 아르망은 1903년 배기량이 785cc 정도 되는 작은 엔진을 장치한 2인승 승용차를 만들어 대중 앞에 내놓았다. 이 차가 선을 보이자마자 좋은 반응을 얻어 1년 만에 1천 250대를 생산하는 대 성공을 거둔다. 그는 이 차의 이름을 베이비라는 뜻을 가진 '베베(bebe)'라고 불렀다.

<6-2, 푸조 베베, 1913년 출시>

출처: 구글 이미지

10년 후인 1913년 아르망은 제2호 '베베'라는 차를 당시 자동차 예술면에서 레오나르도 다빈치로 불리던 자동차 설계의 천재인 에토레 부가티에게 설계를 부탁해 만들었다. 베베 2호는 단번에 베스트셀러가 되었다. 역시 '베베' 1호처럼 2인승이지만 배기량이 855cc인 작은 엔진은 6마력의 힘을 가지고 시속 45km까지 달릴 수 있었다. 당시로서는 누구도 따라올 수 없는 멋진 스타일의 베이비 카일 뿐만 아니라 남녀노소가 부담 없이 운전할 수 있는 이상적인 자동차여서 1년 만에 3천대가 팔리는 성공적인 히트 작품이 된 것이다.[1]

그러나 뜻하지 않았던 제 1차 세계 대전이 발발하여 프랑스가 독일군에게 침공을 당하게 되었다. 조국을 구하기 위해서 노년의 아르망 푸조는 아들과 조카들에게 회사 경영을 맡기고 종군했다가 불행히도 1915년 전장의 이슬로 사라지는 비극을 겪게 되었다. 아버지가 사망하자 아르망의 아들인 장 삐에르 푸조가 사업을 물려받았다. 그후 장은 정부의 지시에 따라 승용차 생산을 중단하고 전투지휘차, 군용트럭, 엠불런스 등을 만들어 프랑스의 승리에 기여했다.

1920년대 말 불어닥친 세계적 경제 공황은 기업세계에 큰 타격을 가했다. 힘차게 뻗어나가던 푸조자동차뿐 아니라 세계 모든 자동차회사가 심각한 불황을 맞게 되었다. 수많은 크고 작은 자동차회사들이 문을 닫고 사라져 갔다. 이러한 가운데 푸조회사는 1929년 푸조201과 1933년 푸조301이라는 경제적인 새로운 모델을 개발해 회사의 사운을 걸었다. 행운은 푸조를 배반하지 않았다. 경제가 악순환되는 위기 속에서도 이 두 차종은 크게 히트해 1937년까지 무려 20만대가 생산되어 팔려나가 푸조회사를 경제공황에서 기적적으로 구해 주었다.

히틀러가 다시 제 2차 세계 대전을 일으키자 프랑스는 물론 자유세계가 또 한 번의 비극을 겪게 되었다. 나치에게 침략당한 프랑스를 구하기 위해 장 삐에르 푸조는 레지스탕스에 가담하기로 결심하였다. 프랑스를 점령한 히틀러는 군용차를 만들기 위해 푸조뿐만 아니라 르노 등 큰 자동차공장들을 징발하였다. 장은 자기 회사를 나치에게 넘겨주기를 거부하여 눈물을 머금고 레지스탕스를 통해 자신의 공장시설을 폭파하는 결정을 내리고 이를 실행하였다.

얼마 후 불행히도 나치군에게 체포당한 장은 총살형을 선고 받는다. 그러나 마침 자동차 설계의 천재라던 독일의 포르쉐 박사에게 발견되어 그의 도움으로 극적으로 석방되었다. 전후 다시 재건한 푸조는 1950년 푸조403이라는 새 차를 만들어 자동차 경기에 다시 도전하여 60년대의 랠리를 석권해 옛 명예를 회복하였다.

<6-3, 푸조 403, 1957년 모델>

출처: 구글 이미지

1983년 처음으로 내놓은 소형 앞바퀴 굴림차 푸조205는 프랑스의 베스트셀러가 된다. 프랑스인들은 이 차를 가리켜 "프랑스에서 폴크스바겐을 몰아낸 위대한 국민차"라고 극찬하였다.

<6-4, 푸조 205, 1974년 출시>

출처: 구글 이미지

그렇지만 2010년대에 들어서면서 세계 글로벌 경기침체로 지속적인 재정위기에 직면하게 되었다. 이에 푸조는 지분의 일부를 프랑스 정부와 중국의 둥펑자동차(14%)에 매각하기에 이르렀다.[2] 이 당시 푸조는 종업원들에게 충분한 보너스를 지불하지 못했다. 푸조 직원 500명은 적은 보너스에 대한 항의의 표시로 보너스를 모두 모아 총 6000유로를 자선단체에 기부해버리기까지 했을 정도였다.

현재 푸조 가문은 회사 주식의 25%를 보유하고 있고, 의결권은 38%를 행사하고 있다. 이 결정으로 둥펑과 프랑스 정부가 각각 8억 유로(약 1조 1720억원)를 투입해 증자에 참여했다. 그 결과 푸조, 둥펑, 프랑스 정부가 각각 14%씩 공평하게 지분을 나눠 갖게 되었다. 푸조 가문은 이사회 멤버를 4명에서 2명으로 줄였다. 푸조 가문의 단독 지배가 막을 내린 것이다.

프랑스 정부의 근본적인 의도는 일자리 지키기였다. 2014년에 푸조는 프랑스내 생산공장에서 9만 1천 명이 일하고 있었다. 간접 고용 효과를 고려하면 20만명이 넘는 일자리를 창출하고 있었다. 가뜩이나 프랑스 경제가 어려운데 푸조가 파산하거나 외국 기업에 통째로 넘어가면 프랑스 공장 폐쇄가 불가피해 정부는 이를 막기 위해 푸조에 공적 자금을 투입할 것을 선택했다.

2. 푸조의 공적 자선활동

푸조의 사회 기여는 종업원에 대한 처우 개선과 공익재단 설립을 통한 사회기여 활동으로 대별된다. 먼저, 기업의 성공과 더불어, 17세기 이래로 프랑스 동부 국경지역에 위치한 몽벨리아르 지역 출신인 루터파 신교도인 푸조 가문은 사회복지 부문에서 선구적 역할을 함으로써 프랑스의 경제적, 사회적 발전에 기여해 왔다. 프로테스탄티즘 정신에 입각하여 푸조 가문은 사회복지에 지속적으로 이바지했다. 푸조 가문은 다양한 구호 기구를 창설했으며, 발랑티녜(Valentigney)에 노동자와 그 가족들이 무료로 진료받을 수 있는 병원을 지었다. 푸조 직원들은 19세기 중엽 이래로 다양한 사회적 혜택을 받아 왔다. 푸조는 10시간 노동제, 상호부조제(assistance social mutuel), 노동자에게 저가 주택공급정책, 청년 직업훈련, 사회보장 및 사회 부조제, 노동자 연금, 노동자 미망인 연금 등을 실시하였다.

푸조 그룹은 2010년 이래 약 30여개 국가에서 547억 유로의 매출을 올렸으며, 184,000명의 직원을 보유하고 있다. 푸조 그룹은 인재를 유치, 통합 및 육성하기 위해 직원들에게 최고의 자기개발 기회를 제공하였다. 또한 푸조 대학을 설립하여 노동자들에게 재교육의 기회를 확대 보장하였다. 아울러 직원들의 건강과 안전을 도모하는데 만전을 기했다. 특히 푸조는 직원을 위한 각종 보장정책을 실시하여 지난 10년간 안전사고의 빈도를 크게 감소시키는데 성공하기도 했다.

푸조는 종업원들의 이익을 적극 도모하는 것 이외에도, 2011년에 창립된 공익재단인 푸조(PSA)재단을 지속적으로 활성화시켜 왔다. 푸조재단은 창립 이래로 사회적 유대 관계의 재구성 및 문화 및 교육 부문에서 400 여개 이상의 프로젝트를 지원했다. 이를 위해 재단은 2016년까지 5년간 950만 유로의 예산을 투자했다. 공장이 위치한 지역의 직원들이 사회단체들에 개인 및 자원 봉사자로 참여했다.[3] 특히 푸조는 사회적 약자에 대한 배려도 잊지 않았다. 예를 들면 2012년 이래 미숙아 출신 시민들에 대한 자선활동을 활발히 전개해 나갔다.

푸조재단의 활동은 푸조 그룹의 공식 사이트나 자회사의 자선 활동으로 보완된다. 이러한 이니셔티브는 주로 푸조 공장이 위치한 해당 지역에서 수행되며, 직원의 실질적인 참여를 통해 해당 지역과의 유대를 강화하는데 이바지했다. 푸조 그룹은 윤리적이며 투명한 업무 관계를 조성하면서 불우한 지역 공동체를 여러 측면에서 지원했다. 또한 매년 7,000개 이상의 부품 공급 업체를 대상으로 210억 유로에 해당하는 1 백만 개 이상의 부품을 구매했다. 이러한 공급 업체 관리는 푸조 구매정책의 핵심인데, 이는 프랑스의 사회 통합에 기여해오고 있다. 아르헨티나의 "푸조에 의한 상상력", "교육 및 환경 보호에 중점을 둔 프로그램", 뿌와시(Poissy) 사이트에서 시작된 "쁠라또 발 드 센느"(Plato Val de Seine) 등 수십 개의 프로젝트가 지역 중소기업을 돕기 위해 시작되었다. 그리고 '푸조자선기금'(PSA Peugeot Citroen Charity Trust)은 푸조의 자선활동을 적극 돕고 있다.

2017년에 푸조는 미국 제너럴모터스(GM: General Motros)의 자회사인 독일의 오펠자동차회사를 인수했다. 오펠은 2000년 이후 GM에 150억 달러 가량의 손실을 가져왔기 때문에 GM이 오펠을 매각했던 것이다. 그렇다면 사회적 약자를 지원하는데 오랫동안 기여해온 푸조자동차가 GM의 자회사였던 오펠의 인수 후에 푸조자동차와 오펠 자동차의 박애정책에 어떤 변화가 있었는가? 이에 대해 좀더 자세히 살펴보자.

3. 오펠 자동차 회사의 계승

오늘날 오펠(Opel)은 독일 제3의 큰 자동차회사이지만, 자동차를 발명한 다임러와 벤츠보다 13년이나 늦게 자동차를 생산하기 시작했다. 오펠자동차의 창업자인 아담 오펠(Adam Opel, 1837 ~1895)은 자동차가 발명될 시절인 1880년대 유럽에서 가장 큰 재봉틀 공장과 자전거 공장을 가지고 있었다. 아담 오펠은 1837년 독일의 라인 강변에 자리 잡고 있는 공업도시 뤼셀스하임에 살던 자물쇠 제조기술자인 필립 빌헬름 오펠의 아들로 태어났다. 자라면서 아버지의 기술을 이어받아 엔지니어가 되었고 장성해 청년이 되자 고향을 떠나 5년 동안 영국, 프랑스, 벨지움, 이탈리아 등을 여행하면서 발달해 가는 기계공업을 보고 배웠다. 그 후 아담은 고향으로 돌아와 비스마르크 시대이던 1862년 사업을 시작한다. 그는 파리에서 본 재봉틀이 미래에 많이 사용될 것으로 보고 재봉틀 제조공장을 세워 돈을 벌기 시작한다. 아담 오펠은 1872년에 이미 사원들을 위한 '회사의료보험제도'를 확립하였는데, 사실상 이것이 오펠의 박애활동의 시작이다.[4]

1898년 오펠의 가족들은 데싸우 지역의 자동차 회사를 인수하고, 자동차 개발자 프리드리히 루츠만을 영입한다. 오펠은 루츠만의 지휘 아래 '시스템 루츠만'이라는 첫 번째 자동차를 생산하는데 성공한다.

<6-5, 재봉틀에서 시작한 자동차 발명가 아담 오펠>

출처 : 다음 이미지

아담 오펠의 두 아들 칼과 빌헬름은 자동차를 만들기로 결심하고 마침내 1898년 드디어 오펠자동차 1호를 만들어내었다. 나아가 좀더 안전하고 편리하게 타고 다닐 수 있는 자동차를 만들기 위해 계속 뜯어고치고 보완해 제 2호 차를 만들어 낸다. 1호차보다 많이 좋아졌으나 그래도 어딘가 모양이 엉성해 자신 있게 시장에 내놓을 수가 없었다. 사람들이 사갈 수 있는 자동차를 만들어야 했다. 그것은 힘이 세고 2~4사람을 태우고도 빨리 달릴 수 있는 자동차라야 했다. 이즈음 그는 프랑스 파리에서 열렸던 산업박람회에서 9마력의 강한 힘을 가진 다라끄라는 프랑스차를 보고 이 차를 만든 드 디옹 자동차회사의 엔진을 사들였다. 그 다음 그는 다시 설계해 완전히 새로운 모델을 만들어 내었다. 그의 새로운 모델은 곧 인기를 끌기 시작했다. 1901년에 만들어 낸 이 차가 오펠의 제3호 작품으로서 1호, 2호의 엔진이 4마력밖에 안되었던 것에 비하면 9마력으로서 굉장히 강한 엔진을 가진 차로 탄생하였다. 차츰 판매고가 늘어나면서 이익도 많이 생겨 그 동안의 재정난을 보상할 수 있었다.

오펠은 1924년 독일 최초로 대량생산 시설인 컨베이어 장치를 도입한 덕분에 하루 생산량이 20대에서 125대로 크게 늘어났다. 그 결과 자동차의 생산비는 크게 낮아졌다. 컨베이어 벨트에 의해서 최초로 생산된 차는 '세 마리의 개구리라는 별명을 가진 2인승 소형 승용차로서 매우 가볍고 12마력 엔진에 최고속도가 70km나 되는 빠른 차였다. 이 차가 발표되자마자 선풍적인 인기를 끌어 당시 독일의 국민차가 되기도 했다.

<6-6, 오펠 자동차 로고>

(출처: 오펠 홈페이지)

오펠은 벤츠 다음으로 큰 독일 제2의 자동차회사로 성장해 '독일의 헨리 포드'라는 소리를 들으며 값싸고 성능 좋은 자동차를 만들어 내었다. 그후 오펠은 제 1차 세계 대전에서 패한 독일의 국내경제 파탄과 더불어 1920년대 말에 휘몰아친 유럽의 경제공황이 가져온 재정난 때문에 더 이상 견딜 수 없어 미국의 자동차 거인 GM에 인수합병되어 GM의 자회사로 변신했다.

이후 오펠은 세계 자동차 산업에서 주요 역할을 맡으며 아담, 코르사 등 인기 모델들을 만들어낸다. 그렇지만 GM은 또 다시 경영 악화로 인해 오펠을 푸조 그룹에 2017년 3월 6일 매각했다.

4. 오펠의 위기

1908년 포드가 T 모델의 대량생산방식에 성공한 이래 각국의 자동차기업들이 포드의 생산방식을 배워가면서 포드주의 생산방식이 확산되어 갔지만, 20세기 자동차기업의 진정한 승자는 포드가 아니라 GM이었다. 1920년대 후반 GM은 포드를 넘어섰고 이후 세계 1위의 자동차기업으로서의 위치를 50여 년간 이어갔다. 1921년 포드의 미국 시장 점유율은 55.7%였고 GM은 12.3%에 불과하였다. 그러나 대공황 직전 양사의 점유율은 각각 31.3%와 32.3%로 역전되었다.

GM은 설립 이후 일찍부터 유럽에 진출한 기업이었다. 1923년에 덴마크에 공장을 지었고, 1925년에는 벨기에에도 공장을 지었다. GM의 유럽 사업이 크게 확대된 것은 1925년 영국의 복스홀과 1929년 독일의 오펠을 인수한 이후부터였다. GM은 초기부터 자국 내에서 취했던 생산조직 정책을 유럽에도 적용하여 유럽 사업장들에게 자율성을 부여하였다. 이러한 생산조직 정책 때문에 1970년대 초반까지도 복스홀이나 오펠은 미국 기업 GM의 자회사라는 정체성보다는 각각 영국 기업, 독일 기업으로의 정체성이 더 강해서 두 기업은 서로를 경쟁 관계로 여기기도 하였다.

이렇게 세계 자동차기업의 권좌에 올랐던 GM은 1970년대에 접어들면 서서히 쇠퇴하게 된다. 1970년대 두 차례의 석유 위기와 신흥 자동차기업들의 부상으로 미국 시장에서 빅3의 위치는 침식되기 시작하였다. 미국시장에서 GM의 시장 점유율은 1960년대 50% 이상을 차지했지만, 1970년 38.9%로 급락한 이후 계속 하락하였다. 반면 외국계 자동차기업들의 시장 점유율은 특히 1973년의 오일쇼크 이후 지속적으로 증가하였다. GM의 자회사들은 1980년대 후반 이후 모기업 생산 체계로의 통합성이 높아져갔다. 1990년대 후반부터 GM 유럽 사업장은 지속적인 저수익성에 시달렸다.

이러한 저수익성을 극복하고자 모기업 GM은 1980년대 일본 자동차기업에 대한 대응의 일환으로 해외 생산을 확대하는 정책을 취했다. 이러한 정책은 유럽 지역에도 해당되었는데, GM은 신설 혹은 인수합병 형태로 유럽 생산지를 확대해 나갔다. 1982년에 사라고사에 생산 공장을 지었고 비엔나에는 엔진 공장을 지었다. 1990년에는 스웨덴의 자동차기업 Saab의 지분을 50% 인수하였고, 2000년에는 나머지 지분을 모두 인수하여 완전 자회사로 삼았다. 그리하여 2000년대 중반 GM은 유럽 전역에 거쳐 생산 공장을 보유하게 되었다. 이러한 생산 시설의 확장과 더불어 GM은 1989년부터 엔지니어 분야에서 탁월한 연구성과를 낸 연구자들에게 '아담 오펠 상'(Adam Opel Prize)을 수여하기로 하였다.

GM의 유럽 확장에서 중요한 국면은 1990년대 초반 동유럽으로의 확장이었다. 동유럽 시장이 개방되면서 GM은 1990년에 헝가리, 1991년에 폴란드로 진출하였고, 1990년에는 구동독지역인 아이제나흐에 신규 공장을 설립하였다. GM 유럽은 초기에는 아이제나흐 진출에 신중하였다. 이들은 1990년 기존 아이제나흐 공장을 인수하여 200명의 인원으로 KD(Knock-down) 방식의 생산만 하였다. 유럽 경영진은 다음 해 사업 타당성 검토를 마치고 나서 신규 공장 설립을 결정하였고, 1993년부터 양산에 들어갔다. 특히, 아이제나흐 공장은 GM 유럽의 생산모델 변화에서 두 가지 의미를 지녔다. 우선, 아이제나흐 공장은 헝가리 및 폴란드 공장과 함께 GM의 동유럽으로의 생산 이동 가능성을 담고 있었다. 이렇게 동유럽 지역에 공장들이 연이어 지어지면서, 기존 GM 유럽의 중심적 생산지였던 독일, 벨기에, 영국 자회사들의 위치는 위협을 받았다. 동유럽의 자회사들은 유럽 남부 지역의 스페인 공장(사라고사)과 포르트갈 공장(아잠부자)과 함께 기존 자회사들에 비해 노동 비용을 포함하여 비용 우위에 있었기 때문이었다. 동유럽과 유럽 남부의 저비용 공장의 존재로 기존 자회사들은 GM 유럽 경영진의 통합화 시도에 저항하기는 쉽지 않았다.[5]

GM이 생산 단가를 낮추기 위해 설립한 동유럽 공장들과 오펠 독일 공장의 생산 단가를 비교할 경우 오펠 독일 공장의 생산 단가가 상대적으로 매우 높다는 사실이 쉽게 드러난다. GM의 분석에 따르면, 독일의 사회보장 시스템에 지불하는 사용자들의 비용과 독일 노동자들의 임금 수준 등을 고려하여 전체적인 생산 부대비용을 100으로 잡을 경우, 스웨덴의 경우, 심지어 폴란드의 경우 15라고 하는 결과가 나타난다. 스웨덴의 경우 사회보장의 수준이 높으나 대부분 세금을 통해 이루어지기 때문에, 독일에 비해 사용자들의 부담이 훨씬 적다. 20유로 이상의 시간당 임금을 지불해야 하는 독일에 비해 폴란드의 경우 임금은 그 10분의 1 수준밖에 되지 않는다. 이러한 상황에서 합리적인 사용자라면 당연히 독일에서의 생산을 축소하겠다고 결정할 것이다.

구체적으로 유럽 자동차산업의 1인 당 연평균 승용차 조립대수를 기준으로 보면, 생산성은 지난 업년의 유럽 12개 업체 평균 9.3대에서, 1987년 말에는 12.3대로 32.7%가 증가했는데, 그럼에도 불구하고 일본 업체들의 16.27대(1988년 기준)에 비해서는 아직도 낙후성을 면치 못하고 있다. 일본의 오카자끼에 있는 미쓰비시 자동차공장의 한 엔지니어에 의하면, 우리나라 현대자동차의 경우 연간 노동자 1인 당 자동차 생산대수는 19대인 데 비해, 일본의 미쓰비시 자동차의 경우는 약 43대, 토요다의 경우는 53대라고 했다. 이러한 경우, 일본과 유럽의 생산성을 비교해 보면 그 격차가 어마어마하다.

소형승용차 한 대를 만드는데 소요되는 필요노동시간과 노동자 1인당 연간 자동차생산대수를 기준으로 유럽 여러 나라에 분산되어 있는 자회사들을 비교할 경우 구 서독 지역에 위치한 오펠의 자동차 공장들이 상대적으로 낮은 생산 효율성을 보여주고 있음을 알 수 있다. 그 첫 번째 희생양이 독일 보쿰시에 위치한 오펠의 생산 공장이다. GM 유럽 경영진은 입장 변화는 전혀 없었고, 오히려 조합원 투표 결과가 나온 지 한 시간 만에 보쿰 공장 폐쇄 일정을 2016년에서 2014년으로 앞당긴다고 통보를 하였다. GM 유럽 경영진의 결정은 위협이 아닌 실제였고, 결국 한때 2만 명이 일했던 보쿰 공장은 2014년 12월 5일 마지막 자동차 생산을 끝으로 문을 닫게 되었다.

5. 푸조의 사회적 기여상의 한계

경쟁력을 크게 상실한 오펠은 2017년 프랑스 자동차회사 푸조에 인수되었다. 그러나 오펠을 인수한 이후 푸조의 경쟁력은 다시 심각한 위기에 빠지게 되었다. 이 상황은 과연 푸조와 자회사들의 박애와 사회적 기여활동에 어떤 결과를 주게 되었을까?

푸조는 2004년 3,405,245대의 자동차를 생산하였다. 그러나 2014년에는 2,521,833대로 자동차 생산이 대폭 축소되었다. 프랑스에서의 생산은 2004년 1,934,279대(시트로엥 651,605대. 푸조 1,282,674대)에서 2014년 969,699대로 훨씬 더 큰 폭으로 감소하였다. 푸조-시트로엥의 전 세계 자동차 생산은 2004년에 비해 2015년에 26%가 감축되었다. 하지만 푸조-시트로엥의 프랑스 내에서 자동차 생산은 2004년에 비해 2014년에는 50%가 감축되었다.[6]

'프랑스 자동차 공업협회(CCFA: Comité des Constructeurs Français d'Automobiles)'의 자료에 따르면, 2000년 초반까지 프랑스와 독일의 시간당 임금 격차는 큰 편이었다. 2005년부터 프랑스의 인건비는 독일 수준으로 빠른 속도로 상승하였고, 급기야 2008년부터는 독일의 인건비 수준과 앞서거니 뒤서거니 하는 상황이 되었다.[7]

프랑스 자동차 산업종사자의 연간 인건비는 독일의 자동차 산업종사자의 연간 인건비에 비해 낮은 편이었다. 그럼에도 독일자동차의 독일 국내 생산량이 줄어들지 않는 반면에 프랑스에서는 국내 생산량이 크게 감소했다. 프랑스 자동차 기업의 생산성이 낮았던 이유 중 하나는 프랑스 자동차 산업의 인건비가 급속하게 상승한 점을 들 수 있다. 또 다른 문제는 프랑스 자동차 산업의 근로자 1인당 부가가치 창출이 EU 평균치에도 미치고 있지 못하는 점이다. 결국 프랑스 자동차 산업은 프랑스 국내에서 높은 인건비만큼의 부가가치를 창출하는데 실패하였던 것이다.[8]

프랑스의 푸조는 창립 이래 오랫동안 각종 사회사업에 대한 재정지원을 아끼지 않았다. 더욱이 창업자인 아르망 푸조는 1차세계 대전에 자원해서 참전하여 조국 프랑스를 위해 장렬히 전사하기까지 했다. 푸조자동차를 물려받은 그의 아들은 2차세계대전 당시 레지스탕스 운동에 적극 가담하였다가 체포되어 사형을 언도 받은 후 구사일생으로 살아났다. 이점은 2차대전 당시 독일에 협력하였던 르노자동차의 창업자 루이 르노의 행동과 크게 대비된다. 이처럼 푸조 가문은 프랑스 사회는 물론 국가를 위해서도 크게 헌신했던 것이다.

독일의 오펠자동차 회사 역시 설립 초기부터 사회에 적극 기여해왔다. 오펠은 1929년 미국 자동차 회사인 GM에 인수된 뒤에도 상당한 수준의 자율성을 누리면서 사회에 여러 모로 기여해왔다. 그렇지만 오펠은 GM의 동유럽의 다른 자회사들과 비교해 볼 때 인건비 등에서 경쟁력을 상실하여 적자를 면치 못하였다. 이로 말미암아 오펠은 2017년에 프랑스의 푸조에 인수합병되었던 것이다.

푸조가 오펠을 인수한 것은 독일 기업인 오펠이 프랑스의 자동차 기업들에 비해 생산 효율성이 상대적으로 높았기 때문이었다. 푸조는 독일에서 이미 상당한 재정적 한계에 직면하고 있던 오펠을 인수했는데, 그 주된 이유가 독일 차인 오펠이 프랑스 차인 푸조보다 노동생산성이 높다는 점이다. 이점을 감안하더라도 사실상 인수 동기가 석연치 않았다.

인수 후에 푸조는 오펠의 인수 조건이 문제가 있었음을 지적하면서 GM에 대해 잘못 산정된 액수에 대해 환불을 요청하고 있다. 독일 오펠을 인수한 푸조가 오펠의 엔진 기술이 뒤쳐졌다며 GM에 환불을 요구한 것이다. 푸조는 오펠의 엔진이 비효율적이고 강화되는 EU의 배출가스 기준을 충족할 수 없다고 주장하면서 GM에 인수 비용의 절반에 해당하는 8억 유로(약 1조 290억 원)를 반환하라고 요구했다. 문제는 유럽 소비자들이 디젤 엔진보다는 가솔린이면서도 연비가 우수한 차량을 선호하는 추세로 분위기가 전환 됐다는 점이다. 오펠은 그동안 고효율 가솔린 엔진이나 하이브리드를 제대로 개발하지 않았고, 이를 만들기 위해선 막대한 자금이 추가 투입되어야 했다. 푸조는 오펠의 엔진 기술이 낙후된 것이 모두 기존 모회사 GM의 책임이라고 주장했다.

이에 대해 GM측은 "푸조가 인수에 앞서 실사를 하는 동안 충분한 양의 정보를 제공했다"면서 문제 될 것이 없다는 입장이다. 반면 푸조

측은 "오펠이 인수 협상 기간 동안 자사 차량과 엔진들의 CO2 배출량 등 주요 정보를 조작했다"고 주장하고 있다. 또 "오펠은 배출가스 평균 규정을 맞추기 위해 전기차 '엠페라(Ampera)-e'에 기댈 계획을 갖고 있었다"고 밝혔다.[9] 엠페라-e는 GM의 차를 그대로 들여와야 하는 구조여서 회사의 평균 연비는 끌어올릴 수 있을지언정, 판매할수록 손해가 막대하게 커지기도 했다.

푸조는 2017년 3월 오펠을 인수한 후에 2024년까지 오펠의 모든 라인업을 자사의 엔진과 플랫폼으로 전환할 계획이라고 밝힌 바 있다. 그때까지 경영상의 진통이 계속될 것이다. 그러나 지금까지 푸조는 오펠 인수에도 불구하고 보다 나은 생산 효율성 달성이라는 목표를 달성하지 못하고 있다. 인수합병에 따른 시너지 효과는 상당 기간 발생하지 않고 오히려 부담이 점점 가중되고 있는 형국이다. 이점이 인수한 푸조나 인수당한 오펠의 각종 사회 기여 활동에 커다란 악재로 작용하고 있다.

제7장 스페인

“강도 귀족” 후안 마르치의 박애[1]

황보영조(경북대학교 사학과 교수)

기업가의 박애와 마르치

기업사의 지평이 점차 확장되고 있다. 기업의 구조와 조직을 넘어 인간으로, 기업의 경제적 측면을 넘어 문화적 측면으로, 기업사의 연구 지평이 확대되었다. 노동문제와 빈곤문제를 비롯한 다양한 사회문제들과 인류의 생존 자체를 위협하는 환경문제 등 기업을 둘러싼 환경도 기업사학자들의 관심 사안으로 떠올랐다.

최근에는 기업가의 박애가 관심과 논란의 대상이 되고 있다.[2] 사람들이 기업가의 박애에 관심을 기울이기 시작한 데는 나름의 이유가 있다. 그것이 사회문제를 해결해나갈 유용한 방식이라고 보았기 때문이다. 사람들이 이런 생각을 갖게 된 데는 아마도 빌 게이츠와 워런 버핏의 활약이 크게 작용한 것으로 보인다.[3]

사실 박애를 사회문제의 해결책으로 바라보기 시작한 것은 16세기부터다. 하지만 현대적 의미의 박애는 1900년 전후의 미국에서 등장했다. 앤드루 카네기와 존 록펠러가 펼친 박애가 대표적인 사례에 해당한다. 카네기는 최고 부자들이 박애 활동을 통해 자신의 부의 일부를 사회에 환원해야 한다는 내용의 논문을 써서 여론에 큰 영향을 미쳤을 뿐만 아니라 카네기재단을 설립하여 교육과 문화 사업에 헌신했다.[4] 카네기와 마찬가지로 록펠러도 말년에 록펠러재단을 설립하고 박애활동에 전념했다.[5] 미국의 박애를 연구해 기업사의 지평을 확장한 올리비에 준즈에 따르면 현대적 의미의 박애는 빈자와 약자를 대상으로 시혜를 베푸는 자선과 달리 인류 전체에 관심을 둔다. 이런 의미의 박애가 미국에서는 일반 목적을 추구하는 '재단' 설립으로 구체화되었다.[6]

스페인에도 카네기와 록펠러의 모범을 따른 기업가가 있다. 후안 마르치 오르디나스(이하에서는 마르치)가 바로 그다. 그도 이들과 마찬가지로 '위대한 박애주의자'로 알려지게 되었다. 마르치는 말년에 자신의 이름을 내건 후안마르치재단을 설립하고 20억 달러가량을 투자했다. 이는 알프레드 노벨이 노벨재단에 투자한 자본과 맞먹는 액수다. 그는 이 재단을 통해 음악과 미술, 인문학, 과학 분야를 지원했다.

<7-1 후안 마르치 델가도>

이러한 마르치의 박애 활동에 관한 연구는 올리비에 준즈가 시작한 기업가의 박애 연구의 외연을 미국을 넘어서 유럽으로 확대한다는 의미가 있다. 아울러 기업가들의 박애를 비교 연구할 좋은 사례를 제공하게 될 것이다. 유럽의 의식 있는 기업가들은 대체로 온정주의 방식을 통해 사회문제를 해결한 것으로 알려져 있다. 하지만 마르치는 이른바 "미국의 발명품"이라고 일컫는 재단 설립 방식의 박애 활동을 펼쳤다.

20세기 스페인에서 제일 중요한 기업가로 알려져 있는 마르치의 생애는 최근까지도 역사 연구의 대상이 아니라 전설의 영역에 머물러 있었다.[7] 그의 생애를 다룬 자료로는 사회노동당 소속 정치인이자 저술가인 마누엘 베나비데스가 1934년에 출판한 전기[8]가 있고, 라몬 가리가와 베르나르도 디아스 노스티, 아르투로 딕손이 정기간행물 자료를 활용하여 각각 펴낸 3편의 저서들[9]이 있다. 그밖에는 20세기 스페인의 정치·경제사를 다룬 저작들에서 단편적으로 언급되는 정보들 정도가 있다.

제대로 된 마르치의 생애 연구서가 등장한 것은 지금으로부터 10년도 채 되지 않았다. 역사가 페레 페레르와 메르세데스 카브레라의 저서들이 그것이다.[10] 사실 마르치의 생애를 연구하는 작업은 그렇게 쉽지 않아 보인다. 그가 주로 대행업체를 통해서 일을 처리하고 비밀리에 활동하면서 문서자료를 거의 남기지 않았기 때문이다.[11]

한편 그가 설립한 재단에 관한 자료로는 재단을 설립한 이듬해에 출간한 정관[12]이 있다. 정관은 재단 설립의 취지와 목적, 조직을 파악하는 데 중요한 자료가 된다. 후안마르치재단은 또한 재단 활동 보고서를 책으로 펴냈다. 재단 설립 25주년과 50주년을 기해서 펴낸 자료들[13]이 그것이다. 과학사가인 호세 마누엘 산체스 론도 50년에 걸친 재단의 활동을 분석한 저서[14]를 냈다. 이밖에도 재단 출판부가 출판한 예술과 문화 관련 자료는 셀 수 없이 많다.

마르치의 생애와 관련한 우리의 관심은 다음과 같은 질문에 있다. 그가 어떻게 박애주의자가 되었으며, 한걸음 더 나아가 미국식 박애주의자가 되었을까? 그가 설립한 재단이 스페인 사회에 어떤 영향을 미쳤을까?

우선 마르치가 세계적인 거부가 되는 과정을 간략하게 정리해본다. 이런 정리를 통해서 그가 "강도 귀족(robber baron)"으로 알려지게 된 이유를 이해하게 될 것이다. 이어서 그가 재단을 설립하게 되는 배경과 목적을 살펴본다. 여기서는 "강도 귀족"으로 알려진 그가 "위대한 박애주의자"로 변신하게 되는 계기가 무엇인지를 추정해본다. 마지막으로, 재단이 벌인 주요 사업과 활동을 살펴보면서 그가 설립한 재단이 스페인 사회에 어떤 영향을 미쳤는지 분석해본다.

이러한 고찰은 기업가의 박애가 종래의 증여나 자선과는 달리 매우 광범한 사회적 결과를 낳게 된다는 사실을 부각시켜줄 것이다. 20세기에 일부 기업가들의 박애는 이처럼 전통적 박애나 자선의 그것을 넘어서는 특유의 역할을 하게 된다. 우리가 기업가의 박애를 역사적 현상으로 취급해야 할 이유가 여기에 있다.

마르치의 성공 비결

마르치는 1880년에 지중해에 위치한 마요르카 섬에서 태어났다. 부친은 농사를 지으면서 돼지를 사고팔기도 했다. 마르치의 어린 시절 학업에 관한 자료는 거의 남아 있지 않다. 다만 그가 초등교육을 마치고 프란체스코 수도회 부설학교에 얼마간 다녔다는 내용을 확인할 수 있을 뿐이다.

마르치는 20대에 세 가지 사업에 뛰어들었다. 돼지 매매와 토지 매매, 담배 밀매가 그것이다. 그는 가업을 이어받아 지역 농민들에게서 돼지를 매입하여 그것을 소시지가공업체에 팔았다. 하지만 이 사업에 그렇게 심혈을 기울이지는 않았다. 그가 역점을 둔 사업은 토지 매매와 담배 밀매였다. 이를 위해서는 자금이 필요했고 은행 대출이 필요했다. 때마침 지역 은행업자의 딸 레오노르 세르베라 멜리스와 결혼을 하게 되어서 사업 자금을 마련할 좋은 여건을 갖추게 되었다.

당시 마요르카에는 19세기 중엽 미국에서 일어난 골드러시에 비견될 토지 열풍이 불고 있었다. 농촌 토지의 대다수는 사실 귀족 가문들이 소유하고 있었다. 귀족 소유 토지는 대다수가 생산성이 낮은 대토지 소유였다. 19세기 이래 몰락의 길을 걷고 있던 귀족들이 현금유동성의 위기에 부닥쳤다. 그 까닭은 두 가지였다. 한 이유는 농장의 생산성이 정체된 가운데 노동자들의 임금이 인상되었다는 데 있었고, 다른 이유는 경제 사정이 이렇게 어려워졌는데도 귀족들이 여전히 사치를 부렸다는 데 있었다.[15] 이에 그들은 자신들의 세습 재산인 토지를 팔거나 저당 잡히지 않을 수 없었다.

사업 수완이 뛰어난 마르치는 이런 사정을 십분 활용했다. 그는 세습 재산은 많지만 현금은 부족한 귀족들에게서 토지를 매입했다. 그리고 땅을 필요로 하는 소농이나 농업노동자들에게 그 토지를 분할 매각했다. 그 결과 현금이 넘쳐나게 된 마르치는 한걸음 더 나아가 몰락한 귀족들을 대상으로 비싼 이자를 받는 돈놀이를 했다.

마르치는 마요르카에서 시작한 토지 매매 사업을 반도 서부와 남부, 곧 엑스트레마두라와 안달루시아로 확장했다. 이곳은 전형적인 대토지 소유 지역이었다. 앞서 얘기했다시피 세습 재산을 매각해야 하는 귀족들의 사정 때문만이 아니라 그에게 제공된 금융 지원과 더불어 곡물재배보다 수익성이 훨씬 더 좋은 수출용 상업 작물 도입 덕분에 그의 토지 매매 사업은 큰 성공을 거두었다.[16] 심지어 마르치의 이러한 토지 분할 매각 사업에 관심을 보인 독재자 프리모 데 리베라(1923~1930년)는 그에게 그와 유사한 성격의 토지개혁 방안을 맡기기도 했다. 마르치가 1926년에 설립하는 마르치은행은 사실 토지개혁의 재원을 마련하기 위한 농업은행으로 출발했다.[17]

한편 담배 밀매는 마요르카 어부들이 흔히 눈독을 들이는 분야였다. 그것은 담배 전매만큼이나 역사가 오래되었다. 담배 밀매에 발을 들여놓은 마르치는 그것을 사업으로 전환했다. 처음에는 지브롤터 해협이나 알제리와 모로코 항구들을 무대로 활동했다. 소형 선박에 모터를 장착하여 해안 경비를 따돌리기도 하고 저임금에 시달리던 지중해 연안의 해경을 돈으로 매수하기도 했다. 심지어는 판사와 변호사, 증인들도 매수했다. 그 결과 문제가 생겼을 때 상당수의 경우에는 증거 부족으로 석방되고 압수품도 돌려받았다.

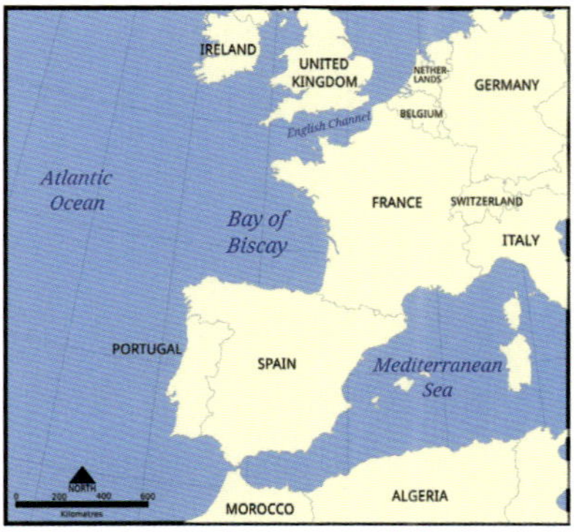

<7-2, 후안 마르치의 활동무대>

시간이 흘러 유통망을 어느 정도 확보하게 되자 안정된 담배 공급이 필요하게 되었다. 이에 마르치는 담배 제조에도 뛰어들었다. 1906년에 고향 사람이 소유한 알제리 소재 담배공장을 공동으로 경영하기 시작했다.[18]

사업이 번창하면서 마르치의 영향력이 날이 갈수록 커졌고 권력의 정점에까지 이르렀다. 1910년대에 3차례나 총리를 지내게 되는 알바로 데 피게로아 토레스라는 이름의 로마노네스 백작이 그의 뒤를 봐주었다. 1921년에 재무장관으로서 밀수와의 전쟁을 개시한 프란세스크 캄보가 "후안 마르치가 11년 동안 총리와 각료들을 매수하고 나라를 장악했다. 그가 내각을 해체하기도 했으며 그의 영향력이 의회에까지 미쳤다"[19]면서 마르치 관련 사안을 정계에서 벌어진 대형 스캔들이라고 선언할 정도였다. 캄보는 한걸음 더 나아가 마르치를 "지중해 최후의 해적"이라고 부르기까지 했다.[20]

마르치에 대한 이러한 부정적 평가는 캄보가 비판을 쏟아낸 이후에도 계속 이어졌다. 부패와의 전쟁을 선포하고 부패 정치인들을 박해하기 시작한 프리모 데 리베라가 그의 독재 초기에 마르치를 공공의 적 1호로 지목했다. 프리모 데 리베라 장군을 수장으로 하는 군부는 마르치를 악명 높은 부패 자본가로 낙인찍었다.[21]

하지만 마르치의 운명이 곧 바뀌었다. 한 카탈루냐인이 정치는 언제나 실용적이어야 하는데 마르치가 정권에 매우 유용할 것이라며 프리모 데 리베라를 설득했고 그가 이를 받아들여 한발 물러섰기 때문이다. 게다가 1927년에는 재무부 장관 칼보 소텔로가 법을 어기면서까지 마르치에게 북아프리카 소재 스페인 도시들을 대상으로 하는 담배 전매권을 허용해주었다. 당시 밀수가 사라진 상황이어서 이 도시들의 시장은 말 그대로 마르치의 독무대가 되었다.

마르치는 또한 해운업에도 뛰어들었다. 해운업은 선박을 이용해 담배를 밀매하는 사람이면 누구나 한번쯤 시도해보게 되는 자연스러운 사업이었다. 이베리아 반도 동해안과 발레아레스 제도, 카나리아 제도, 북아프리카를 운항하는 4개 업체가 1916년에 지중해해운(Compañía Trasmediterránea)으로 합병되었는데 마요르카 업체를 인수한 마르치가 1918년에 이 지중해해운에 합류했다. 지중해해운은 1977년에 경영위기에 직면한 마르치의 조카들이 그것을 정부에 팔아넘길 때까지 마르치 가문이 줄곧 관리했다.

<7-3, 지중해 해운선박>

마르치가 스페인 제일의 갑부가 된 것은 1차 세계대전 때였다. 원래 전쟁이 벌어지는 곳에서는 교역이 활발해지는 법이다. 사업 수완이 뛰어난 마르치가 전쟁 관련 특수를 놓칠 리 없었다. 당시 스페인은 중립국으로 남아있었다. 교전 당사국들이 전쟁 관련 군수물자 생산에 경제를 집중하는 사이에 마르치는 새로운 시장 수요를 겨냥한 상업 전략을 수립해 엄청난 이득을 챙겼다. 마르치를 서지중해 일대의 유력자로 간주한 교전국들의 인식도 그의 사업에 매우 유리하게 작용했다. 사실 당시 마르치의 활동 범위와 영향력은 이베리아 반도 동해안에서부터 발레아레스 제도와 아프리카 북서해안에까지 이르렀다. 그는 해안의 지리에 정통한데다 대형 선단을 거느린 밀매 조직의 대표이기도 했고, 거대 자본을 보유하고 있었으며, 민간 정부나 군 지휘부와 커넥션을 유지하고 있었다. 이를 보면 그는 사업 수완은 물론이고 정치 감각도 뛰어났던 것으로 보인다.

마르치는 또한 사업가이면서도 언론의 중요성을 잘 알고 있었다. 그가 전국지와 지방지 신문사를 매입하거나 창설한 이유가 여기에 있다. 1922년에는 일간지 《인포르마시오네스》를 창간하는 데 관여했고, 1925년에는 《라 리베르탓》 신문사를 인수했다. 그런데 흥미롭게도 전자는 보수 성향의 신문이었고, 후자는 진보 성향의 일간지였다. 또한 1922년에 마요르카의 팔마에서 창간한 《엘 디아》도 자유주의 성향의 지방지로 출발했다. 그러나 이념적 다양성과 개인의 자유, 사회주의와 자본주의의 정치적 조화를 지향하던 《엘 디아》도 결국에는 마르치의 이해관계를 반영하기 시작했다.[22] 마르치는 언론을 통해서 사회와 경제, 정치 등의 현안에 대한 자신의 견해를 밝히면서 여론을 주도하려고 했다.

한편 1931년에 스페인에 공화국이 선포되었다. 정치 체제가 군주제에서 공화제로 바뀌면서 마르치는 감옥에 투옥되게 된다. 프리모 데 리베라 독재와 협력하고 담배를 밀매했다는 사유에서였다. 1932년 6월부터 17개월 동안 감옥살이를 한 그는 형기가 끝나지 않은 1933년 11월 3일에 교도관의 도움을 받아 탈옥했다. 그의 명성이 자자해진 것은 이때부터였다. 그에 대한 사람들의 평가는 극명하게 갈렸다. 밀수업자이자 범죄자라고 그를 비난하는 이들이 있는가 하면, 부유하고 관대한 기업가라고 그를 치켜세우는 이들도 있었다. 마누엘 베나비데스가 『지중해 최후의 해적』을 출판한 것이 이 무렵이었다.

이때부터 마르치는 공화국을 종식시키는 데 온갖 수단을 동원했다. 1936년에서 1939년까지 이어지는 스페인 내전에서 자산의 4분의 1, 곧 10억 페세타 가량을 반란군을 지원하는 데 사용했다. 이로 인해 그는 "반란군의 은행가"라는 별명을 얻기도 했다.[23]

그는 반란군에 금융 지원을 해준 덕분에 금전적 이득을 얻었을 뿐만 아니라 부수적 혜택도 누렸다. 프랑코 진영에 모든 군수품을 공급할 수 있게 되었고, 내전 기간에 진행된 프랑코 진영의 무역을 독점하다시피 할 수 있었다.

내전에 뒤이어 벌어진 제2차 세계대전에서는 1차 세계대전 당시와 마찬가지로 생필품 수출에 주력했다. 세계대전 동안 마르치가 즐겨 사용한 사업 수완은 스페인 주재 외국 기업들에게 불리한 조처를 취하도록 프랑코 정권에 로비를 하고 나중에 그 기업들을 헐값에 매입하는 전략이었다. 게다가 스페인의 중립을 바라는 영국 정부로부터 엄청난 액수의 뇌물을 받기도 했다. 당시 윈스턴 처칠이 뉴욕 소재 스위스은행을 통해 1,300만 달러에 달하는 돈을 마르치에게 제공했다.[24] 스페인이 중립을 지키도록 프랑코에게 압력을 넣고 프랑코의 대독일 곡물 수출과 석유 수출을 제지해달라는 명목이었다. 1,300만 달러는 당시 환율로 1억6,328만 페세타에 달하는 엄청난 액수였다.

대전 후 마르치가 주력한 마지막 작업은 전력회사 인수였다. 전력 부문에 대한 관심은 사실 1920년대부터 갖고 있었다. 마침 1930년대에 바르셀로나트랙션 전력회사가 재정 위기에 빠지게 되었다. 이 회사는 바르셀로나에 전력을 공급할 목적으로 미국의 프레데릭 스타크 피어슨이 1911년에 설립한 주식회사였다. 1923년에는 카탈루냐전기에너지를 인수해 독점체제를 구축했다. 마르치는 1945년부터 이 회사의 회사채를 헐값에 매입하기 시작했으며[25], 그와 동시에 당시 바르셀로나트랙션을 관리하고 있던 벨기에 다국적 기업 소피나(SOFINA)의 대표이사 대니 하이네만과 여러 차례 바르셀로나트랙션 매입 협상을 벌였다. 하지만 별다른 성과를 거두지 못했다. 이에 그는 다음 단계로 아예 기업사냥 계략을 세웠다. 그는 1951년 12월에 자본금 5백만 페세타로 카탈루냐전력(FECSA)을 설립하고 며칠 뒤인 1952년 1월 4일에 바르셀로나트랙션 경매에 응모해 1천만 페세타에 낙찰을 받았다.[26] 단독으로 입찰한 결과였다. 당시 이 회사의 자산 가치가 60억 페세타에서 80억 페세타에 이른 점을 감안할 때 이는 엄청난 횡재에 해당한다.

마르치는 마침내 세계 7대 부자가 되었다.[27] 마요르카 섬의 한 농가에서 태어난 그가 불과 몇 십 년 사이에 세계 최대의 부자가 된 것이다. 그가 어떻게 이렇게 큰 부자가 되었을까? 그가 성공한 비결이 무엇일까? 다시 말하면 그는 어떤 사람이었을까? 이것은 그가 박애 활동에 뛰어든 동기나 계기를 살펴보기에 앞서 따져보아야 할 중요한 질문들이다.

마르치의 손자 카를로스 마르치는 1970년에 한 언론사와의 인터뷰에서 조부의 성공 비결이 무엇이냐는 질문에 "첫째로는 확고한 의지이고, 다음으로는 운이었다. 흔히 생각하는 것과 달리 재능이 미친 영향은 적었다"[28]고 대답했다. 이 말은 성공 요인으로 3가지를 꼽고 있음을 암시해준다. 확고한 의지, 운, 재능이 그것이다. 첫째 요인과 둘째 요인에 대해 의문을 제기할 사람은 거의 없을 것이다. 앞서 살펴보았다시피 특히 양차 대전과 스페인 내전은 그에게 엄청난 운으로 작용했다. 문제는 셋째 요인이다. 그의 손자는 재능이 미친 영향이 적었다고 하지만 이는 사실과 다르다. 토지 매매와 담배 밀매, 전쟁 특수 활용, 바르셀로나트랙션 인수에 나타난 그의 사업 수완은 그야말로 탁월했다. 스페인 역사가 페레 페레르가 마르치의 전기를 서술하면서 그의 성공 요인 가운데 하나로 천부적 자질을 꼽은 이유가 여기에 있다.[29]

이러한 요인들은 어찌 보면 긍정적인 측면에서 본 성공 비결이라고 할 수 있다. 하지만 부정적 측면의 요인도 있다. 우리는 이 요인을 그를 가리켜 "해적"이나 "강도 귀족"이라고 부르는 데서 확인할 수 있다. 프란세스크 캄보가 처음 사용한 "해적"이라는 별칭은 1934년에 마누엘 베나비데스가 『지중해 최후의 해적』이란 책을 출간하면서 널리 알려졌다. 여기서 "해적"은 "허약한 국가를 상대로 투기하는 정직하지 않은 장사꾼"이라는 의미였다.[30]

마누엘 베나비데스의 책이 출간된 것과 같은 해에 미국에서는 언론인 매튜 조셉슨이 미국의 자본가들을 다룬 『강도 귀족』이란 책을 출간했다.[31] 미국 잡지 《애틀랜틱 먼슬리》 1870년 8월 호에 처음 등장하는 "강도 귀족"이란 용어는 착취를 통해 부를 증식한 미국의 기업가들을 일컫는다. 경멸적인 용어인 셈이다. 그런데 30년이 넘도록 기업과 금융 관련 기사를 써온 존 브룩스가 미국의 주간지 《뉴 요커》에서 마르치를 이러한 의미의 "강도 귀족"이라고 불렀다.

> "그는 미국에는 거의 알려지지 않았지만 금세기에 스페인에서는 유일하게 그리고 유럽에서는 거의 유일하게 '강도 귀족'이라고 부를만한 사람이었다. 어떤 점에서는 카네기와 록펠러, 밴더빌트를 능가하는 사람이었다. 그는 이들보다 더욱 대담하고 더욱 교활했으며 양심의 거리낌을 덜 받았다."[32]

브룩스는 더 나아가 마르치를 사략선장(Privateer)이라고 불렀다.[33] 사략선은 정부의 특허를 받아 무장을 갖춘 개인 소유 선박을 일컫는다. 16세기 유럽의 일부 국가들은 부족한 상비 해군을 보충하려고 사략선에 교전 자격을 부여했다. 노예무역에 종사한 영국의 존 호킨스가 사략선을 이끌고 스페인의 무적함대를 무찌르는 데 공을 세우기도 했다. 브룩스가 마르치를 사략선장에 비유하게 된 데는 이유가 있다. 그가 치밀한 계략으로 바르셀로나트랙션을 인수했기 때문이다.[34] 그것도 프랑코 정권의 묵인 하에. 그는 이 명칭으로 마르치가 탐욕스런 기업사냥꾼임을 드러내려고 했다.

요컨대 마르치에게는 "해적"이나 "사략선장", "강도 귀족"의 꼬리표가 늘 따라다녔다. 그가 기업 윤리를 따르지 않고 위법한 방식으로 부를 축재했다는 얘기이다. 그의 목표는 돈벌이에 있었고 그것을 위해 그는 온갖 수단을 다 동원했다.

재단 설립의 배경

마르치에 대한 이러한 평가가 1955년 11월에 후안마르치재단이 설립되자 매우 호의적으로 바뀌었다. 재단 설립이 재산의 상당 부분을 사회에 환원한다는 것을 의미했기 때문이다. 부자들이 재단 설립을 통해서 자신의 부를 사회에 환원한 사례는 당시 스페인에서는 처음 있는 일이었고 유럽에서도 거의 알려지지 않았다. 마르치는 재단 설립으로 "저명한 박애주의자"로 불리게 되고, 카네기와 록펠러, 알프레드 노벨과 어깨를 나란히 하게 되었다.

여기서 우리의 관심은 "해적"이나 "강도 귀족"으로 알려진 그가 어떻게 갑자기 박애 사업에 뛰어들게 되었는가에 있다. 이에 대해서는 사실 그가 별도로 언급하지 않았기 때문에 몇 가지 자료를 근거로 추측해 볼 수밖에 없다.

마르치가 재단을 설립할 예정이라는 소식이 알려지기 시작한 것은 1955년 봄이었다. 재단 설립에 관한 소식이 그해 5월 초에 언론에 보도되었다. 과학과 연구를 위한 재단에 3억5천만 페세타를 투자할 예정이라는 내용이었다. 일간지 《야》가 보도했고 《아베세》와 《라 방과르디아》가 이를 다시 확인했다. 이 재단은 유럽에서는 전례가 없는 재단이 될 것이며 미국에 설립된 주요 재단들과 그 성격이 유사할 것이고 노벨상 재단에 투자한 금액보다 더 많은 돈이 투자될 예정이라는 내용이었다.[35]

<7-4, 후안 마르치 재단>

재단이 설립된 것은 1955년 11월 4일이었다. 재단은 마드리드의 공증인 알레한드로 베르가모 앞에서 공식 출범했다. 재단 설립증서에 따르면 재단을 설립한 동기는 2가지였다. "사람은 누구나 가능하다면 자신의 능력을 따라 동료들의 생활수준 향상과 이웃의 행복에 이바지해야 한다는 인식"과 "조국과 조국의 문화, 기독교 문명에 대한 자신의 사랑이 영원하다는 점을 보여주고 싶은 열망"이 그것이다.[36] 다시 말하면, 인류의 복지 증진에 이바지하고 싶고 스페인 문화와 문명을 영원히

사랑하고 싶어서 재단을 설립하게 됐다는 얘기이다. 이 말을 문자 그대로 받아들이면 마르치가 이것을 위해 살기로 결심했고 이것을 위해 재단을 설립했으며 이것에 자신의 미래를 걸었다고 볼 수 있다. 설립증서에 따르면 마르치가 이런 결심을 하는 데 여러 해가 걸렸다고 한다.[37] 도대체 무슨 일이 있었던 것일까?

재단 설립 50주년을 기념하여 재단의 문화 활동을 분석한 과학사가 호세 마누엘 산체스 론은 마르치에게 지원을 호소하는 각종 탄원서들이 그의 마음을 움직였을 것이라고 보았다.[38] 당시 그는 서민들로부터 무려 수백 통에 달하는 편지를 받았다. 내전을 겪고 난 스페인은 1940년대에 매우 가난했다. 1950년대라고 해서 상황이 나아지지는 않았다. 1940년에 1인당 국민소득이 내전 직전인 1935년의 30,693페세타에도 훨씬 못 미치는 21,740페세타였다. 이 수치는 사실 1905년의 그것과 맞먹었다.[39] 스페인이 내전의 폐허에서 벗어나기 시작한 것은 1955년이었다.[40] 당시 가난에 시달린 서민들이 염치불구하고 부자들에게 지원을 호소하곤 했다. 마르치가 받은 편지들은 그런 편지였다.[41] 채무 변제를 바라는 가난한 과부의 탄원서와 집세 납부를 부탁하는 의지할 데 없는 임산부의 편지, 장학금 지원을 간청하는 학생들의 편지 등 그 사연은 가지각색이었다. 물론 탄원자들이 자신의 처지를 과장했을 수도 있겠다. 그렇다 손치더라도 그들의 사정이 절박했음에는 틀림없다. 하지만 마르치가 이들의 사정을 들어주고자 재단을 설립했다는 증거는 그 어디에도 없다. 그가 설립한 재단이 학생과 연구자들에게 장학금과 연구비를 제공한 사실을 볼 때 이러한 탄원서들이 재단 설립의 동기로 작용했을 개연성은 있지만 확실하지는 않다.

한편 마르치의 전기를 쓴 라몬 가리가는 좀 색다른 계기를 제시했다. 교회에 기부를 하는 스페인의 풍습을 따라 문화와 기술을 위한 재단을 설립하는 데 재산을 기부했다는 것이다. 가리가는 이것이 현대적인 방식의 기부라고 강조했다.[42] 스페인에는 교회에 기부를 하면 생전에 지은 죄를 씻기 위해 연옥에 머물러야 하는 기간을 단축할 수 있다는 생각에서 교회에 고액의 기부를 하는 풍습이 있었다. 심지어 수도원이나 수녀원을 설립해주는 사람들도 많았다. 그곳에서 수행을 하는 수도자들이 고인들을 위해 기도하리라는 생각에서였다. 마르치가 재단을 설립한 것이 이런 풍습을 따른 결과였을 것이라는 얘기이다. 하지만 기존의 풍습이 재단 설립의 간접적인 배경으로 작용했을지는 모르지만 직접적인 계기라고 보기에는 무리가 있다.

마르치가 재단 설립을 구상하게 된 계기를 저술가이자 번역가인 조안 마스카로에게서 찾는 것이 좋을 것이다. 최근에 마르치의 전기를 펴낸 카브레라가 이 점을 제대로 지적했다.[43] 마르치는 자신보다 17살 아래인 마스카로를 그의 유년 시절부터 알고 지냈다. 언어에 천부적 재능을 지닌 마스카로는 1차 세계대전 당시 팔마 주재 영국 영사관에 근무하면서 마르치의 통역관으로 일했다. 그 후 아들이 외국 유학을 하는데 동행해 달라는 마르치의 부탁을 받아들여 영국에 거주하게 되었다. 이때 그는 케임브리지대학에서 영문학과 산스크리트어, 팔리어를 배웠다. 얼마 뒤 마르치의 부탁을 받아들여 그의 회사의 재정 업무를 보았다. 하지만 적성에 맞지 않아서 곧 그 일을 그만 두고 다시 영국으로 돌아갔다. 다시 공부를 시작하여 케임브리지대학에서 석사학위를 받고 스페인으로 돌아와 바르셀로나대학교에서 교수 활동을 했다. 하지만 공화제의 적법성과 카탈루냐주의에 집착을 하다가 결국에는 영국으로 망명했다. 그는 망명생활을 하면서도 마요르카를 여러 차례 방문했고 스페인의 지식인들이나 저술가들과 교류했다. 특히 마르치 가문과 마르치의 두 아들 후안과 바르톨로메와 교류했다.

여기서 마스카로의 인생 여정을 이렇게 짚어본 이유는 그가 마르치와 매우 각별한 사이였음을 확인하기 위해서다. 이런 그가 1951년 10월에 마르치에게 편지를 썼다.

“제 마음속에 떠오른 한 가지 생각을 말씀드리고 싶습니다. 미국과 유럽의 백만장자들은 그들의 돈을 사회문화 사업에 투자합니다. 우리는 모두 언젠가는 죽게 됩니다. 죽음 이후에도 지속될 사업을 생각해보지 않으시겠습니까? 100만 파운드가 있다면 그 이자로 마요르카 어린이들에게 장학금을 지급할 수도 있고, 병원을 설립할 수도 있으며, 젊은 작가들을 지원할 수도 있고, 좋은 일들을 많이 할 수 있을 겁니다. 하느님께서는 당신이 이것을 생각해보기 바라십니다. 좋은 사람 두세 명을 골라 재산을 관리하고 선을 베풀도록 하세요. 그 일이 생애 최대의 기쁨을 드릴 겁니다. 그 일로 당신은 하느님과 사람에게 영원히 기억되실 겁니다.”[44]

미국과 유럽의 백만장자들처럼 사회문화 사업에 투자하기 바란다는 내용이었다. 무슨 영문인지 모르겠지만 마르치는 3년이 지나서야 이 편지에 대한 답장을 썼다. 당시 그가 제네바에 머무르고 있었는데 스페인에 돌아가게 되면 그 프로젝트를 검토해보겠다고 썼다. 이에 마스카로는 1954년 12월에 이런 답장을 보냈다.

“삶을 다스리고 대기업을 일으켜서 자손들을 부유하게 하고 재산을 나누어주며, 결국에는 문화를 보존하고 물질적이거나 문화적인 부와 복지를 관리할 재단을 설립하여 필생의 과업을 완성할 줄 아는 고향 사람에게 진심으로 공감과 우정을 느낍니다.”[45]

그는 답장에서 재단을 설립하겠다는 마르치에게 찬사의 박수를 보냈다. 이러한 서신 내용을 볼 때 그가 마르치에게 재단 설립을 매우 구체적으로 제안했을 것이라고 추측할 수 있다.[46] 스페인으로 돌아온 마르치가 약속한 대로 재단 설립을 적극 검토했을 것이고, 앞서 언급한 대로 이듬해 5월에 마침내 그 계획을 언론에 공표하게 되었을 것이다.

요컨대 마르치가 재단을 설립하기로 마음을 굳히게 된 것은 1954년 하반기와 1955년 상반기 사이이고, 그런 권유를 받은 것은 1951년 10월부터임을 알 수 있다. 여기에 직접적인 영향을 미친 사람은 바로 마스카로였다. 마르치가 결심을 굳히게 된 데는 하느님과 사람들에게 영원히 기억될 사업에 투자하라는 마스카로의 권유가 크게 작용했을 것이다.

이밖에도 마르치가 소피나의 대표이사 하이네만과의 경쟁에서 이긴 승리를 기념하기 위하여 재단을 설립했다는 주장[47]이 있다. 바르셀로나트랙션의 파산 선고가 내려진 1948년에 하이네만이 자신의 이름을 딴 재단을 설립하여 의학 연구를 시작했는데 바르셀로나트랙션을 낙찰받게 된 마르치가 하이네만과의 경쟁에서 승리한 기념으로 그보다 더 큰 재단을 설립했을 것이라는 추측이다. 하지만 이는 설득력이 없어 보인다. 다만 바르셀로나트랙션 낙찰로 재단을 설립할 여유가 한층 더 많아졌을 수는 있겠다.

1955년 여름에는 마르치가 재단 설립자금 마련 방안을 구체적으로 생각했다. 이때 상공부 장관(1945~1951년)을 지낸 후안 안토니오 수안세스로부터 여러 가지 조언을 받기도 했다.[48] 마르치는 때마침 2차 세계대전 이후에 영국은행에 기탁해둔 금을 좋은 시세로 매각할 수 있었다. 마침내 3억 페세타와 120만 달러를 출연하여 재단을 설립했다.[49]

재단의 목적과 주요 사업

이렇게 설립된 재단의 주요 목적은 교육 수준을 향상시키고 과학 지식을 발전시키며 스페인 문화를 창달하는 데 이바지하는 것이었다. 재단법인 정관 제6조에서는 그 목적을 이렇게 규정하고 있다.

재단의 목적은 지적 필요나 물질적 필요를 채워주는 것이다. 이를 위해서는 자선과 구제라는 광범한 목표 내에서 다음 사항을 추진할 필요가 있다.

- 문화와 미덕을 장려하는 상을 제정하여 추진한다.
- 재정 지원이 필요한 학생들에게 수업료나 생활비를 지불하고 장학금을 수여한다.
- 교재를 제공한다.
- 노동자들의 교육과 훈련을 장려한다.
- 과학연구와 문화를 장려하고 교수와 예술가, 전문가, 기술자 또는 학생들 교류를 통하여 과학과 문화와 예술 분야에서 스페인의 대외 관계를 (...) 발전시킨다.

이밖에 다음 두 가지 사항도 실천해야 한다. 첫째, 무료진료소, 구호소, 병원, 요양원, 무의탁자수용소, 장애인시설 등과 같은 경제적 지원이 필요한 사람들을 위한 지원시설을 만들어 운영하고, 이와 유사하거나 이에 준하는 보호시설을 제공한다. 둘째, 종교, 철학, 의학, 외과의학, 법학, 정밀과학과 물리화학과 자연과학, 정치학과 사회학과 경제학, 문학, 역사학, 예술, 자선과 사회협력 등의 주제를 다룬 연구나 작품에 상을 수여한다.[50]

이 규정에서 알 수 있다시피 마르치는 목적을 한가지로 국한시키지 않았다. 그렇게 하게 되면 재단이 경직화되지나 않을까 염려해서였다. 그렇다고 해서 도움을 호소하는 셀 수 없는 탄원들에 일일이 주의를 기울이고 싶어 하지도 않았다. 그는 재단의 활동이 "현실적 필요성의 바다에 떨어지는 한 방울의 물"로 전락하지 않고 "인류의 미래에 영향을 미치는 문제들을 인식하고 해결해나가는 데 이바지하기"를 바랐다.[51] 곧 인류의 복지를 증진하는 데에 강조점을 두었다.

마르치는 또한 이러한 사업이 중단되거나 용두사미가 되지나 않을까 염려하여 부인과 두 아들의 동의도 받아두었다. 그리고 자신의 후손들이 동일한 목적을 계속 추구해나가기를 바라면서 직계 후손 2명을 종신이사로 삼는다는 규정을 마련했다.[52] 설립자 자신은 종신직 이사장으로 비종신직 이사를 임명하는 등 막강한 권한을 가졌다.[53] 이는 설립자의 의사, 곧 재단의 목적을 확실하게 보장하기 위한 조치로 풀이된다. 흥미롭게도 심지어는 국가를 비롯한 다른 기관이 재단에 간섭을 하거나 설립자의 의사를 존중하지 않을 경우에는 "결사반대하고" 계속 고집할 때는 "재단을 자동 해체한다"고 규정하기까지 했다.[54] 설립자의 의사를 관철시키지 못할 바에야 차라리 재단을 해체하는 것이 낫다는 뜻이다.

이처럼 재단의 목적은 분명했고 확고했다. 그것은 다시 말하면 교육 수준 향상과 과학 지식 발전, 문화 창달이었다. 구체적으로는 학업과 연구를 지원하고, 노동자들의 교육과 훈련을 장려하며, 예술과 문화 활동을 후원하는 것이었다. 한마디로 말하면 인류의 복지를 증진하는 것이었다.

재단의 역사는 이제 꽤 오래됐다. 금년 11월이면 60년이 된다. 1962년에 설립자이자 초대 이사장인 후안 마르치 오르디나스가 사망하고 그의 아들 후안 마르치 세르베라가 이사장직을 이어받았다. 1973년에는 후안 마르치 세르베라가 사망하고 그의 아들, 곧 후안 마르치 오르디나스의 손자 후안 마르치 델가도가 이사장직에 취임하여 오늘에 이르고 있다.

<7-5, 후안 마르치 오르디나스>

재단의 주요 활동은 크게 3분야로 나누어 볼 수 있다. 과학과 문화 연구 지원 사업, 문화활동 지원 사업, 사회구제 사업이 그것이다.

먼저 과학과 문화 연구 지원 사업은 재단이 한결같이 추진해온 사업이다. 이 사업으로 과학기술의 발전을 촉진하고 문예 연구와 창작을 증진하는 데 이바지했다. 25주년 자료집을 보면 1980년까지 연구비와 장학금 지원을 받은 수혜자들이 무려 5,198명에 달했다.[55] 1980년 이후 지금까지 35년이 지났으니 현재까지 누적 수혜자의 수가 1만 명은 족히 넘을 것으로 추정된다.

과학과 문예를 진흥시키기 위해서 시상과 장학금/연구비 지원, 연구 프로그램 지원 등의 방법을 동원했다. 재단은 처음에 시상용 상금으로 8개 분야에 50만 페세타를 내걸었다. 게다가 각종 구설수를 피하고 극적인 효과를 거두기 위해서 당시 “스페인 최고의 공식 문화기관”인 왕립학회들에게 수상자 선정을 의뢰했다.[56] 구체적으로 말하면 8개 분야

(문학, 과학, 의학, 법학, 정치윤리, 예술, 연구, 신학) 가운데 6개 분야는 이들 학회들에게 심사를 맡기고, 연구 분야는 고등과학연구원(CSIC)에, 신학 분야는 스페인 수석 추기경이 임명하는 심사위원들에게 각각 심사를 맡겼다.[57] 1956년 2월 왕립스페인어학회는 제1회 후안마르치재단 문학상을 라몬 메넨데스 피달에게 수여했다. 메넨데스 피달은 국내외에 널리 알려진 저명한 인물이었다. 그 후 몇 개월에 걸쳐 나머지 수상자들도 선정되었다. 정밀과학 분야에서는 훌리오 레이 파스토르가, 법학 분야에서는 호세 카스탄 토베냐스가, 사회학 분야에서는 세베리노 아스나르 엠비드가, 연구 분야에서는 카를로스 로드리게스 네이라가, 화학 분야에서는 호세 카사레스 힐이, 역사학 분야에서는 마누엘 고메스 모레노가 각각 상을 수상했다.[58] 이들은 모두 저명인사들이었다. 이런 추세는 그 이후에도 줄곧 이어져 오늘에까지 이른다.

<7-6, 라몬 메넨데스 피달>

<7-7, 1957년 후안 마르치 재단상을 수상한 그레고리오 마라뇬>

한편 재단 이사회는 1956년 3월 말에 설립자금에서 2,900만 페세타의 수익이 났다고 밝히고 이를 국내외 장학금과 연구비를 지원하는 데 사용하기로 했다. 100명에게 장학금 5만 페세타를 각각 지원하고 7명

에게 연구비 50만 페세타를 각각 지원했다.[59] 연구비와 장학금은 앞서 얘기한 시상 분야와 마찬가지로 8개 분야로 나누어 선발했고 지원 기간을 특별히 명시하지는 않았지만 대체로 1년이었다. 1970년부터는 지원 정책을 다양화하여 과학과 문학, 기술, 응용 분야의 해외연구에 10만 달러씩을 지원했다. 수혜자들은 뮌헨의 막스플랑크연구소, 밀라노의 라사로스팔란자니연구소, 독일의 브라운슈베르크공대, 뉴욕대학, 하버드대학, 파리의 살페트리에르병원 등지로 나가 연구할 기회를 가졌다.[60]

연구 프로그램 지원은 1971년부터 시작되었다. 연구 프로그램은 연구 주제를 연구자 개인이 준비해 신청하는 개인 연구와 달리 그 주제를 재단이 선정한 다음에 연구자를 공모하는 방식으로 진행되었다. 이른바 탑다운 방식이다. 이를테면 1971년과 1973년 두 차례의 공모 과정을 거쳐 26개 프로그램이 추진되었다. 각 연구 프로그램은 2년 간 2백만 페세타를 지원받았다.[61] 1988년까지 이런 연구 프로그램으로 5,800명이 혜택을 받았다.

다음으로 문화 활동 지원 사업이다. 이 사업은 1975년에 재단 본부 건물을 개관하면서 본격적으로 추진되었다. 이 사업은 예술전시회, 음악연주회, 영화 상영과 연극 공연, 문학 활동, 강좌 개설, 세미나와 심포지엄 개최, 출판 등의 형태로 추진되었다.[62]

예술전시회는 1973년에 "아르테 73"이란 제목으로 스페인 현대예술을 전시하는 프로그램으로 시작했다. 2005년까지 32년 동안 마드리드와 바르셀로나, 팔마, 쿠엥카 등지에서 전시회를 560회 개최했고 1천만 명이 관람한 것으로 파악됐다. 특히 1977년에는 피카소의 작품을, 1978년에는 프랜시스 베이컨과 칸딘스키의 작품을, 1979년에는 데 쿠닝과 브라크의 작품을 각각 전시했다. 20세기 예술에서 커다란 위치를 차지하는 위대한 화가들의 전시회였다. 이밖에 코코슈카, 뒤뷔페, 자코

메티, 베크만, 마티스, 레제, 라우센버그, 로스코, 호퍼, 샤갈 등의 작품들도 전시했다.

<7-8, 아르테 73>

<7-9, 엘 시드의 노래>

재단은 전시회 개최뿐만 아니라 예술 유산을 보존하고 복원하는 데도 심혈을 기울였다. 지로나 소재 산타 마리아 데 리폴 수도원 정면과 라코루냐 소재 산타 마리아 데 쿠이냐 교회 벽화, 세비야 대성당 제단화, 마요르카 소재 교회들의 고딕식 제단화들을 복원했다. 1960년에는 스페인 최초의 문학작품으로 일컫는 『엘 시드의 노래』 사본을 매입하여 나라에 기부했다. 이 작품은 현재 국립도서관에 소장되어 있다.

이탈리아와 독일의 바로크 음악 연주회로부터 시작한 음악연주회는 바흐와 낭만주의 독일 가곡, 슈베르트, 기타 음악 등을 주제로 하는 연주회들로 이어졌다. 매우 흥미롭게도 점심시간에 대중들에게 음악 감상의 기회를 제공하기 위해서 정오의 연주회를 기획하기도 했다.

재단이 출판한 출판물로는 스페인 각 지역의 예술작품과 기념물을 다룬 18권짜리 전집 『스페인의 예술(Tierras de España)』과 박사학위 논문 개요를 다룬 총서 『대학(Serie Universitaria)』, 쿠엥카의 스페인추상미술관과 팔마의 스페인현대미술관의 작품 목록[63] 등이 있다.

<7-10, 『스페인의 예술』 총서>

마지막으로, 사회구제 사업이다. 사회구제 사업은 개인이 아니라 기관들을 대상으로 이루어졌고, 예산 지원을 비롯하여 실험장비와 의료기기 등의 물자 지원에 이르기까지 다양한 형태로 추진되었다. 하지만 국가가 안정되면서 이러한 사업은 정부가 감당해야 할 몫으로 넘어가고 재단은 보조 역할을 하는 정도에 그치게 된다.

사회에 미친 영향

이상과 같은 재단의 주요 활동을 통해 짐작할 수 있겠지만, 마르치와 그의 재단이 스페인 사회에 미친 영향은 심대했다. 그 영향을 구체적으로 짚어보고, 한 걸음 더 나아가 스페인 사회가 그를 어떻게 평가하는지 살펴볼 필요가 있다.

무엇보다도 먼저 재단은 문화를 활성화하는 데 중요한 구실을 했다. 마르치가 재단을 설립할 1955년에는 스페인에 문화 활동이, 특히 예술 활동이 중단된 상태였다. 물론 바르셀로나와 마드리드에서 전위활동을 벌이는 그룹이 있었다. 화가와 조각가, 비평가들이 없었던 것도 아니다. 하지만 내전의 충격과 지식인들의 망명, 자립경제 체제 고수로 스페인의 예술은 불모지나 다름없었다. 재단이 예술을 후원하기 시작한 것이 바로 이때였다. 여기에는 재단 본부 건물의 개관이 획기적인 기여를 했다. 본부 건물에서 각종 문화 활동과 학술 활동은 물론이고 전시회와 연주회를 개최할 수 있게 된 것이다. 이러한 문화 활동은 스페인 사회가 현대 미술을 접할 기회는 물론이고 스페인 젊은이들이 심미적 세계를 경험할 기회를 제공해주었다.[64] 그리고 예술적으로 앞선 선진 유럽 국가들을 따라 잡을 수 있게 해주었다.[65]

둘째로, 재단의 지원을 받은 연구자들이 스페인 사회의 각계각층에 자리를 잡고 스페인의 "산업을 외국의 종속에서 점차 해방"[66]시키는 데 커다란 기여를 한 것으로 보인다. 이들이 어느 정도 기여를 했는지는 별도의 연구가 필요하지만, 1만 명이 넘는 수혜자들이 산업과 문화를 발전시키는 데 상당한 영향을 미쳤을 것으로 보인다.

셋째로, 공익을 증진하는 재단 설립을 활성화하는 데 기여했다. 스페인에서는 재단을 "설립자의 의사에 따라 자선이나 학문, 교육, 경건을 실현해나가는 법인"[67]으로 규정하고 있다. 하지만 2003년부터 재단의 경영을 맡고 있는 하비에르 고마가 강조했다시피 모든 재단은 개인적 목적이 아니라 "보편적 이익에 기여해야 한다."[68] 산체스 론은 후안마르치재단이 이를 잘 보여주었다고 평가했고, 더 나아가 1975년 이후 스페인에서 급증세를 보인 재단 설립의 건수가 후안마르치재단의 영향에서 비롯되었을 것이라고 추정했다.[69] 그가 제시한 자료에 따르면 1975년 현재 136개이던 문화재단이 1994년에 463개로 늘어났다. 문화재단뿐만 아니라 연구재단도 1975년에 79개에서 1994년에 395개로 증가했다. 이러한 재단 설립의 활성화가 스페인 사회에 적잖은 영향을 미쳤을 터이다. 그 파장의 중심에 후안마르치재단이 있었다는 얘기이다.

재단을 설립하여 운영하던 마르치는 1962년 2월 25일 발생한 교통

사고로 병원에 입원했다가 3월에 사망했다. 죽음이 임박하자 그는 평소 친분이 있던 펠릭스 가르시아 신부를 모시고 종부성사를 받았다. 이때 그는 가족들에게 "이제 내 생애에서 제일 중요한 일을 마쳤다"는 말을 남겼다.[70]

사망 소식이 언론에 보도되자 그의 시신이 안치된 병원에는 방문객이 줄을 이었으며 재단 사무실에는 지원을 받은 연구자들과 기관들이 보낸 카드나 전보가 쇄도했다. 애도의 뜻을 표하면서도 감사의 마음과 찬사를 아끼지 않았다.[71]

<7-11, 후안 마르치의 장례행렬>

국내외 언론들도 그의 행적을 전하면서 작별과 경의를 표했다. 저술가 호세 마리아 페만은 "지중해를 빼놓고는 돈 후안을 이해할 수 없다"며 마르치를 인문주의자들과 함께 르네상스의 꽃을 피우는 데 기여한 메디치 가문에 견주었다.[72] 소설가 아소린은 그를 근대 초에 거대한 제국을 건설한 카를 5세에 빗대어 "제2의 카를 5세"라고 치켜세웠다.[73] 더 나아가 한동안 "강도 귀족"이나 "해적"으로 알려졌던 그가 이제는 금융업자의 제국을 건설한 "위대한 박애주의자"로 사람들의 입에 오르내리기 시작했다.[74] 일간지 《아베세》는 "사람은 비록 사라지지만 그의 업적은 영원한 빛으로 남는다"고 그의 업적을 기렸고, 문헌학자이자 역사학자인 메넨데스 피달은 마르치의 필생의 과업인 재단이 그의 가장 고귀한 명예로 남게 되었다고 말했다.[75]

유럽과 아메리카의 언론들도 마르치의 사망 소식을 전했다. 북미 잡지 《타임》은 마르치가 제일 영향력이 큰 백만장자이자 신비의 인물이라고 강조하면서 그의 부고 소식을 전했다. 남미 부에노스아이레스의 일간지 《라 나시온》도 "스페인의 록펠러 후안 마르치가 서거했다"는 제목을 내걸고 그의 부고 소식을 제1면에 실었다.

이러한 언론 보도 내용과 찬사들을 액면 그대로 받아들일 수는 없겠지만, 마르치에 대한 평가에 변화가 있음을 감지할 수 있다. "강도 귀족" 마르치가 "위대한 박애주의자" 마르치라는 평가를 받기에 이르렀다. 그가 이런 평가를 받게 된 결정적인 계기는 재단을 설립하여 박애 활동을 펼친 데 있다.

이런 점에서 기업가 마르치는 미국의 기업가 카네기나 록펠러와 닮았다. 박애주의자로 알려진 카네기와 록펠러도 애초에는 "강도 귀족"이었다. 이들이 부를 축적한 방식은 19세기 당시 동료 기업가들의 그것과 다르지 않았다. 이들이 벌인 사업 활동 가운데 상당수는 부도덕하거나 불법적인 활동으로 분류할 수 있다. 하지만 이들이 추구한 목적은 동료 기업가들의 그것과 달랐다. 이를테면 카네기는 필력과 지성으로 유명한 문인이 되기를 바랐다. 그는 세계에서 제일 큰 부자가 되었을 1901년에 자신의 기업을 제이피모건에 팔아서 학교와 도서관을 건립하고 스코틀랜드 학생들에게 장학금을 지급하며 미국 대학 교수들에게 연금을 지급하고 과학연구소를 설립하는 데 그 재산을 사용하기로 결정했다. 그리고 이를 실현하기 위해 카네기재단을 설립했다. 그가 이렇게 한 이유는 한 가지였다. 자신이 벌어들인 막대한 재산이 단순히 개인 활동의 결과물이 아니라 공동체의 산물이라고 생각했기 때문이다. 이 재산을 사회에 환원하기 위한 방법으로 재단을 설립했다.[76] 이것이 현대적 의미의 박애 활동의 효시가 되었다. 마르치가 걸은 길이 바로 그 길이었다.

제8장 독일

지멘스 기업(Siemens AG)과 박애자본주의

김건우(경북대학교 사학과 교수)

I. 독일과 박애자본주의

미국에서는 요즘 기업사의 새로운 연구경향으로 기업가의 '박애자본주의'가 등장하였다. 미국기업사가 준즈(Zunz)에 의해 새롭게 제시된 기업사연구방향이다. '박애자본주의'는 빈곤, 환경, 의료와 같은 거대하고 해결이 쉽지 않는 사회적 문제를 해결하는 주체가 정부에서 점차로 유력한 기부자들이나 의식 있는 거대한 자산을 가진 기업가들로 옮겨가는 움직임을 의미한다.[1] 이러한 박애자본주의를 실천하는 이들을 '박애자본주의자'라고 부르며 대표적인 인물로 빌게이츠 마이크로소프트 전 회장과 워렌 버핏 버크셔해서웨이 회장을 일반적으로 꼽는다. 이들에 의해 주도된 이른바 '기부 리더십' 덕분에 미국을 비롯하여 전 세계적으로 기업가와 재력가들 사이에 '박애자본주의' 운동이 널리 퍼져나가고 있는 상황이다. 그리고 이러한 운동의 결과 에이즈와 말라리아 퇴치에 많은 효과[2] 를 나타내고 있으며, 개발도상국가의 가난한 사람들이 좀 더 쉽게 생계비를 대출받기도 한다.

이 새로운 운동의 실천 배경과 이유는 각기 '박애자본주의자'들 마다 다양하다. 빌 게이츠와 같은 경우는 평소 아내와 함께 자선사업에 관심이 있었지만 결정적인 이유는 바로 과거 미국 기업가 강철왕 앤드류 카네기가 저술한 『부의 복음(The gospel of wealth)』이라는 한권의 책 덕분이었다. 그리고 어떤 기업가는 성공에 도움을 준 사람 또는 집단 등에 진 빚을 갚기 위해 기부와 자선을 시작하기도 했으며, 본인이나 가족 가운데 긴 투병생활을 지켜보면서 깨달은 바를 실천하기도 하고, 개발도상국가을 여행하다가 그들이 겪고 있는 참혹한 상황들을 직접 경험하면서 시작하기도 한다. 이렇게 각기 다른 이유들로 '박애자본주의' 운동에 동참하게 되었지만 그들만의 공통점은 바로 자기의 재산이나 기업가적 재능을 기부하면 문제가 해결될 수 있다는 믿음이다. 다른 표현을 빌리자면, 그들은 자신들의 사업가적 재능을 기부에 적용하려는 결의가 굳고, 부의 창출이 곧 빈곤에서 벗어나는 최상의 길을 제공한다는 강한 믿음을 가지고 있다. 특히, 그들은 전략적이고, 시장을 의식하며, 효과지향적이고, 지식에 기반하며, 고도로 개입적일뿐 아니라 항상 기부의 '레버리지'를 극대화하려는 목표에 집중한다.

그래서 이러한 박애자본주의자들은 전통적 의미에서 자신들 이전에 있었던 '기부자' 혹은 '자선사업가'와는 스스로 다르다고 인식하고 있다. 박애자본주의를 실행하는 자들은 과거의 기부와 자선행사가 세계를 변화시키려는 근본적인 생각보다, 적은 돈으로 우호적인 여론을 형성하려고 하는 마치 기업의 홍보행사나 형식적인 행위로 전락하여 대중들로부터 냉소를 불러일으켰던 점을 간파하고 있다. 그래서 그들은 우선 자신들의 기부액을 이용하여 특정 사회적 문제에 대한 수익 발생적 해결책을 창출할 수 있다면 더 많은 자본을 더 빠르게 끌어들여, 단순히 기부에만 의존하는 해결책보다 훨씬 더 큰 효과를 달성할 수 있다고 굳게 믿고 있다. 그래서 이들은 전통적인 자선단체가 추구하는 가치에 회의적이며 기부대상들에게 '동정'이 아니라 실질적인 도움을 제공하는데 노력하고자 한다.

하지만 이러한 운동에 대한 반론 역시 만만치 않게 나타나고 있다. 기업들과 기업가들에 의한 '박애자본주의' 운동에 대해 역사적으로 어떤 위대한 사회적 대의도 시장을 통해서 만들어진 것이 없으며, 사회정의를 위해서는 무엇보다 시민사회가 집단적으로 힘을 발휘할 때 비로소 사회는 한 단계 더 발전했다는 것이다. '박애자본주의'의 반대자들은 기업과 시장은 정부와 공공의 이익에 따라야만 사회적 불평등이 해소된다고 주장한다. 거대한 기업을 바탕으로 거금의 기부를 하는 인물들에게 찬사를 보낼 것이 아니라 그들이 기업가로서 사회적 책임을 다하도록 견인해야 하며, 그러기 위해서는 보다 많은 사람들이 사회적 문제에 관심을 가지고 직접 참여를 통해 배려와 연민의 공동체를 만들고, 시민사회를 강화하는 길만이 불평등한 사회를 변화시킬 수 있다고 말한다.[3]

'박애자본주의'에 대한 근본적이며 논리적인 문제를 벗어나, 현재 진행 중인 '박애자본주의' 운동의 또 다른 특징은 무엇보다 자본주의 최첨단에 서 있는 미국을 중심으로 일어나고 있다는 현상이다. 이에 대한 원인으로 미국은 국가차원의 복지정책이 상대적으로 유럽 국가들에 비해 열악한 상황에서 미국의 부자들이 개인적으로 새로운 사회모델에 애착을 보이기 때문이다. 그래서 필자는 이글을 통해 현재 미국에서 활발하게 실천되면서 동시에 학문적인 연구 역시 함께 이루어지고 있는 '박애자본주의' 현상이 과연 대서양 건너 유럽국가인 독일에도 적용되어 실천되고 있는지를 지멘스 가문과 지멘스 기업이 만든 다양한 재단(Stiftung)을 통해서 알아보고자 한다.

II. 재단 건설과 운영을 통한 지멘스 가문의 사회기여 및 환원

과거 독일 기업사는 두 가지 오래된 전통에서 시작하였다. 그중 하나는 바로 기업의 창립기념일, 혹은 몇 주년 기념일을 맞이하여 그 기업의 지나온 흔적을 다시 찾아보기 위한 노력에서 비롯되었다.[4] 이미 19세기 초 철강, 출판, 상업, 은행 계열의 개인 기업에 관한 보고서와 기념책자가 이미 제작되었고, 20세기가 시작되기 전에 이미 대기업의 발전과 함께 그 성과 역시 급진적으로 늘어났다. 하지만 이러한 업적들은 학문적인 결과로 받아들이기에는 곤란한 점이 많았다. 그 이유는 거의 모든 연구와 결과물의 주목적은 바로 기업선전이었다. 그 내용을 자세히 들여다보면, 기업 입장에서 유리한 사실과 조금은 과장된 성과와 수치를 바탕으로 한 성공담이 주류를 이루고 있다. 또한 연구의 주체가 역사를 전공하지 않은 일반인들이어서 연구방법과 서술 면에서 객관성이 떨어진다는 점이다. 물론 현재에도 이러한 형태의 기업사가 진행되고 있지만 과거와는 다르게 그 내용이 기업선전 차원을 벗어나고 있으며, 연구수행 인력도 점차로 전문역사가들이 맡아 과거와는 다른 행보를 보이고 있다. 나머지 다른 하나는 기업가의 일대기(一代記)이다. 이른바 기업과 연관된 특정인물에 대한 전기(傳記)인데, 역시 앞선 전통과 함께 이미 오래전부터 등장했지만[5] 기업의 창업주나 사주(社主)의 업적을 기리기 위한 목적을 가지고 있어 학문적인 업적으로 보기 어렵다. 하지만 이러한 비과학적, 비학문적 전통에 새로운 학문적 숨결을 불어 넣은 사람이 바로 베버(M. Weber)와 슘페터(Schumpeter)였다. 그들에 의해 독일 기업사는 비로소 학문적 토대를 갖추게 되었다. 여기에다 기업 및 지역 문서고의 설치, 전문학회의 설립 그리고 전문 학술지의 간행이 뒤를 받쳐주면서 기반을 완성하게 된다.[6]

그렇다면 독일 기업가의 '박애자본주의'의 시작은 언제 무엇으로 보아야 될까? 아마도 중세 말 국왕을 상대로 거대한 자금과 상업 및 무역활동으로 많은 돈을 모은 푸거(Fugger)가 자신의 돈을 들여 가난한 자들을 위해 주택을 지어 무상임대 해 주었던 아우구스부르크(Augusburg)의 푸거라이(Fuggerrei)로 보는 것이 가장 타당할 것이다. 1521년에 건축된 무상임대주택은 현재까지 남아있어 기업가 자선형태의 복지임대주택 가운데 세계에서 가장 오래된 예이다. 이러한 독일의 오래된 기업들의 사회문제에 대한 자선 및 기부사업은 여전히 그들의 후손들에게까지 이어지고 있다.

이러한 독일 기업의 전통 속에서 지멘스 회사가 현재 경영철학으로 가지고 있는 이른바 '기업의 사회기여 및 환원'은 박애자본주의의 범주 안에 포함될 수 있는 중요한 연구대상이 된다. 특히, 지멘스 주식회사

(Siemens AG)가 베르너 폰 지멘스(Werner von Siemens)에 의해 1847년 회사가 창립된 이후 꾸준히 구성원들에 대한 복지혜택 뿐만 아니라 기업의 사회에 대한 기여와 참여 그리고 기업의 윤리적 경영을 통한 환원을 강조했다. 이는 지멘스의 이름을 단 다양한 재단의 창설과 활동을 통해 직접 눈으로 확인할 수 있다. 현재 지멘스 주식회사에서 공식적으로 지원하고 기업 내에 중요한 사업의 하나로 추진되고 있는 '지멘스재단(Siemens Stiftung) 외에도 창업주 베르너 폰 지멘스와 그의 형제들, 그리고 그들의 후손들에 의해 창립되고 지금까지 운영되고 있는 재단들이 있다. 이러한 재단들은 지멘스 주식회사와는 별도로 독립적으로 운영되고 있으며 각각의 재단의 설립연도, 지원 대상과 범위 그리고 지원 분야도 각각 다르다.

가장 먼저 지멘스 기업의 창업주 베르너 폰 지멘스의 이름을 딴 베르너 지멘스 재단(WSS: Werner Siemens Stiftung)이 있다. 지멘스와 연관된 재단으로는 1923년 가장 먼저 생긴 이 곳은 대학교(Universität)와 단과대학교(Hochschule)에 기술과 자연과학 분야의 다양한 지원을 주요 사업으로 추진하고 있다. 아울러 교육, 직업훈련 그리고 학문후속세대 지원까지 영역을 점차로 넓혀가고 있다. 현재 지원 중인 주요사업을 보면 뮌헨공대의 합성바이오 기술, 마인츠(Mainz) 막스플랑크 연구소의 최첨단 대양연구선, 브레멘(Bremen) 대학 마룸(MARUM)의 심해환경 관찰을 위한 혁신본부, 스위스 바젤(Basel) 대학교의 혁신적인 의료기술 연구사업 등 다양한 기관과 폭넓은 영역에 빠른 지원을 아끼지 않고 있다. 이러한 재단의 운영철학과 지원노력 덕분에 2016년 독일 남부의 튜빙엔(Tübingen) 대학교로부터 '대학교상(Universitätpreis)'을 재단이 받게 된다. 이러한 수상을 통해 재단은 지난 업적에 대한 외부로부터의 인정과 긍정적인 평가를 받은 것으로 다른 기관의 재단들과 차별을 보이는 대표적인 성과로 간주된다.

재단의 건립 배경에는 지멘스 기업의 창업주 베르너 폰 지멘스와 그의 형제였던 칼(Carl)과 빌헬름(Wilhelm)이 함께 중요한 역할을 차지했다. 베르너는 일찍 부모를 여의었기 때문에 맏아들로서 동생들의 교육에 대한 책임과 성장과정에 아버지의 역할을 맡을 수밖에 없게 된다. 이는 결국 기업가로 성장한 이후에도 회사를 가부장식 가족경영을 하게 되는데 중요한 배경이 된다. 그리고 사업을 독일에서만 안주하지 않고, 글로벌 경영을 지향하며 유럽의 다른 나라 – 영국과 러시아로 확장할 때, 자신의 동생이었던 칼과 빌헬름을 그곳의 책임자로 임명하여 경영하게 하였다. 이러한 가족중심의 가부장식 경영방식은 기업을 주식회사로 전환시키는데 장애물로 작용했으며 다른 투자자를 받아들이지 못해 기업의 자산을 늘릴 수 있는 길을 막는 단점을 제공하였다. 이러한 불리한 점에도 불구하고 베르너는 가족원칙을 고수하여 1882년 자신의 아들 아놀드(Arnold)와 빌헬름(Wilhelm)도 기업의 공동 소유자에 참여하게 한다.

<8-1. 칼 프리드리히 폰 지멘스>

출처: https://en.wikipedia.org/wiki/Siemens

이러한 과정에서 가족들 간의 유대감은 강화되었고, 마침내 1923년

11월 7일 베르너의 동생이었던 칼 지멘스의 두 딸 샬로테(Charlotte)와 마리(Marie)가 스위스 샤프하우젠(Schaffhausen)의 지방법원에 정식으로 재단 등록을 하여 지멘스의 이름이 들어간 첫 재단이 만들어지게 된다. 그리고 재단이 설립 된 이후 베르너의 두 딸 아나(Anna)와 헤르타(Hertha)가, 1941년에는 칼 지멘스의 며느리였던 엘레오노레(Eleonore)가 많은 자본을 재단에다 기부하였다.[7] 재단본부는 1959년까지 스위스 샤프하우젠(Schaffhausen)에 자리를 잡았다가, 1960년 스위스 축(Zug)에 자리를 옮겨 지금까지 유지하고 있다.

<8-2, 에른스트 폰 지멘스 음악재단 로고>

출처: https://de.wikipedia.org/wiki/Ernst_von_Siemens_Musikstiftung

<8-3, 에른스트 폰 지멘스 예술재단 로고>

출처: https://de.wikipedia.org/wiki/Ernst_von_Siemens_Kunststiftung

다음은 바로 '칼 프리드리히 폰 지멘스 재단(Carl Friederich von Siemens Stiftung)'[8]이다. '칼 프리드리히 폰 지멘스 재단'은 1958년 당시 지멘스 회사의 감독위원회(Aufsichtsrat) 위원장을 맡고 있었던 에른스트 폰 지멘스(Ernst von Siemens)[9]가 자신의 개인자금을 이용하여 설립한 재단이다. 재단의 이름은 자신의 아버지 '칼 프리드리히 폰 지멘스'의 이름을 붙였다. 1923년 '베르너 폰 지멘스 재단' 설립 이후, 마침내 지멘스 이름을 단 두 번째 재단이 탄생하게 된 것이다. 재단 본부가 스위스에 자리 잡고, 기술과 자연과학에 중점적으로 지원을 하는 '베르너 폰 지멘스 재단'과는 다르게 '칼 프리드리히 폰 지멘스 재단'은 본부를 뮌헨에 두고, 독일과 오스트리아 그리고 스위스를 중심으로 활동하고 있는 전문연구와 연구 인력들을 지원 대상으로 삼고 있다. 아르민 몰러(Armin Mohler)가 재단의 실무를 담당했던 1964년에서 1985년까지 일부 극우파 인물들에게 강연과 재정 지원을 함으로서 한동안 외부로부터 부정적인 이미지와 함께 좋지 않은 시각이 있었다. 하지만 1985년 재단 책임자가 하인리히 마이어(Heinrich Meier)로 바뀐 후, 1993년부터 매년 다양한 분야의 특별히 뛰어난 전문 인력에게 수여하는 장학금(Fellowship) 사업을 시작하여 긍정적인 반응을 얻게 된다. 이 장학금 지원 사업은 1년 동안 해당 분야의 전문연구에 필요한 모든 자금을 지원받을 수 있다. 특징은 장학금 수혜자 선발 방식이 사전 서류지원 방식이 아니라 일방적으로 재단에서 결정해서 직접 수혜자를 선발하고 있다. 즉 해마다 재단에서 다양한 학문분야에 최고의 전문연구인력을 오롯이 선발하고 있는 셈이다. 독일 각 분야의 내로라하는 학자들과 전문가들은 이미 이 재단 장학금은 받았다.[10] 이러한 장학금 사업과 함께 2010년 재단에서 '하인츠 구민 상'(Heinz Gumin Preis)[11]을 제정하여 3년 간기로 독일, 오스트리아, 스위스 출신의 최고수학자에게 수여하고 있다. 이러한 각 학문분야의 대학교수를 포함한 전문연구자 지원 및 포상 이외에도 재단은 출판사업도 함께 진행하고 있다. 1961년 이후 재단에서 발표한 강연을 중심으로 다양한 주제를 가진 전문서적과 자료집을 100여권 출판했다. 이외의 사업으로는 대학 도서관(Universitätbibliothek)도 지원하고 있는데, 대표적인 도서관 지원 사업이 바로 뮌헨대학교(LMU: Ludwig Maximilians Universität München) 대학도서관 지원 사업과 구 동독지역에 위치한 대학도서관에 전문서적 구입자금 긴급지원이다. 뮌헨대학교 도서관 지원 사업은 2012년부터 매년 8십만 유로, 총 5년에 걸쳐 총 4백만 유로를 지원하는 이 사업으로, 이 사업으로 뮌헨대학 도서관은 독일 최고의 대학도서관으로 탈바꿈했다. 재단의 자금은 신규도서 구입에서부터 도서관 내부 각종 이용시설의 현대화에 투입하여 도서관 이용자로 하여금 최적의 환경에서 다양한 학문 연구와 함께 최신정보 제공 및 지원을 받을 수 있도록 만들었다.[12]

지멘스의 이름을 단 세 번째 재단은 1972년 에른스트 폰 지멘스가 세운 '에른스트 폰 지멘스 음악재단(Ernst von Siemens Musikstiftung)'이다. 이 음악재단의 가장 중요한 사업은 바로 같은 이름을 가진 '에른스트 폰 지멘스 음악상(Ernst von Siemens Musikpreis)'을 매년 시상하는 것이다. 이 음악상은 흔히 '지멘스 음악상(Siemens Musikpreis)'로 불리기도 하는데 해마다 당대 최고의 작곡자, 음악이론가, 연주자, 연출가, 지휘자 중에서 선발한다. 수상자는 이십오만 유로의 상금을 부상으로 받게 되는데, 그래서 '노벨 음악상(Noberpreis der Musik)'으로 가끔씩 소개되기도 한다.[13] 높은 금액의 상금과 전통을 자랑하고 있지만 한편으로 아쉬운 점은 1974년부터 지금까지 '지멘스 음악상'을 받은 수상자가 1명을 제외하고 전부 남자였다.[14] 이외에도 젊고 장래가 촉망되는 작곡가 또는 음악가를 대상으로 '후원상(Förderpreis)'도 함께 마련되어 있다. 재단에서는 이러한 포상사업을 통한 전문음악가 후원 이외에도 음악의 대중성 확보와 다양한 음악가들을 지원한다는 명목으로 현대음악과 현대음악 관련 연구소, 음악축제, 실내악을 전문으로 하는 소규모 합창단이나 합주단에게 재정적 뒷받침을 아끼지 않고 있다.[15]

끝으로 지멘스의 이름을 가진 네 번째 재단으로 '에른스트 폰 지멘스 예술재단(Ernst von Siemens Kunststiftung)'이 있다. 이 재단 역시 에른스트 폰 지멘스가 1983년에 자신의 개인 재산 중 일부를 재단자본금으로 출자하여 창설한 것이다. 재단이 발족된 후에도 에른스트 폰 지멘스는 매년 마다 재단에다 자금을 기부했고, 사망 이후에는 그의 유언장에 따라서 그가 소유하고 있었던 개인소장 예술품 모두를 전부 재단에 기증하였다. 재단의 가장 중요한 사업은 시대와 양식에 구애받지 않는 다양한 방면의 예술작품 구입과 전시회 지원을 통한 예술가들의 후원과 함께 공공박물관이나 중요 문화재 복원의 재정지원이다. 이러한 사업을 원활이 진행하기 위해 지멘스 재단은 다른 13개의 재단[16] 들과 함께 협약을 맺고 '안식처에 예술(Kunst auf Lager)'라 불리는 단체를 참여하여 공동으로 사업을 진행하고 있다. 문화재 복원 사업에는 2015년 지멘스 예술재단은 여러 다른 박물관과 함께 일곱 가지 사업에 총 삼십만 유로를 지원하였다. 박물관 및 예술작품 활동 관련의 중요사업 이외에도 재정이 열악한 박물관이나 기관의 경우에 자신들이 가지고 있는 중요 소장품에 대한 목록책자 제작도 지원하고 있다.

'지멘스'의 이름을 가진 재단 가운데 가장 먼저 만들어진 '베르너 폰 지멘스 재단'에서부터 에른스트 폰 지멘스에 의해 창립된 세 개의 재단 - '칼 프리드리히 폰 지멘스 재단', '에른스트 폰 지멘스 음악재단', '에른스트 폰 지멘스 예술재단' 모두 지멘스 회사 창업주 베르너 폰 지멘스와 그의 손자 에른스트 폰 지멘스의 경영철학과 정신을 그대로 재단 설립의 목적과 운영철학으로 삼고 있다. 특히, 지멘스 기업(Siemens AG)도 기업의 윤리적 경영을 통한 건강한 이윤의 사회적 환원 차원에서 재단들을 직, 간접적으로 지원하고 있다.[17]

III. 지멘스 재단(Siemens Stiftung) 탄생과 운영

본 글의 연구 대상은 이러한 창업주 혹은 그들의 가족들의 이름을 딴 재단과 함께 2008년 이후 지멘스 기업이 기업 내 구조조정을 통해 야심차게 추진하고 있는 지멘스재단에 있다. 현재 지멘스재단의 조직구조는 2008년 지멘스 대표이사인 피터 뢰셔(Peter Löscher)가 주도적으로 이끈 지멘스 주식회사 구조조정에 따른 결과물이다. 이전에는 주로 앞서 언급한 창업주 베르너 지멘스와 그의 가족들 이름을 딴 재단이 각기 다른 목적과 지침을 가지고 운영되고 있었다. 하지만 회사 구조조정 결과 2008년 이후 개별이름을 딴 재단들을 법적으로 모두 독립시키고, 대신 운영의 주체뿐만 아니라 새로운 방향을 제시한 기업차원의 재단인 지멘스재단을 설립하여 지금까지 이어오고 있다. 현재 지멘스 재단의 목표는 '글로벌 사회의 도전에 대한 해답 찾기(Antwortung auf globale gesellschatliche Herausforderungen zu geben)'이다. 이를 위해 재단은 삼백구십만 유로의 초기자본을 가지고 시작하였다.[18] 이는 당시 재단본부가 있는 독일 바이에른 주에서는 가장 큰 자본금을 가진 재단이었다. 재단정관 전문(Präambel)에 따르면 "160년 전통의 창업자 베르너 지멘스의 기업경영 취지를 계승하면서 기업의 사회적 참여, 교육, 연구와 혁신 그리고 기술, 예술 그리고 문화 분야의 지원과 협력을 재단 운영의 핵심으로 삼는다. 아울러 재단은 단순히 기부자뿐만 아니라, 다양한 사업의 건설적인 동반자 역할을 수행한다."로 밝혀 놓았다.

먼저 이러한 재단의 운영방침과 목표를 위해 구체적인 사업으로 진행한 것은 바로 개발 도상국가들에 대한 근본적이면서 다양한 지원 확대이다. 여기에는 단순한 재정 지원뿐만 아니라, 지속가능하면서 동시에 근본적인 문제 해결을 위한 기술 및 현물지원까지 포함하고 있다. 특히, 2010년 국가차원에서 여러 재단과 함께 구성한 단체인 '투명한 시민사회 주도권(Initiative Transparente Zivilgesellschaft)'에 가입하여 독일 내에 있는 다양한 협력단체들과 함께 개발 도상국가들의 교육을 지원하고, 문화발전의 후원을 통하여 조금이 나마 전 지구적 차원에서 기술평등과 복지 및 문화혜택의 차별을 줄이고자 노력하고 있다. 개발 도상국가들에게 수자원 및 에너지 개발기술을 전수하고, 올바른 폐기물 처리방식도 전달한다. 세계보건기구(WHO)의 자료에 따르면 2015년에 전 세계 인구의 21%(21억 명)가 가정에서 물을 사용할 수 있고, 안전하다는 의미의 '안전하게 관리되는 식수'가 부족한 것으로 나타났으며, 그리고 전 세계 인구의 61%(45억 명)은 배설물을 위생적으로 처분하는 화장실을 이용할 수 있는 의미의 '안전한 위생 관리'가 결여되어 있다고 전하고 있다. 더욱이 사하라 사막의 남쪽 아프리카 지역에서는 인구의 15%만 비누와 물로 손 씻기 시설을 이용할 수 있다고 한다.

이를 위해 지멘스 재단은 각 국가들의 해당지역에서 그 문제를 해결하기 위한 재정적 지원도 함께 하고 있다. 구체적 사업으로 아프리카 케냐의 맑은 물 공급이 여기에 해당된다. 케냐에서는 전체 인구의 40%에 해당하는 천칠백만 명이 식수를 해결 할 수 없을 정도로 상수도 및 물의 공급이 열악하다. 이에 따라, 지멘스 재단에서 마실 수 있는 식수공급을 위해 '안전한 식수회사(Safe water enterprises)' 사업을 실시하여, 케냐 전지역에 13곳에 14명이 운영하는 물 가판점(Wasserkiosk)을 설치하여 매달 평균 2만 리터의 물을 공급하고 있다. 이러한 사업을 안정적으로 이끌어 가기 위해서는 지멘스 재단 혼자만의 힘으로 하기 보다는 현지사정과 지원에 대한 전문적이고 구체적인 방법을 가지고 있는 다양한 단체들과 공동 작업을 진행하고 있다. 개발도상국가에 깨끗한 물을 제공하는 사업에는 '유엔아동기금(UNICEF)', '유네스코(UNESCO)', '세이브 더 칠드런(Save the Children)', '스카이쥬스 재단[19](SkyJuice Foundation)' 등과 서로 동반자관계를 맺고 사업의 효과적인 실천에 노력하고 있다.

둘째는 교육 사업이다. 재단에서는 기술과 자연과학 그리고 언어지원 사업을 실시하고 있다. 먼저 전 세계를 대상으로 자연과학에 대한 관심을 유발시키며 유능한 후속세대를 지원하기 위한 '실험사업(Experimento-Programm)'을 진행하고 있다. 이 프로그램의 주요핵심 구호는 바로 "아이들은 무엇인가를 실현시킬 수 있어야 한다." 이 프로그램에 따라서 라틴 아메리카, 아프리카 그리고 독일의 유치원과 초등학교 약 삼십팔만 명의 학생들이 참여했으며, 이들에게 자연과학과 기술에 대한 흥미와 관심을 다양한 실험과 체험을 통해 유발시키고자 노력하고 있다. 이 지원사업의 핵심은 바로 '민트(MINT: Mathematik, Informatik, Naturwissenschaft und Technik)'에 대한 교육지원이다. 지멘스 재단이 특별히 수학(Mathematik), 정보전산학(Informatik), 자연과학(Naturwissenschaft)과 기술(Technik)에 많은 관심을 기울이는 이유는 전 세계적으로 온실효과와 자원부족 그리고 급격한 인구변화에 직면해 있기 때문이다. 이러한 당면문제를 해결하기 위해서는 무엇보다 유년기와 청소년기부터 과학과 수학 그리고 기술에 호기심과 연구자 정신을 유발시킬 수 있도록 조기 교육시키는 것이 중요하다고 생각하기 때문이다. 이 사업의 원만한 진행을 위해 지멘스재단은 '이니셔티브 과학실험실(Initiative science Lab)', '민트EC 협회(Verein MINT-EC)', '작은연구자의 집(Haus der kleinen Forscher)'과 같은 단체들과 함께 공동 작업을 하고 있다.

이외에 또 다른 교육지원 사업은 독일 내에 머무르고 있는 삼세 이상의 이주민과 이주민의 자녀들에게 지원해주는 사업으로 유치원에서부터 정규교육기관에 해당 교사나 전문 언어강사를 파견시켜 학업에 부족한 부분을 배울 수 있도록 하여 독일사회에 빠르게 적응할 수 있도록 재정적 지원을 하고 있다. 이 사업 역시 앞서 서술한 사업과 마찬가지로 '어린이의 다국어교육을 위한 센터(Zentrum für kindlichen Mehrsprachigkeit e. V.)'와 같은 단체들과 함께 활동을 하고 있다.

마지막은 문화교류지원 사업이다. 아프리카, 라틴아메리카와 독일간의 국제교류를 다양한 문화 사업을 통하여 그곳의 문화를 접하고 아울러 독일의 다양한 문화와 언어를 전하고자 노력하고 있다. 이에 대한 구체적인 실천을 위해 재단은 아르헨티나에 '남 파노라마(Panorama Sur)', 칠레에 '남쪽운동(Movimiento Sur)', 콜롬비아에 '남쪽 실험(Experimenta Sur)'라 불리는 예술아카데미를 설치하고 국가 및 해당지역의 문화예술가들을 함께 모아 문화예술작품 창작과 강연을 지원함으로 해당지역 뿐만 아니라 주변 인근지역과의 공동작업과 함께 문화사업의 다양한 파트너들과 연계사업을 통해 문화와 예술의 중심지 역할을 수행하고 있다. 현재 이곳 아카데미에서는 모든 대중들에게 열린 공간으로 누구든지 청중으로 참여하여 다양한 예술 활동 감상과 강연을 들을 수 있다.

이상으로 지멘스재단의 근본적인 목표와 철학 그리고 다양한 재단지원 사업과 운영에 대하여 간단히 살펴보았다. 미국에 유행하고 있는 거대한 자본을 바탕으로 하고 있는 '박애자본주의'식 사업과는 분명 차이점을 보이고 있다. 개발도상국가를 대상으로 그들의 삶에 직접적이며 장기적인 안목으로 도움을 주고자 하는 점은 같지만 먼저 자본의 규모가 다르다. 비교대상의 적합성 여부를 떠나 지멘스재단과 미국의 게이츠 재단과의 자본금 차이가 심하게 나며, 이러한 점은 실제 지원 사업 선정과 규모에도 영향을 미칠 수 있다. 그리고 재단의 구체적인 지원 사업에도 다른 점이 발견된다. 지멘스재단은 미국식 박애주의 사업과는 다르게 교육과 문화예술 사업에 많은 지원을 하고 있다. 특히, 문화예술 사업은 가시적이고 직접적인 효과가 나타나지 않는 사업이므로 '박애자본주의'식 기업가들이 관심을 가지고 지원 할 수 있는 대상이 아니었다.

IV. 지멘스의 박애자본주의

20세기 후반 몇 차례의 경제 불황에도 불구하고 경제성장과 부의 축척 규모와 속도가 그 이전 시대보다 훨씬 빨라졌다. 이로 인해 국가별 불평등을 포함하여 사회적, 경제적, 환경적 문제들이 전 세계로 확산되면서 빈부간의 격차와 이로 인한 국가 및 계층 간의 갈등이 점차로 더 커져가고 있다. 그래서 21세기에는 '부의 적절한 집행'이 무엇보다 중요한 시대적 문제로 다시 떠오르고 있다. 이러한 관점에서 '기업의 사회적 기여 및 참여'는 매우 중요한 연구주제가 될 수 있다.

본 글은 이러한 독일 기업사의 전통과 경향 속에서 현재 독일 현대 기업과 기업가들이 과연 미국식 '박애자본주의'의 개념을 어떻게 이해하고 있으며, 한 걸음 더 나아가 어떻게 수용하고 있는지를 살펴보고자 했다. 독일은 미국에서 진행되는 기업가 개인인물 중심의 '박애자본주의' 못지않게, 기업의 사회적 기여와 환원을 근본목적으로 기업에서 '재단'을 설립하여 꾸준히 실천하고 있다. 독일 대표적 기업 지멘스(Siemens AG) 역시 2008년 9월 '지멘스재단(Siemens Stiftung)'을 새롭게 창설하여, 바이에른(Bayern)과 독일은 물론 유럽연합과 아프리카 그리고 라틴아메리카 지역에 살고 있는 사람들의 교육에 많은 투자를 하고 있다. 하지만 최근에 새로운 기업의 사회적 참여와 기여의 방향이 제시되면서 '지멘스재단' 역시 새로운 방향으로 눈을 돌리고 있는 실정이다.

이러한 기업의 주요 공식기구로서 지멘스재단의 현재 행보 이전에, 이미 창업주 베르너 지멘스와 그 형제들의 후손들은 1923년부터 개인재산의 기부를 통하여 창립한 베르너 폰 지멘스 재단을 통해 오래전 창업주 지멘스에 의해 시작된 윤리경영을 통한 건강한 이윤의 사회 환원을 대를 이어서 꾸준히 실천해왔다. 특히, 에른스트 폰 지멘스가 창설한 '칼 프리드리히 폰 지멘스 재단(Car Friedrich von Siemens Stiftung)'과 두 문화후원 재단인 '에른스트 폰 지멘스 음악재단(Ernst von Siemens Musikstiftung)'과 '에른스트 폰 지멘스 예술재단(Ernst von Siemens Kunststiftung)'은 다양한 분야에 유능한 전문가들을 후원하고, 젊고 재능 있는 예술가들을 발굴하여 지원하며, 더불어 사회에 중요한 문제제기를 위한 전문가의 강연, 유능한 미술가들의 작품과 음악가들의 연주회를 후원하고 있다. 두 문화예술 후원재단은 다양한 문화지원 사업을 통해 예술가들이 대중과 사회 속에서 지속적으로 창작 활동을 할 수 있도록 지원하면서, 동시에 새로운 문화 창조에 기여할 수 있도록 적극적으로 뒷받침하고 있다.

지멘스 기업과 그의 가문에 의해 만들어진 재단을 통해 기업과 개인의 사회참여와 기여에 대해서 단편적으로 살펴보았다. 하지만 지멘스 재단의 활동은 미국에서 막대한 자본을 앞세워 활발히 진행되고 있는 인물중심의 박애자본주의와는 거리가 멀게 느껴진다. 구체적인 자료를 바탕으로 각 재단의 재정규모와 지원 분야 및 사업별 지원 금액을 재단 스스로 상세히 밝히지 않는 부분이 많아, 서로 간의 수량적인 직접 비교가 불가능한 부분이 매우 아쉬움으로 남는다. 하지만 '지멘스 재단'은 어느 한 특정분야에 집중적인 지원보다는 광범위하게 다양한 분야를 폭넓게 지원하고 있다는 점이 미국식 박애주의와 조금은 그 방향과 결이 다르다. 예를 들자면 문화예술 지원에 많은 노력을 기울이고 있다는 점이다.

이는 오랜 전통 속에서 꾸준히 내려오고 있었던 베르너 폰 지멘스의 기업경영철학과 그리고 기업정신의 결과이기 때문이다. 비록 기업은 전기기계회사로 전문화되어 있더라도 윤리적 기업 활동을 통해 획득한 이윤을 사회에 골고루 환원시키고, 이를 통해 기업의 사회적 기여와 참여를 넓힘으로서 기업의 사회적 책임을 다하고자 노력한다. 지멘스 개인이름을 걸고 지멘스 가문과 연관이 있는 네 재단의 주요활동 범위가 가장 작게는 독일을 포함한 인접한 독일어권인 '스위스'와 '오스트리아'이고, 좀 더 확대하더라도 유럽을 벗어나지 않는 것이 그 한계이다. 하지만 이와는 다르게 지멘스 기업에서 주체적으로 운영하고 있는 '지멘스 재단'은 글로벌 기업이 가지고 있는 규모와 위상에 걸맞게, 전 지구촌을 대상으로 다양한 지원 사업을 펼치고 있다. 특히, 자본과 기술이 절대적으로 부족한 남아메리카와 아프리카에 더 많은 관심과 지원을 하고 있는 상황이다. 그리고 보다 효율적이고 성공적인 지원 사업을 위해 지멘스 재단은 각각의 사업의 특징에 따라 다양한 국제기구 및 전문단체들과 함께 공동 작업을 진행하고 있다.

제9장 러시아

러시아 상인·기업가들의 '부의 도덕적 의무' - 종교적 자선에서 현실적 박애로 -[1]

이정희(영남대 역사학과 교수)

1. 러시아 상인·기업가들의 박애 활동에 대한 쟁점

박애는 빈곤과 소외에 놓인 사회적 약자에게 정의로운 사랑과 친절을 베품으로서 사회의 모든 구성원을 공동체의 일부로 느끼게 만든다. 그런데 차가운 물질적 경쟁을 위해 갖은 수단과 방법으로 치열하게 싸우면서 이윤을 최우선시하고 부를 축적해야 하는 기업가들이 과연 박애 활동을 행할 수 있을까? 이 질문은 더 나아가서 기업이 과연 인간사회를 구할 수 있을까? 물질적 부의 창출에 이어서 기업이 '더 나은 공동체'의 건설이나 '문화'의 성장에 어떤 역할을 할 수 있는가라는 물음으로 바꾸어볼 수 있다.

본 장에서는 19세기 말 이래 항상 무지와 탐욕 그리고 수탈의 대명사로 명명되던 러시아 근·현대사의 자본주의적 사적 상인·기업이 러시아 사회에서 박애가의 기능을 행사한 적이 있던가? 만일 그런 사실이 있었다면 이들의 자선과 박애 활동의 근본적 특성이나 동기가 어떤 것이었던가를 찾아 보고자 한다. 또한 이들의 박애 활동이 러시아 당시대 사회 변화와 문화, 그리고 가치관에 대하여 어떠한 영향력을 행사하였던가라는 물음과 관련 지어 탐색해 보자.

19세기 후반부터 1917년 10월 혁명까지 러시아의 사적 상인·기업가들은 서구와 달리 부르주아지의 수준으로 상승하지 못하였다. 당시대 상층 사회로부터 항상 경시당하던 계층이었다. 이들은 격동하던 산업화의 상황에서 유혈적 노사 갈등과 노동자들의 무력 봉기의 사건 속에서 늘 증오와 비판의 대상으로 존재했다. 그런데 흥미롭게도 이들은 서구 자본주의 기업가들 못지않게 엄청난 규모로 박애 활동을 전개했다. 이 사실은 역사적으로 크게 알려져 있지 않다.[2] 이처럼 그들의 역사가 소멸된 이유는 무엇이었을까? 두 말할 나위 없이 억압적 전제정을 붕괴시키고 자본주의적 사회 구조를 소멸시켰던 1917년 사회주의 혁명에서 부르주아 계층이나 사적 자본주의적 기업가들은 철저한 패배자였기 때문이었다. 심지어 시민적 계층으로서 존재 자체마저 역사에서 기록의 대상이 되지 못했다. 말하자면 흰색 잉크로 거의 삭제되고 있었던 것이다.

1980년대부터 역사서술에서 이념적 편향이 크게 줄어 들었다. 이에 일부 역사가들은 혁명 직전의 러시아 상인·기업가들의 숨은 역사를 과거와는 완전히 다른 새로운 시각에서 파헤치기 시작하였다.[3] 그 중 보리스 아나니치는 기업가들의 자선과 박애 활동에 관하여 아주 심도 있는 사실을 발굴하였다.[4] 특히 그는 1880년 초기의 박애활동가인 A. 스티글리츠, 폴리아라코프 형제들, F. 리아뷰신스키의 박애활동을 추적하였다.[5] 아나니치는 이들 스스로 자신들 계급의 중요한 의무는 공적 활동과 자선활동이라고 여기고 있었다는 점에서 '계몽된 상인'이라고 높이 칭하였다. G. 울리아노프 역시 대개혁 이후 모스크바의 상인·기업가들이야말로 전 러시아에서 뿐만 아니라 유럽의 그 어느 도시보다도 가장 큰 규모의 자발적 기부와 박애활동을 전개하였음을 지적했다.[6] 심지어 린다 바우만은 러시아의 사적 상인·기업가들은 산업경영 활동 자체를 자본축적을 목적으로 하던 서구의 기업가와 달리 자신의 경제활동이야말로 영적 구원을 추구하는 행위자로서, 또 노동자들에게는 도덕적 경제를 베푸는 행위로서 해석했다.[7] 이러한 새 논의들은 19세기 후반 사적 상인·기업가들의 특성을 수탈자로만 보려던 종래 계급적 해석과 달리 19세기 후반 러시아의 사회 변동과 근대화라는 훨씬 더 큰 구조 안에서 새롭게 해석할 수 있는 시각을 제공한다.

1863~1917년사이 40여 년 간 모스크바시 행정부의 통계에 의하면 3,250만 루블의 기부금이 사적 상인·기업가들로부터 나왔다. 당시 모스크바에는 총 495개 이상의 자선 기구가 있었고 총 43만 500여 명에게 혜택이 주어졌다. 이 기구 가운데 약 60여개는 개인적 자선활동 기

구였고 나머지는 집단적 박애 기구였다. 1889년 한 해만 해도 기업가들은 총 532만 루블을 썼다. 이 금액은 그들이 박애 활동을 위해 모금한 기금 2천 496만 루블의 이자에서 나온 돈이었다.[8] 심지어 214명의 모스크바시 상인·기업가들의 박애활동 자선 기부액은 제국 전체의 총 기부액의 3분지 2의 수준에 다달았다.[9]

1905년 혁명 이후 자유주의적 의회제의 가능성이 커지자 정치참여의 희망을 꿈꾼 상인·기업가들의 박애활동은 더욱 증가하였다. 박애활동은 전쟁 직전에 정점에 달하였다. 기부의 절반은 시의 사회복지를 위한 것이고 나머지 절반은 의료 및 공공교육에 투입되었다. 이 액수는 국가와 시가 할당한 사회복지 예산보다 월등히 상회하는 규모였다.[10] 자선과 박애활동에 특히 적극적인 계층은 모스크바에서 직물 산업과 상업을 위시한 경공업 분야에서 크게 성공을 거둔 사적 기업가와 상인에게서 나왔다.[11]

가장 두드러지게 적극적인 박애활동을 전개한 대표적 상인·기업가들은 콘라드 방자 (1832~1901)[12], 이반 부찌코프(1829~1885)[13], 게오르규 빈테르필드 (1854~?), 알렉산드르 카르진킨 (1863~1931)[14], 이반 코즐로프(1837~1901)[15], 드미트리 레페쉬킨(1828~1892)[16], 세르게이 랴민(1855~?), 데이비드 모로조프(1843~1893)[17], 찌모페이 모로조프(1823~1889), 콘스탄찐 포포프(1814~1872),[18] 스쩨판 프로도보프(1843~1914), 콘스탄찐 루카뷔쉬니코프(1848~1915)[19], 코즈마 솔다쩬코프(1818~1901)[20], 표트르 슬레이쉬치코프(1838~1901)[21], 마몬토프, G. 솔로도브니코프, 파벨 트레쨔코프(1832~1898)[22], 이반 쉬츄킨(1819~1890)[23], 아돌프 융커(1854~?)[24] 등의 인물이다.

이들 대부분은 결코 부유한 가문에서 태어난 인물들이 아니었다. 사회적 지위나 명망을 누린 계층에 속하지도 않았다. 오히려 대다수가 농노 신분 출신으로서 빈곤하고 낮은 계층에서 나왔다. 최초에 이들 중

다수는 모스크바 변방 지역에서 구교 신앙을 신봉하던 농노들로서 사적 소상인에서 출발하였다. 1667년 러시아의 교회 대분열 사건 이후, 전통적 교리와 제례를 고수하던 구교도들은 공식적 정교 신앙에 저항함으로써 변경에 추방되어 주변세력으로 전락하였다. 오래 동안 이루 말할 수 없는 큰 고난 속에서 박해를 받았다. 그 후 이들은 변경 지역에서 상업과 수공업에 종사하면서 살아남았다.[25] 이런 이유에서 19세기 말 이들 상인은 러시아 토지귀족, 관료 귀족층이나 지식인 혹은 인텔리겐찌야들로부터 별로 존중을 받지도 못했고 사회의 주변에 머물던 사람들이었다.

그런데 이들 상인·기업가들의 박애 활동에는 수적 규모보다 더욱 흥미로운 점이 있다. 박애 활동에 주도적이었던 상인·기업가들은 자신들의 박애 활동의 동기로서 점차 '부의 공적 의무'(richess obligée) 라는 개념을 사용하기 시작했다. 이들이 박애 활동을 단지 '자선'을 베푸는 종교적 포시가 아니라 세속적이며 사회 문화적 행위로서 '부의 공적 의무'(richess obligée)로 인식한 것은 당시 러시아 사회적 변화와 깊은 관계가 있는 것으로 보인다. 그러므로 본 장에서는 이들의 '부의 공적 의무'(richess obligée) 사상을 취하게 된 배경이 어떤 것이며, 이 사상이 그들 개인의 구체적 삶과 사회적 지위와 어떤 관계를 가지고 있는지 살펴보자. 또 상인·기업가들의 박애 활동이 기업가에 대한 사회적 표상에 어떤 영향을 미쳤는지, 이것이 러시아 사회 변화를 위해 어떠한 문화적 실마리를 갖는지 심도있게 검토해 볼 필요가 있다. 또한 그들의 '부의 공적 의무'(richess obligée)의 사상이 과연 도덕적 경제, 혹은 도덕적 자본주의를 실현할 수 있는 멘탈리티, 가치관으로 성장할 내적 동력을 가진 것인지 살펴 보자.

2. 산업화 위기와 사적 상인·기업가들의 인식의 변화

1880년대 러시아에서 국가 주도의 산업화가 본격적으로 진전되면서 사회 경제적 상황이 크게 변화하였다. 수도 상뜨 뻬제르부르크는 대규모 국영기업이 대량의 미숙련공 노동자를 고용한 산업도시로 탈바꿈하기 시작하였다. 수도에 있는 국영 대기업들은 모스크바를 위시한 중부의 지방적 중소규모의 사적 상인·기업가들에게는 도저히 이길 수 있는 공룡같은 거대한 모습으로 비춰졌다. 산업화에 착수하면서 전제 정부는 대외적인 경제관계에서 새로운 변화의 압력에 놓이게 되었다. 전제 정부는 과세 정책에서 기업가들에게 종전 전통과 달리 소득세 부과에 머물지 않고 근대적 법인세 정책을 도입하기 시작했다. 서구 근대화의 흐름을 본받은 것이었다. 곧 이것은 모스크바 상인·기업가들에게 이윤율에 큰 위기를 안겨 주었다. 그 뿐만 아니라 정부는 유럽과의 대외 농산물 무역에서 수지를 맞추기 위해 수입 공산품에 관세 인하 정책을 택하였다.[26] 이것은 정부가 산업 세력에 대항하는 귀족층과 젠트리 층의 압력에 굴복하여 기업가들의 이윤에 불리하게 작용했음을 뜻한다. 새로운 과세법과 관세정책들은 막 성장하기 시작한 전통적 가부장적 기업운영 방식에 젖은 사적 상인·기업가들에게는 점점 더 큰 위협을 가져다 주기 시작했다.

이러한 법률적 도전에 연이어 러시아 상인·기업가들은 더욱 더 큰 사회적 위기에 마주치게 되는데 그것은 바로 1880년대부터 본격적으로 격렬해지기 시작한 노동자들의 무장파업 운동이었다. 러시아 노동자들은 대부분 농촌에서 갓 올라온 농민-노동자 유형이었다. 따라서 노사 갈등 속에는 고래로부터 지속되어 온 러시아의 농민층의 매우 원초적이고도 본능적 폭력 저항이나 무장 폭등의 모습이 나타났다.[27] 유럽의 노동 운동과 달리 처음부터 무력적이고 호전적 양상을 띤 것이다.

1885년 중부 모스크바 주의 오레호보 쥬에브와 이바노보에서 첫 유혈적인 노동자 폭동이 발생하였다. 이 사건은 러시아에서 급진적이며 행동주의적인 민중 폭동의 첫 신호탄이 되었다.[28] 이 사건이 발생하자 사적 상인·기업가들이 즉각 사회적으로 일차적 심판 대상이 되었다.[29] 1885년 모스크바 외곽 지역인 오레호보의 유혈적 하층 노동자 폭동 사건 진압 이후 재판부는 모든 원인이 모스크바주 공장의 최대 기업주였던 찌모페이 모로조프 가문의 공장의 가혹한 수탈과 억압에서 비롯된 것으로 보고 모든 책임을 지우면서 혹독한 배상 판결을 내렸다.[30] A. 리이버는 당시 사회적 비판과 징계 속에 무릅을 꿇고 잘못을 비는 찌모페이의 참담한 모습을 '회개하는 기업가'라는 말로 비유하였다.[31] 이 당시 그의 모습을 본 아들 사바는 이렇게 회상하였다.

> 폭동으로 공장이 파괴된 이후 아버지는 피해자이었지만 재판부나 사회여론은 오히려 범죄자처럼 취급하였다.[32]

그러나 토마스 오웬이나 루커만이 연구한 바에 의하면, 실제 모스크바 주변의 이들 상인·기업가들의 내적 세계관은 이러한 사회적 질타와는 아주 다른 모습을 가진 것으로 설명한다. 사적 상인·기업가들은 공장 내에서 비록 노동자들에게 혹독한 노동 훈련을 요구했지만 영국산 면직물과 경쟁에서 살아남아야 했다는 것이다. 또 그들은 온정적 배려나 보살핌으로 주변 농민과 빈민들에게 일자리와 거주지를 제공하고 임금을 배분함으로서 경제적 유토피아와 '도덕적 경제'를 실천할 수 있다고 믿고 있었다는 것이다.[33] 또 그들은 부유한 경제를 통해 미래 러시아의 국력을 키우고 독일과 유럽 국가에 필적할 만한 강력한 슬라브 국가를 건설해야 한다고 믿었다.[34] 그러므로 이들은 공장 내에 무지했던 농민·노동자를 혹독한 경영방식으로 훈련시키면서 거대한 자본을 축적하였지만 스스로를 결코 수탈자로 여기지 않았다. 다시 말해서 그들의 산업화와 기업의 생산은 구원을 위한 활동이라 여긴 것이다.[35] 이들은 처음부터 '박애' 활동에 관심을 가진 것은 아니었다. 당시 이들은 아직 전통적 구교도의 뿌리 깊은 종교적 관행에 의해서 공동체를 위한 포시, 자선과 상호공제의 관습을 갖고 있었다.[36] 그러므로 산업화 초기에 상인·기업가들은 항상 '혹시 부당하게 축적한 부의 가능성'에 대하여 신 앞에 징벌을 받을까 두려워하는 내적이고도 심지어 영적 심리를 갖기도 했다. 이 때문에 자신의 영적 구제를 위하는 동기에서 빈민과 노동자들을 위한 자선 활동에 참여하곤 하였다.[37] R. 롭슨은 블라디지르의 대규모 직물 공장을 운영하던 전형적 구교도인 뷔쿨라 모로조프의 공장 경영에 대한 태도를 다음과 같이 묘사한다.

> 뷔쿨라 모로조프는 전통을 엄격하게 지키고 있었다. 그는 긴 수염을 절대로 면도하지 않았고 정교회의 성직자를 절대 받아들이지 않았다. 그에게 가족세계와 공장은 종교적 공동체의 연속선상에 있었다. 그에게 공장은 생산하는 성전이기도 했다. 그의 노동자들은 언제나 일 시작 전에 무릅을 꿇고 기도를 해야 했다. 성실하지 못한 노동자들은 가차 없이 벌을 받거나 심지어 금식처벌을 받았다. 자신은 노동자들의 육신과 영혼을 돌보고 있다고 믿었다. 즉, 그에게 일이란 영혼을 구하는 작업이었고 기도와 같은 것이었다.[38]

그러나 1885년 무장파업 사건으로 사적 상인·기업가들은 일련의 정치적 사회적 질타와 압박에 부딪혔다. 러시아 구교도 사적 상인·기업가들은 지금껏 가졌던 종교적 공동체의 '도덕적 경제'의 이상은 현실에서 전혀 적용되지 않는다는 사실에 직면하였다.[39] 거세어지는 사회적 질타 속에서 상인·기업가들의 부의 야망은 자신들의 그 존재 이유마저 사라질 것 같은 딜렘마에 빠지게 되었다. 1880년대 말 이처럼 심각한 사회 갈등과 공장 노동자 계급과의 대립을 겪으면서 상인·기업가들은 차츰 박애활동이 이제는 단순히 자선을 베푸는 종교적 행사가 아니라 세속적 활동이나 현실적 참여의 형태로 탈바꿈을 해야 한다는 생각으로 변했다. 당시 박애 활동에 대한 입장과 이들의 태도상의 변화를 잘 보여주는 인물이 T. 프로호로프였다. 그는 박애에 대한 사상을 그의 팜플렛『부에 관하여』속에 다음과 같이 썼다.

> 재산을 벌어들인 부자는 자신보다 덜 부유한 자들을 위하여 자신의 재산을 활용해야 하는 도덕적 의무(richess obligée)를 지니고 있다....인류의 도덕적이고도 영적인 발전을 위하여 빈곤한 자에게 부를 활용하는 사람만이 부를 소유할 자격이 있다.[40]

프로호로프는 박애에 대한 세속적 이론의 기초를 놓은 최초의 상인이었다. 여기서 그는 처음으로 공개적으로 상인·기업가들의 기부에 대해 '부의 공적 의무'(richess obligée)라는 용어를 사용했다. 그는 자신의 공장에서 기술학교를 설립하였다. 주위에서 온 하층민이나 빈곤한 노동자들의 자녀에게 기술 교육을 전수하면서 단지 기술뿐만 아니라 동시에 도덕적 훈련까지 시키려고 노력하였다. 과거에는 일상적으로 교회 축제나 특별행사 때 혹은 임종 시에 교회 사제 앞에 행하는 유언 중에 빈민에게 자선과 포시를 베풀었다. 이 경우 개인 영혼의 구제가 가장 근본 동기였다. 그러나 이제는 종교적 행사가 아니라 세속적 공공교육의 설립과 후원, 의료사업, 고아를 위시한 사회적 약자를 위한 세속적 박애로서의 활동에 더 큰 관심을 쏟기 시작했다.

그의 사상을 본받아 빈곤 청소년을 위한 박애 활동을 대대적으로 실천한 인물은 N. 루카뷔쉬니코프였다. 그는 사재를 털어서 떠돌이 청소년을 위한 집을 짓고 평생 이들을 계도하기 위한 활동에 몰두하여 상인·기업가들의 박애 사업의 모범이 되었다.[41] 그가 죽은 후, 마쥬린이나, 아아놀드 트레쨔코프, 그리고 V. 모로조프는 선배 기업가를 본받아 고아원, 맹인 학교 그리고 아동 병원을 건설하여 빈곤층을 위한 박애 사업에 몰두하기 시작했다. 이리하여 구교도 상인·기업가들의 박애 사업은 교회를 통하는 자선이 아니라 세속적 기관을 통한 구제의 경향이 점점 더 커져 갔다.

<9-1. 모스크바 붉은 광장 위의 상인 지구, 오늘날의 굼 백화점 전신>

또 다른 중요한 계기가 이런 변화에 작용하였다. 경제적으로 상인·기업가들이 성장하는 것을 관찰하면서 당시 모스크바 대학교에서 얀쥴 교수를 비롯한 진보적 지식인들이 영향을 주었다. 지식인들은 모스크바 기업가들이 단지 개별 빈민에게 자선을 베풀거나 개인적 영적 구원을 위한 자비가 아니라 좀 더 넓은 사회 전체의 복지의 사상과 지속적인 구호를 내세워야 하며 이를 위해서는 재단이나 공적 기관이 설립되어야 한다고 비판하였다.[42] 지식인들의 주장은 계몽된 상인·기업가들에게 큰 자극을 주었다. 이에 영향을 받은 파벨 트레쨔코프는 점차 세속적 박애기구에 관심을 돌리면서 종교 단체의 기부에는 거의 관심을 두지 않았다. 그와 마찬가지로 대표적 박애주의자였던 K. 솔다쪤코프

역시 수백만 루블의 재산을 세속적인 박애기구와 학교 사업에 투자하였다.[43] 파벨 트레쨔코프는 부의 사회적 책임에 대해 다음과 같이 회상하였다.

> 아주 어린 시절부터 나는 사회에서 축적된 것은 박애 기관의 형태를 통해서 사회로 되돌아가야 한다는 생각을 가졌고 이를 위해 돈을 벌어야 되겠다고 결심했다.[44]

모스크바 상인·기업가들이 '부의 공적 의무'에 대하여 크게 자극받은 또 다른 중요한 계기는 '불멸성'(immortality), '불멸의 명예'에 대한 각성이었다. 이것은 1885~1893년 사이 상인·기업가 출신이자 모스크바 시의 유명한 시장이 사람이 된 니콜라이 알렉세예프로 인하여 생겨났다.[45] 당시에 상인·기업가들은 명예를 위하여 중·소도시의 시장직무나 시두마에서 무료의 공공 봉사를 수행하는 일은 통상적이었다. 그러나 대다수 상인들은 젠트리 층과 달리 정규교육을 제대로 받지 못했기 때문에 정치나 행정의 업무에 유능한 인물이 별로 없었다. 그런데 니콜라이 알렉세예프는 매우 유능하면서도 헌신적인 시장이었다. 그는 모스크바 시장 직을 역임하면서 도시의 환경, 건축 부문에 탁월한 능력을 보여 도시 발전에 큰 변화를 일으키는 데 커다란 성공을 거두었다. 알렉세에프는 무엇보다 도시 빈민 구호를 위한 박애 사업에 상인·기업가들의 관심을 집중시키는데 큰 성공을 거두었다.

알렉세예프 시장이 갑자기 불의의 암살을 당하였다. 그의 죽음 이후 전 모스크바 시민과 지식층, 중앙 정부뿐만 아니라 황실에서도 장례식에 참여하여 깊은 존경과 애도를 보이는 것을 보고 상인·기업가들은 매우 놀랐다. 이 사건은 그후 공적 봉사를 통한 '불멸성'의 소중함과 자부심을 깨닫는 계기로 십분 작용하였다.[46] 즉, 자신들은 아직도 사회적으로 존경과 위신을 누리지 못하는 신분이지만 '부의 공적 의무'를 통해 자신들의 정체성을 확인할 수 있으며 적대적 사회 관계 속에서 존중받을 수 있다는 사실을 크게 깨닫게 된 것이다. 알렉세예프 시장의 암살 사건 이후 구교도 상인·기업가들은 더욱 폭발적으로 자기 현시적인 박애활동을 벌이게 되었다.

1890년 이후 1905년 사이 상인·기업가 개인들의 기부 활동은 규모가 점점 더 증가했다. 1904년 1월 러일 전쟁 당시 모스크바증권위원회와 상인협회에 가입한 상인들은 전쟁 기아를 보호하기 위해 즉각 100만 루블을 모금하여 젠트리와 지식인을 놀라게 했다.[47] 이처럼 세속기구에 의한 대규모의 박애활동은 예전에 없는 일들이었다. 이런 현상에 대해 당시 모스크바 정신병동 의사였던 N. 바젠노프가 회고한다.

> 이런 전례 없는 기부 활동은 분명 최근 고인이 된 니콜라이 알렉세예프 시장이 공적 분위기를 조성한 탓이었다. 모스크바의 부유한 박애주의자들은 봇물처럼 새로운 병원 기구 설립에 열을 올리고 있다. 특히 알렉세예프 이름의 정신 병동에 커다란 기부의 물결이 쏟아져 들어오고 있다.[48]

사적 상인·기업가들의 세속적인 박애 사업은 대상뿐만 아니라 내용면에서도 점점 세속적이고도 실용적인 성격으로 변화했다. 1892~1917년 사이 <상호신용협회> 의장인 알렉세이 뷔쉬니아코프는 오래된 모스크바 상인인 가문의 아들로서 백만장자가 되었다. 또 M. 프로토포프와 알렉세예프 시장의 가문도 금사 제조 공장을 설립하여 전 러시아에 공급하는 기업으로 성공하였다. 이들은 비슷하게 자신들의 후속 세대를 키우기 위한 상업 학교 건립과 장학 사업을 위해 모금 운동을 전개하였다. 당시 이들 사이에 가장 거대한 부를 일룬 찌모페이 모로조프는 알렉세예프와 각별한 친교 관계를 가진 인물이었다. 이 사건 이후 그는 15만 루블을 기증하였다. 그후 그의 이름을 딴 모스크바 정신 병동과 모스크바 대학의 여성 병동을 건립하였다. 이외에도 그의 아들 사바 2세 역시 박애 활동 뿐만 아니라 예술 후원가로도 커다란 명성을 날렸다. 사바는 모스크바에서 자치적 시민 예술 극장을 건립하는데 중심 역할을 하였다. 사바의 예술후원 기부활동은 심지어 혁명 이후 소비에트 시대에서도 큰 칭송을 받았다[49]. 사바의 비극적인 죽음 이후 그의 어머니 마리아 모로조프는 시정부 구빈 사업을 위해 거액을 기부하였다. 그녀는 25년간 박애 활동에 참여하여 혁명 직전에 정부로부터 <마린스키 훈장>을 받았다.[50] 또 그녀는 모스크바 대학교, 스트로가노프 직업학교, 산업장려회, 간호 학교, 로고쥐스크 공동묘원 등에 5만 루블을 희사하여 박애 활동가의 이름을 날렸다. 그녀의 딸 율리아와 둘째 아들이었던 세르게이 역시 가문의 전통을 따라서 1903년에 구빈원 사업과 학교 장학 사업에 거액을 기부하였다.[51]

스테판 프로토포포프는 양초 공장을 소유한 재력가이다. 그도 역시 모스크바시 상인협회 이사로서 1896~99년 동안 기근 동안 빈곤 아동을 구제하기 위하여 모스크바시 정부에 수만 루블을 기부하였다. 그의 아버지 유언에 따라 특히 빈곤 가정의 아동을 위한 쉼터와 구빈원을 건립하였다[52]. 프로토포포프가 기업계에서 누린 영향력은 특히 모스크바 박애기관에서 누린 지위에 잘 나타난다. 그는 총 8개의 박애 사업 기관과 재단에서 지위를 갖고 있었다. 또 그는 시의 여러 상업 학교들의 재단이사회 위원이었고, 정부와 황실이 운영하는 <엘리자베드박애사업회>의 임원이기도 했다.

금융 및 은행 위원회 의장이었던 이봔 랴민(1822~1894) 역시 제 3길드에 속하던 가난한 상인 집안의 후손이었다. 그의 할아버지는 제지 산업에 종사했다. 그의 집안은 점차 섬유, 가족, 페인트부문 산업에서 성공하였다. 그는 지체높은 집안과 결혼을 맺으면서 높은 사회적 지위를 획득하는데 성공하였다. 그는 1885년부터 제국정부의 상무관 직위에 올라 명예시민 신분을 획득하였다.[53] 랴민은 모스크바 상업은행 설립 이후부터 25년 동안 이사장직에 머물렀다. 그의 아내는 이반 사후 세속적 박애 기관에서 활동하였다. 그 이외에 하층민을 위한 교회건립에도 60만 루블을 기증하였다.[54] 랴민 집안은 특히 1880년대 상업·기업가 엘리트를 대표한 또 다른 특성을 지니고 있다. 또 그는 <알렉산드르 마린스키 직업학교> 설립 이후 상인가문의 딸이나 며느리를 박애활동 후원자로 지명하는 것이 매우 보람되며 유리한 점이 있다는 것을 깨달아 직접 실천하였다. 그의 유언에 따라 집안의 많은 여성들이 박애 사업의 열성적인 활동가로 활약하였다. 이 사실은 상인·기업가 집안 여성들이 귀족가문과 대등하게 공적 영역에서 위신을 갖고 접촉할 수 있는 유리한 통로가 된다는 점을 증명하였다. 이반 랴민의 딸들 중에서 페라는 1900년에 시정부를 위하여 20만 루블의 토지와 부동산을 기증하였다. 이 거액의 기금은 집 없는 고아들을 위한 고아원 영지로 활용되었다.

미하일 고르보프(1824~1886)는 모스크바 상업학교에서 공부를 한 다음, 칼루가에서 상업에 종사했다. 그 후 멀리 떨어진 쿠르스크주와 아르한겔스크주에서 무역업에 종사하여 큰 돈을 벌었다. 그는 다시 모스크바로 돌아와 모스크바 상인 제 1길드에 가입하였다. 그는 모스크바-쿠르스크 철도선 부설에 투자하여 큰 돈을 버는데 성공하였다. 이로서 모스크바 출신이 아니었지만, 곧 모스크바의 상인·기업가 진영에 합류하였다. 여기서 점차 그는 능력과 신용을 인정받아 모스크바 은행장으로 지명받을 정도로 지위가 상승하였다. 고르보프는 모스크바 상인·기업가 계층의 관례에 따라 박애사업에 참여하기 시작하였다. 그는 맨처음 모스크바 기술실업학교에 5천 루블을 기부하는 데에서 시작하였다. 그후 점점 많은 박애활동에 참여하였다. 그의 사후 아내 소피아는 그의 유언에 따라 학교사업을 확장하기 위해 3만 루블 재원을 전달하였다.[55] 1894~1912년 동안 그녀는 모스크바시 정부에 총 13만 6천 500 루블을 기부하는 것 이외에도 여성노동자를 위한 기숙사를 지었다. 이로서 그녀는 <알렉산더 2세 빈민주택보급을 위한 사랑의 집짓기 협회>의 명망높은 후원자가 되었다.

마지막으로 반드시 언급해야할 중요한 박애 활동가는 알렉세이 아브리코프(1825~1904)와 안드레이 크노프(1855~?)와 리아뷰신스키 형제들이다. 아브리코프는 가난한 집안 출신 농민이었다. 담배 산업 집안의 딸과 결혼하여 받은 혼수 지참금으로 잼 및 사탕사업을 시작하였다. 점차 성공을 거듭한 끝에 그는 모스크바 최대 기업가 중의 한 사람이 되었다. 사업을 시작한지 30년 만에 제국정부의 상무관으로 임명된 입지적인 인물이었다. 그는 자신이 실업학교 졸업생이었기 때문에 실업학교의 재능있는 빈곤집안 학생들의 육영 사업에 관심이 컸다. 1876년부터 20년 동안 기술실업학교 재단의 이사장이 되어 학생들의 후원자가 되었다. 또 1902년 사망하면서 그는 유언으로 시 정부에 빈곤 여성을 위한 병원을 위해 10만 루블을 제공하였다. 그의 아내 역시 1906년에 추가로 20만 6천 루블을 빈곤한 여성을 위한 병원에 기부하였다.[56] 안드레이 크노프는 독일인 기업가로서 모스크바에서 귀화한 인물이었다. 그는 1904~15년 동안 모스크바 어음할인은행장에 역임하면서 엘리자베드 박애사업 회원이 되었다. 그는 병원을 위해 거대한 저택을 기부하였다. 그 외에도 퇴역군인고아들의 고아원, 기계실업학교, 성베드로와 바오로 루터 교회 산하의 교육위원회의 후원자가 되었다.[57]

리아뷰신스키 형제는 금융 기업가로서 성공했을 뿐만 아니라 1905년 혁명 이후 부르주아적 정당정치 활동의 대표적 인물이었다. 그는 특히 순수 미술과 예술 후원에 중요한 역할을 하였다.[58] 형이었던 파벨 리아뷰신스키(1818~1899)는 1895년 여성과 아동의 쉼터를 위한 구빈원을 설립, 후원하였다. 그는 쉼터에서 무료식사 제공을 위해 10만 루블을 별도로 지정하였다. 막내였던 표트르 리아뷰신스키는 심지어 캄차카 반도탐사원정대를 위하여 20만 루블을 제공하기도 하였다. 후일 그들이 건설한 구빈원, 양로원 및 약한 부녀자를 위한 쉼터, 소아 병동이나 여성 병원이 그들의 이름을 따는 의료원으로 승격하였다. 정부는 그들에게 명예시민의 칭호를 하사하였다.[59]

이상에서 우리는 분명히 19세기 후반 러시아 상인·기업가의 자선활동이 개인적 인식면에서나 실천에서 큰 변화가 일어났음을 알 수 있다. 이들의 박애활동의 사상에서 종교적인 동기보다는 '부의 공적 의무'라는 가치관이 나타나고 있었던 것이다. 이것은 그들에게 새로운 자아 정체성을 형성하고 여론시민 층에 합류하고 싶은 사회적 열망에 매우 효과적인 역할을 하였다. 여기서 우리가 특히 주목할 점은 박애활동을 전개한 대다수 상인·기업가들은 결코 자기들이 벌어들인 부를 수탈이라고 여기지 않았으며, 공장을 세우고 부를 축적하는 활동자체를 은총과 노력의 결과로 보았다는 점이다. 그 대신 은총에 의해 벌은 것 이상의 부는 빈민에게 기부하는 것이 불멸의 기억과 명예를 가져다 줄 것으로 믿어 의심치 않았던 것이다. 비록 급속도의 산업화와 사회적 비판으로 인해 자주 적대적인 사회 관계에 놓였을지라도 그들에게 '부의 공적 의무' 사상은 스스로의 정체성을 확인하는 새로운 수단으로 작용했다.

3. 사적 상인·기업가들의 조직적 박애활동

모스크바 상인·기업가들의 박애활동의 이같은 변화상을 좀 더 분명히 살피기 위해 그들의 구체적인 박애조직이나 활동상을 살펴보자. 모스크바에서 기업가들의 조직적 박애활동에서 가장 주도적 역할을 한 것은 상인공제협회와 주식거래위원회를 위시한 금융기관들이었다. 상인·기업가들은 아직은 취약한 신분이었다. 이 때문에 은행이나 신용협회는 그들의 신분적 유대의 구심점이었다. 이들 금융기관의 연감보고서는 박애 활동의 비중과 규모에 대해 귀중한 자료를 제공한다.[60]

1873~1914년 사이 모스크바상업은행 회계보고서 사료를 분석하면 이들은 무엇보다도 상업교육의 후원과 상업지식을 확대시키려고 크게 노력했다. 매년 상업 학교를 위한 특별 기부액으로서 총이윤의 2~4%가 차감되고 있었다. 또 <모스크바상인공제신용협회>의 정관 규정에도 다음과 같은 기본 원칙이 명시되어 있다

> 우리 협회 운영의 모든 이윤에서, 기초비용과 손실을 제외 한 후, 반드시 10%는 모스크바 자선. 박애활동기구에 기부하기 위해 차감한다..... 이중 절반 이상은 모스크바 실업계 상업학교에 투자한다...[61]

이 협회는 1871년 이후 25년 동안 자선과 구빈사업에 총 143만 루블 상당을 기부했다.

또 다른 사료에 의하면 1871~1910년 사이 실업계 상업학교는 이 협회로부터 총 114만 5천 루블을 받았다. 이 학교는 백주년 기념회에서 다음과 같은 사실을 보고하고 있다.

> 모스크바 상인공제회의 기부금은 학교의 모든 적자를 해소해 주고 새 건물을 짓고 더 나아가 학생 증가에 필요한 교실과 시설을 구비할 수 있게 하였다.[62]

이처럼 모스크바 상인·기업가들의 조직적 박애 사업에서 상업학교

설립과 상업 교육의 전파는 대단히 중요한 자리를 차지했다. 상호 신용협회나 모스크바 은행들은 설립 정관에서 반드시 순 이익에서 일정 지분을 상업 지식의 전파와 교육의 진작을 위해 할당한다는 귀절을 포함하고 있다.

> 금융의 순 이윤에서 반드시 보유 자본금 비용과 손실을 제한 후 10% 이상을 상업학교의 교육적 비용을 위해 지출한다..... 만일 이윤이 보유 자본의 8%를 넘지 못할 경우라 해도 다음과 같은 방식으로 이윤을 할당하기로 한다. 기술교육 발전을 위해 10%를 지출하고, 투자자들의 추가 이윤 배당금을 위해서 40%, 은행 직원들의 포상을 위해 5%, 경영진 이사회의 회원을 위해 5%를 할당한다.[63]

모스크바 상인의 구심점이었던 <모스크바주식거래위원회> 역시 활발한 박애활동을 벌인 조직기구였다. 이 기구는 구빈과 자선을 위한 기부 이외에 1881~1882년 사이 상업 학교 설립을 위해 3천 루블을 투자했다. 그외에 크론스타트 산업연구소, 또 알렉산드로브스크 상업학교의 기술과 창설을 위해 투자했다. 이외 그들은 당시 모스크바 대학교의 존경받는 S. 솔로비요프 교수 이름을 딴 장학금을 설치하기도 했다.[64] 그만큼 대부분의 기업가들은 자신들의 세계관이나 지향성이 비슷했던 친슬라브주의적인 지식인들로부터 호감을 받고 싶어 했다.

모스크바은행 이외에도 여타 대표적인 할인 은행, 공동 신용투자은행들도 장학금 설립에 참여하였다. 특히 기업가들의 집단적 정치 활동을 매우 싫어하여 인기가 없었던 정치적 보수파 N. 나이제노프조차도 모스크바 증권거래협회 의장직을 맡으면서 중등상업학교 설립과 상업인재 양성의 필요성에는 적극 호응하였다. 1870년 터키전쟁 당시 그는 중등학교에 다니는 학생들이 상업을 배우고 몰두하기 위해서 징집 면

제받을 수 있도록 장학금을 늘여야 한다는 연설을 했다. 이것은 모스크바 상인·기업가들 사이에서 아주 큰 호응을 받았다. 전쟁이 끝날 무렵 그는 중등 상업학교 설립을 위해 1880년 1년 만에 총 55만 루블을 모금하는데 성공하였다.[65] 동시에 427개 회사와 나이제노프, 리야민, 모로조프, 솔다쩬코프도 합자하여 알렉산드롭스크 상업학교를 창설하기 위해 57만 루블을 기부하였다.[66]

<9-2. 박애활동가 상인·기업가 트레쨔코프 자화상>

무릇 모든 박애활동이 교육기관에 투자하는 것은 보편적인 현상이다. 그러나 모스크바 구교도 상인·기업가들이 그처럼 상업교육에 깊이 몰두한 것은 자신들의 특수한 사회적 지위와 상황을 말해 주는 측면이 있다. 그들의 조부나 직계 부모 대부분은 스스로 벌은 돈을 지불하여 자유를 획득한 해방 농노들이었다. 그들은 문맹이었고 정규교육을 받을 수 있는 기회는 전혀 갖지 못했다. 그들의 선조들은 오직 빈곤에서 벗어나기 위해 항상 돈벌이에만 몰두했다. 선조들은 자녀의 학교 교육에 아무런 특별한 신념을 갖지도 않았다. 이런 점을 비추어볼 때 1880년대 모스크바의 두 번째 세대 상인·기업가들은 상업교육기관설립과 기부를 통해 자신의 정신적, 문화적 결핍을 메꾸고 집단의 영향력을 키우고자 하는 열망을 표출했다고 볼 수 있다.

앞서 말했듯이 상인·기업가들이 공동 유대의식을 강화시키는데 가장 효과적인 기관은 상업은행과 공제조합과 같은 금융기관이었다. 이를 통한 장학 사업은 상인과 금융가들의 이름을 널리 알릴 수 있는 손쉬운 통로였다. 예를 들면 1889년 국립은행장이었던 A. 찜센의 사망시 모스크바 은행과 상인기업가들의 상호공제협회는 즉시 공동후원 형태로 모스크바 알렉산드롭스크 상업학교에 그의 이름을 딴 장학금을 신설하였다.[67] 또 다른 사례는 1903년 유명한 철도왕 기업가였던 F. 치죠프의 사망 이후 상호공제 협회는 모스크바 상업학교의 치죠프 연구실을 설립하기 위해 8천 루블을 모았다.[68] 이 협회는 다시 1910~1914년 사이 이사였던 D. 세레브랴코프의 이름을 딴 강의실과 강당을 설립하면서 5천 루블을 기부하였다. 협회 이사였던 A. 일린 역시 사망시 3천 루블을 기부했다.[69] 또 다른 경우는 1892~1914년 동안 위원회 의장직을 역임한 S. 프로토포포프였다. 그는 정부로부터 조건부로 협회 이사장실에 그의 초상화를 걸 수 있도록 허락을 얻고 1만 6천 루블을 협회에 전달했다. 이 금액 중 1만 루블은 여자 상업학교 설립을 위한 기초 자본금으로 활용하였고 학교본부 건물은 반드시 프로토포포프의 이름을 붙이는 조건을 지켜야 했다.[70]

모스크바 상인·기업가 세력의 영향력을 키우기 위한 금융조직에 의한 박애활동은 결과적으로 매우 효과적이었다. 특히 모스크바공제협회는 1880년 이후 정관에서 박애사업 활동에서 10%를 책정하였다. 이 규정은 반드시 지켜졌다. 불황기 동안에 상업은행이 1% 미만의 기부를 행한 경우는 단지 두 번이었다.[71] 특히 모스크바 상인공제신용협회와 상업은행의 박애활동은 그 당시 러시아의 다른 도시의 수준과 비교해 볼 때 월등히 높았을 뿐만 아니라 오늘날 미국과 유럽 여러 나라에서의 일반적 기부액인 과세대상 이윤 총액의 1%와 비교해도 훨씬 더 높은 수준이었다. 이것은 정말로 특기할 만한 일이었다.

모스크바 상인·기업가 금융 및 은행들의 조직적 박애의 세번 째 특징은 이들이 매우 친슬라브적이며 애국주의적인 성향을 갖고 있다는 점이다.[72] 그들이 전쟁관련 재난구호에 남달리 특별한 관심을 갖고 있었던 점은 바로 이 사실을 반증하고 있다. 1876~78년 발칸 전쟁 시기에 주식증권거래협회와 모스크바상인협회가 공동으로 불가리아인을 돕기 위해 20만 루블의 기부금을 모았다. 이것은 당시 지식인들을 놀라게 했다. 왜냐하면 이 전쟁은 러시아와 직접 관련이 없었기 때문이다.[73] 전쟁 관련 박애 활동은 사상자를 위한 구호에 머물지 않고 다른 국가적 재난이나 피해 복구를 위한 부문으로 확대되었다. 기업가들은 국가 의식에 매우 고무되어서 일상적인 국가 재해, 기근으로 인한 구빈 사업, 참전 부상 병사와 가족을 위한 구호사업, 전쟁고아 구호사업, 아동 병원, 여성 병원 설립, 정신질환자 요양 사업 등에 집중 투자하기 시작했다. 각 주의 지사나 경찰청은 재난이 닥칠 때마다 이제 의례적으로 상인·기업가들의 조직에게 높은 기부금을 할당하는 태도를 취했다. 모스크바 기업가들은 1891~92년, 1900년, 1912년 각각 대 기근과 흉작으로 인하여 러시아 농민의 고통이 격심하던 시기에 기근피해자 보호를 위해 거액을 모아 정부에 전달했다. 특히 1913년 5월 쌍뜨 뻬제르부르크와 모스크바의 상업 은행이 총 백만 루블 이상의 전 러시아모자보호기금을 모아 황녀 알렉산드라 페도로바가 직접 운용하도록 기탁하였다. 이 사건은 당시 언론에 크게 보도되었다. 젠트리층이나 귀족들도 놀라워했다.

모스크바 상인·기업가 조직의 박애가 각별한 애국심을 보이는 데에는 몇 가지 이유가 작용한다. 우선 그들의 상당수는 구교도 출신으로서 슬라브 민족의 과거 전통과 반서구주의 세계관에 깊이 집착하고 있었다.[74] 이 때문에 그들은 무역에서 항상 큰 경쟁 대상인 영국을 경계하곤 했다. 그리하여 영국과 벌인 크림 전쟁, 그리고 러터 전쟁과 발칸 전쟁에서 병사를 구호하는 박애활동에 특별히 적극적이었다. 또 1904년 러일 전쟁 시에도 기업가들은 참전 병사들과 가족을 위해 2만 6천 루블을 전달했다.[75] 1912년 발칸 전쟁에 이어 1914년 1차 대전 발발 당시에도 부상자 슬라브인 병사들과 그 가족을 위해서도 신속히 거액을 모금한 사건들은 이들의 애국주의 경향을 증명하는 전형적인 사례이다.[76]

M. 스타인버그는 당시 러시아 상인·기업가들의 자기의식적인 박애활동들을 '행동적 온정주의'라고 정의 내리기도 하였다.[77] 당시대 또 다른 일부는 그들의 온정주의적 자선 활동은 '탐욕스런 상인'이나 '수탈자' 모습 앞에 가린 위선에 지나지 않는 것처럼 비판하기도 했다. 그러나 이런 평가들은 당시대 러시아에서 모스크바 사적 상인·기업가들의 전반적 사회적 지위나 경제상황을 도외시한 평가라고 볼 수 있다. 러시아에서 상인·기업가들은 매우 어려운 환경에서 경제활동을 수행했고 사회적 지위 상으로 결코 자유로운 집단이 아니었다. 그들이 놓인 상황은 유럽이나 미국에서 상인·기업가들이 누렸던 유리한 정치 사회적 상황과 매우 다른 것임을 염두에 두어야 할 것이다.

4. 상인·기업가들의 박애와 예술후원의 관계

19세기 후반 러시아 상인·기업가들이 전개한 자선이나 상업교육을 위한 박애 이외에 특별히 칭송을 받은 탁월한 박애활동은 예술과 문화 후원 사업이었다. 이것은 세계사에서도 특기할 만한 현상이었다. 그 일차적 동기는 상인·기업가들이 아무리 재산을 축적하고 공적활동에 참여해도 지식인들은 여전히 그들을 비천한 출신으로 멸시받고 있다는 데에서 비롯된다. 상인·기업가들은 자신들이 단지 돈벌이에만 관심이 있는 장사꾼이 아니라 지식과 예술에 대해서 계몽된 열망을 갖고 있으며 '그 무엇인가 의미 있는 존재임'을 보이고 싶어 했다. 상인·기업가들은 항상 계몽된 존재로서의 인정을 받고 자신들에 대한 여론층의 기존 인식을 바꾸고 싶어했다. 이를 위해 서구지향의 과학이나 사회과학을 후원하는 것과는 다른 방법을 택할 수밖에 없었다. 그것이 바로 예술의 후원사업이었다.[78]

<9-3. 트레쨔코프의 저택이자 기부활동의 결실, 모스크바 미술관>

그러나 그들은 상층귀족이나 젠트리층과는 달리 구 러시아의 문화와 예술에 집착하였다. 예를 들면 P. 트레쨔코프나, S. 쉬체르바토프, P. 리아뷰신스키, 사바 마몬토프는 공통적으로 구 러시아 종교와 예술에 열광적이었다.[79] 그들은 이 분야의 음악, 미술, 조각을 위시하여 순수 예술가들에게 재정적 투자를 아끼지 않을 뿐만 아니라 그들 자신이 직접 구 러시아의 서적, 이콘, 종교적 의례기구 등, 예술품 수집에 열광하였다. 또 당시 프랑스와 이탈리아의 각국 예술품에 엄청난 재산을 쏟아부으면서 사들였다.[80]

이들 중 특히 박애와 관련된 예술 후원 사업에 몰두한 인물은 철도왕으로 이름이 높은 사바 마몬토프와 면직물업계의 백만장자로 널리 알려진 사바 모로조프였다. 이들 두 인물의 예술후원은 러시아의 사적 상인·기업가들의 박애활동의 성격을 그대로 표현한 것이기 때문에 특기할 만하다.

모스크바-북부 아르한겔스크의 철도를 부설하여 철도 왕으로 이름을 날린 사바 마몬토프(1841~1918)는 남서부 시베리아에서 징세농의 아들로 태어났다. 그의 아버지는 사바에게 예술에 대한 관심을 전혀 허락하지 않고 오직 상업 공부와 돈벌이에만 몰두하기를 바랐다. 마몬토프는 1861년 농노 해방령이 내리자 현실에 곧 적응하여 모스크바로 이주하여 정규중등교육을 마쳤다. 직물업, 광산업을 좋아하던 아버지의 뜻에 따라 사바는 처음엔 석유업에 발을 들여 큰 돈을 벌었다. 그는 슬라브 숭배주의자들이나 농노해방 운동가에 대해서는 우호적이었지만 반농민적 서구주의자들, 공상적 사회주의자들, 혹은 혁명적 인민주의 운동에는 매우 적대적이었다.[81] 활달하고 낭비벽이 심한 사바 마몬토프는 학교성적이 좋지 않았다. 아버지는 그를 자퇴시키고 차라리 영국과 독일 등지에 외국유학을 보내어 사업을 배우도록 만들었다. 이것은 당시 첫 세대 기업가들의 공통된 행태였다. 다시 제국 모스크바 대학의 법학부로 돌아온 후에도 그는 인문학이나 사회과학보다는 예술, 드라마에 더 큰 관심이 있었다.[82] 사바는 바쿠 <카스피아횡단 석유무역회사>에 근무하다가 차츰 사업가 자질이 성장하였다.

1862년 대학을 그만두고 사바는 모스크바-야로슬라브 철도부설권을 획득하였다.[83] 1865~1899년 동안 사바는 점차 모스크바 주위 환상선 철도에서 시작하여 돈 강 유역에서 북부 아르한겔스크까지 이르는 철도에 거대한 투자를 하였다. 북부 개척을 진행하면서 그는 구 러시아 문화와 예술에 대하여 강한 관심을 갖기 시작했다. 이 사업 동안 그는 정부에 대해 끈임없는 설득작업을 벌였고 많은 뇌물을 제공했다. 그럼에도 불구하고 그의 사업은 늘 정부와 관료들의 압력과 감시감독, 간섭 그리고 황실의 변덕스러운 총애와 허가에 매달려야 했다. 북부 러시아

개척에 큰 관심을 갖으면서 사바 마몬토프는 선배 철도업자인 F. 치죠프를 통해 호미아코프를 위시한 친슬라브주의자 지식인들과 교유하게 되었다. 친슬라브주의자들과의 교유 때문에 그는 제국 정부로부터 심한 의심과 간섭에 놓이기도 하였다.

사바 마몬토프는 슬라브주의자인 치죠프를 통해 러시아 전통 문화의 중요성을 배우면서 갑자기 예술부흥에 관심이 생겨났다. 그는 예술은 반드시 개인의 능력에 의해서가 아니라 국가와 민족의 정신적, 영혼적 힘에서 나온다는 사상에 매료되었다. 이것은 당시 슬라브주의자였던 호미야코프의 사상에서 비롯된 것이었다.[84] 그에 의하면 러시아 문화는 서구문화와 본질이 완전히 다른 독자성을 갖춘 것이었다. 서구 문화는 배움이나 경쟁의 대상이 아니라 극복의 대상이며, 러시아 문화는 세계를 구원하는 지도적 사명을 갖고 있다는 것이었다. 호미아코프는 러시아의 기존 음악이 서구 음악을 모방하는 것을 크게 한탄하고 대신 글린카의 민족적 음률을 살린 국민 음악을 칭찬하였다. 이에 사바 마몬토프는 크게 자극을 받고 러시아 음악을 재생하는 운동에 후원하기로 결심하게 되었다.

1885년 그는 자신의 재산을 털어 직접 사립 오페라단을 창설하였다. 그는 특히 러시아 음악예술을 재생하는데 몰두한 무소르그스키, 림스키 코르샤코프, 챠이코프스키를 매우 좋아하여 많은 재정적 후원을 하였다.[85] 또한 그는 모스크바 사립 오페라단을 통해 러시아 전통적 음악을 작곡, 연주하는 음악가를 후원하면서 황실 후원의 국립 오페라단과 경쟁하고자 하였다. 외국인 가수나 작곡자, 연주자를 초청하여 운영하던 빼쩨르부르크의 제국 오페라와 달리 그의 사립 오페라단은 주로 국내 음악가들을 초빙하여 조직하였다. 당시 이런 활동은 모두를 놀라게 한 발상이었다. 국민 음악을 추종한 그의 오페라 상영은 자주 예술성의 수준에서 혹평을 받았으나 젊은 무명의 가수를 발굴하여 양성시키거나 러시아적인 아름다운 무대장치를 설치하였던 점에 커다란 찬탄을 받았다.[86] 그러나 러시아인들은 러시아의 오페라에 거의 관심을 보여주지 않았다. 그의 오페라단은 항상 적자와 고전을 면치 못했다. 그러던 중 마침내 1896년 챠이코프스키의 <스페이드 여왕>이 청중으로부터 큰 호평과 인기를 끌게 되었다. 그의 후원활동 덕택으로 F. 찰랴핀, T. 류바토바, M. 말리닌 I. 소콜로프를 위시한 러시아인 오페라 가수들이 크게 이름을 날리기 시작하였다.[87] 1905년에는 림스키콜샤코프는 수도 뻬쩨르부르크에서 <사드코>, <백설공주>, <5월의 밤>, <프쉬고프의 처녀> 등을 직접 지휘하여 대 성공을 거두었다. 이때 당시 인기 높은 가수 스타소브는 폭군 이반 역을 맡았다. 당시 기업가들은 전문 기관지 신문인 <증권소식지> (Birdzevye vedomosti)에서 챨리아핀과 아나톨스키의 작품무대 배경과 조각의 우수성에 대해 격찬하였다.

> 제국 오페라에 비해 진정으로 '러시아적인!!' 그야 말로 러시아 음악사에 획기적인 공연이었다.'[88]

마몬토프 오페라단은 그가 파산으로 인하여 기소될 때까지 1898~99년 사이에 총 113회 공연을 수행하였다. 정말 놀라운 행적이 아닐 수 없다. 그 중에서 단지 30개만 외국인 작품이었다.[89] 그만큼 그의 러시아 전통 예술에 대한 애정은 광적 수준에 이른 것이었다. 당시 사바의 오페라단을 본받아 많은 사립 오페라단이 창설되었으나 사바의 조직이 가장 성공적이었다. 그의 오페라단은 러시아 일반인에게 러시아인들 자신의 민족 음악에 관심을 갖게 하는데 크게 기여하였음은 두말할 나위가 없다.

사바 마몬토프 기소 이후 그의 오페라단은 림스키 코르샤코프의 필사적인 경영 아래 몇 년 더 지속되었지만 결국 재정적 문제로 중단되었다. 많은 가수들이 보수가 더 높은 제국 볼쇼이 극장으로 이동하였다. 그의 오페라단은 더 이상 젊은 가수들을 끌어 올 수 없어 결국 1904년 종말을 맞았던 것이다. 그러나 그의 오페라단은 무수한 예술가들에게 성장과 출세의 경험을 제공해 주었고 러시아인들에게 러시아 음악 작품의 탈출구를 마련해 준 중요한 계기가 되었음은 분명하다.

사바 마몬토프는 1870~1904년 사이 러시아 오페라 음악 뿐만 아니라 커다란 규모로 회화 예술가를 후원한 기업가이기도 하다. 마몬토프는 <마몬토프 서클>을 조직하여 빈곤한 러시아 순수 미술가들의 자유로운 예술 활동을 위한 작업실을 건설하는 계획을 세웠다.[90] 1870년 그는 모스크바 근교에 아브람쩨프에 있는 영지를 사들여 여기에 순수미술과 음악 그리고 조각가들이 마음껏 작품 활동을 할 수 있도록 예술 작업실을 건설하고 재정적 후원을 아끼지 않았다.[91] 1905년 마몬토프가 철도 운영에서 파산 선고를 받고 횡령죄로 수감될 때까지 아브람쩨프를 중심으로 많은 아마츄어 예술가들이 여기에 모여들어 <마몬토프 서클>을 형성하였다. 회원들은 예술가뿐만 아니라 역사가, 기업가 심지어 스톨리핀 시대의 정부 인물들까지도 교유하였다.

이들은 예술에 관한 논쟁을 벌이고 출판하기도 했다. 이것은 근대 러시아 예술의 탄생과 아카데미즘이나 고전주의를 벗어나 새로운 장르로서 역사적 사실주의적 민중 예술의 성장에 크게 기여를 하였다. 1850년대에는 당시 기존 국립예술아카데미에서 활동하는 예술가들은 황실과 국고 지원에 의존하면서 황실 가문과 부유한 귀족의 초상화를 그리거나 정부가 요구하는 화랑을 전시하는 업무에만 종사했다. 그러나 마몬토프의 예술활동후원사업을 보면서 일부 예술가들은 평범한 러시아 인민들의 구체적인 삶의 모습에 관심 갖고 사실주의적 역사적 사건의 모습을 표현하는데 관심을 돌리기 시작했다. 이것은 당시 사회적 운동으로서 인민주의의 전개와도 일면 깊은 관계가 있었다.[92] 마몬토프의 예술 후원에 의하여 유명한 순수화가로 성장하거나 성공한 인물은 수도 없이 많이 존재한다. 대표적 인물들은 바질 폴레노프, 빅토르 봐스네쵸프, 마하일 브뢰벨, 발레찐 세로프, 콘스탄찐 케로빈, 에레나 폴레노프 등이며, 조각부문에서는 마르크 안토톨스키, 오페라 가수로서는 표도르 챠리아핀이었다. 이들은 곧 <마몬토프 서클>이라는 이름 하에 모여 들었다. 이들은 예술은 사회적 목적에 이바지할 것과 러시아 전통과 민중의 삶의 모습을 그리는 데에 집중하였다. 또한 이들은 러시아 예술의 중심을 빼제르부르크에서 모스크바로 옮겨와야 한다는 주장을 내세웠다. 당시 19세기 후반 러시아 위대한 회화가 였던 I. 레핀과 V. 수리코프도 이 작업실에서 자주 활동하였다.[93] 어느 의미로 1860년대 민중을 위한 러시아 인텔리겐찌야 운동의 산실 역할을 하던 모스크바의 중요성이 예술의 영역에서도 그대로 나타났다고 볼 수 있다.

이 상황에서 마몬토프의 구 러시아 예술에 대한 후원은 다양한 러시아적 인상주의, 신비적 상징적 미술 전통, 민족적인 미적 감각을 복구하는 성당, 건축과 공예 응용미술을 복구하는데도 매우 기여하였다. 그런 점에서 마몬토프의 후원은 민족주의 각성에도 크게 이바지하였다. 예를 들면 마몬토프는 러시아 북부 지역이야말로 구 러시아의 역사와 민족 정신을 내포한 진정한 정수라고 보았다. 이 때문에 그의 오페라와 순수 미술의 내용에는 구 러시아에 대한 발굴의 주제가 많은 비중을 차지하고 있었다.[94]

사바 마몬토프의 격정적인 기질은 기업의 영역에도 그대로 나타났다. 그는 후일 철도사업에 지나치게 과도한 투자를 하여 파산 상태에 빠지게 되는데 정부가 그를 기소하여 재산을 압류할 순간에도 그는 예술에 대한 집착을 버리지 못할 정도였다. 심지어 감옥 속에서도 러시아 오페라 공연을 위한 감독과 지시를 멈추지 않을 정도였다. 마몬토프는 경제사범의 죄목으로 구속되어 재판받았으나 지난 시절 경제발전에 이룬 기여도와 사회봉사의 업적을 감안받아 파격적 선처를 받고 석방되었다.[95] 마몬토프는 자신이 추구하던 기업가로서의 영광스런 명성은 얻지 못하였으나 모스크바의 재능 있는 빈곤한 많은 예술가들을 후원함으로서 사회적 기여자로서의 귀한 명성은 그대로 남기게 되었다. [96]

사바 마몬토프와 비교해 볼 때 사바 모로조프 2세(1863~1904)는 정치 사상적으로 급진적 인물이었다. 그는 특이하게도 급진적 사회주의자들과 친교가 많았다. 시베리아 유형수들을 위해 많은 자선 활동을 벌임으로서 자주 정부의 감시와 의심을 받았다. 그는 모스크바 근교 블라지미르의 러시아 최대 규모의 공장 니콜스크 직물기업을 아버지 찌모페이로부터 물려 받은 행운아 젊은 기업가였다.[97] 그는 고등교육을 받았고 예리한 현실 감각을 가진 사업 수완이 좋은 기업가였다. 당시 제2세대의 대다수 화려한 젊은 기업가들과 달리 사바 2세는 서구 생활의 모방을 추구하지도 않았고 사교 생활을 좋아하지도 않던 고독한 성품의 인물이었다. 사바 2세는 직물공장에 당대 최신식 방직 기계를 영국으로부터 도입하여 생산가격을 낮추고 서구에 경쟁할 만한 고품질의 면직물을 생산하는데 성공하였다. 또한 아버지인 찌모페이 시절의 악명 높은 공장 노동자 수탈자라는 이미지를 털어버리고자 노동자 임금상승과 환경개선 및 복지에도 큰 노력을 경주하였다. 사바 2세는 매우 다재다능한 능력을 갖춘 인물이었다. 그는 기업경영 이외에도 자신의 에너지를 특히 연극과 극장예술에 쏟아 넣기도 했다.

1896년 그는 33세에 오레코보 쥬에보에 있는 직물공장의 모든 노동자와 직원을 위한 여름 노천극장 설립계획을 발표하여 지식인들을 놀라게 하였다.[98] 이듬 해 최신식의 무대설비를 갖춘 극장이 완공되었다. 제국 황실소유인 <볼쇼이 극장>을 비롯한 말로이 극장 소속의 배우들이 대거 이곳에 몰려 들어 연극을 공연하기 시작했다.[99] 사바 2세는 여기에 만족하지 않고 다시 1904년 겨울 극장 건설에 착수했다.[100] 이것은 모스크바 주의 최초의 노동자 극장이었다. 곧 <파우스트>, <루살카>, <아스킬도바 무덤> <악마>, <술취한 부인>, <에브게니야 오네긴> 등의 작품들이 공연되었다. 흥미 있는 사실은 무대 위의 배경에 있는 합창단원이 전문 예술가가 아니라 모로조프 공장의 노동자들이었는데 이것은 배우들을 매우 감동시켰다.[101] 연극 예술을 좋아한 사바 2세는 자주 여러 도시의 연극 극단 단원을 위해 많은 비용을 비밀리에 후원하였다.

사바 2세의 연극예술 후원사업 중에서 가장 중요한 일은 바로 모스크바 사립 예술극장의 설립과 후원활동이었다. 1897년 당시 천재적인 연극예술가 콘스탄찐 스타니슬라브스키와 비평가 V. 네미로비치 단첸코 두사람은 '황실과 제국 정부로부터 간섭을 받지 않는 자유로운 독립적 예술극장'을 조직하기로 결심하였다. 그러나 여기에는 엄청난 돈이 필요하였다. 객석과 무대, 새로운 조명과 각종 음향시설을 구비하는 것 이외에도 작품을 선정하고 준비하는 것은 재정 문제 뿐만 아니라 높은 비평적 감각과 강한 정력을 필요로 하였다. 또한 악단과 배우들을 발굴하고 연습에 후원하는 데에도 큰 영향력이 필요하였다. 처음에 스타니슬라브스키는 많은 기업가들을 찾아다니면서 후원을 요청했으나 투자액이 워낙 높아 큰 좌절에 빠지게 되었다. 이 소식을 들은 사바 2세는 기초 착수금으로 1만 루블을 보내면서 다른 어떤 후원자도 추가로 찾지 않는다는 조건으로 이 후원사업에 선뜻 응하였다. 그때 극장 예술감독가인 스타니슬라브스키는 감동 속에 다음처럼 회상하였다.

> 당시 사바는 많은 돈을 보내왔을 뿐만 아니라 일과 노력, 용기와 믿음까지도 우리에게 보여주었다.[102]

1890년대 말 러시아 상류층 대다수는 산업화 이후 도시화와 서구 문명의 격류에 밀려 서구 물질문명과 문화를 모방하는데 급급하였다. 그들은 자신의 문화 수준을 올리기 위해 고급저택을 구입하고 일상생활에서 극도로 사치스러운 소비 분위기에 빠져 있었다. 누구라도 단독으로 예술 극장을 후원한다는 것은 거의 있을 수 없는 일이었다. 1898년 4월 사바는 자신이 직접 극장의 자본 규모와 투자와 이윤 분배의 방식, 그리고 경영자의 봉급 수준, 공연 목록과 배우 선정 등에 관한 모스크바 예술극장 운영의 정관 16개 조항을 작성하였다. 스타니슬라브스키의 염원에 따라 사바는 오페라 악단을 가르치는 지도 교사들은 결코 러시아 중앙음악협회의 간섭을 받지 않고 독립적으로 활동할 수 있도록 결정하였다. 그야말로 자유롭고 독립적인 사립 예술극장과 연극 상연의 기초가 마련된 것이다.[103]

1898년 10월 첫 공연으로 톨스토이의 작품 <짜르 표도르 이바노비치>가 공연되었다.[104] 사바는 연습에 필요한 모든 시설을 직접 자신의 공장에서 제작하기도 했다. 최신 장비나 램프 시설을 구입하기 위해 유럽까지 여행을 다녔다. 점차 모스크바 예술극장의 공연 수준이 올라가면서 관객과 비평가들로부터 높은 평가를 받기 시작하였다. 그러나 운영은 1년쯤 지나서도 적자를 면치 못하여 4만 6천 루블의 손실이 발생했다. 사업은 사바 없이는 단 6개월도 유지될 수 없었던 것이다. 그는 개인적으로 6만 루블을 희사하고 다시 투자자들을 모았다. 그의 열성에 대해 배우였던 올가 크니페르는 당대 최고의 문학 극작가였던 안톤 체홉에게 다음처럼 편지를 쓰고 있다.

> 사바는 멀리서 기차를 타고 와서 밤새도록 우리들의 극장 연습실에서 같이 모든 연습 모습을 참관하고 같이 감동하며 열성적으로 흥분했어요. 그리곤 그는 다음 날 아침 일찍 다시 그의 공장으로 바쁘게 떠났어요.[105]

드디어 1901년에 모스크바 예술극장이 거둔 성공은 젊은 연극 배우들이나 지식인들에게 우상의 표식이 되기 시작하였다. 사바의 도움 덕택으로 극장은 흑자를 내기 시작하였다. 사바는 이 시점에서 다시 추가로 5만 루블을 투자하면서 주식회사의 규정에 따른 3년간의 운영기획안을 고안하였다. 사바는 A. 체홉에게 극장 운영에 주주로 참여하여 문학적 부문에게 기여해줄 것을 간청하는 편지를 썼다. 그 당시에 상인·기업가들에게 그다지 우호적인 입장을 가지고 있지 않던 극작가 체홉이 마침내 이를 수락하자 그는 크게 기뻐했다. 그는 주주들에게 3년간 대부를 받아내고 수입의 지분을 나누어 주었다. 자신의 비용은 책정하지 않고 모든 손실액을 담당하는데 사용하였다. 또 남는 자신의 지분은 다시 직원들에게 배분하였다. 1902년 극장건물극장의 임대가 만료되었다. 그는 다시 새 건물을 찾아 다녔다. 당시 백만장자였던 G. 랴조노프의 저택을 사바 자신이 보증을 서면서 12년간 임대 계약을 체결하는 데 성공하였다. 극장은 다시 공연을 계속할 수 있었다. 사바는 새 건물에서 시설을 변경하고 보수공사를 진행하였다. 아주 훌륭한 현대식 극장을 세우는데 성공하였다. 당시 <꾸리에르> 신문은 다음처럼 논평하였다.

> 멋스러움과 단순 명쾌함이 서로 손은 잡은 이 새 명작은 한 박애가의 베풀음에 의하여 탄생되었다.[106]

예술 감독가 스타니슬라브스키는 감격하여 사바에게 다음처럼 편지를 썼다.

> 당신은 사회를 위해 기념비를 세웠습니다. 또 당신의 헌신의 증인이 된 우리를 위해서도 커다란 기념비를 세운 것입니다. 예술후원자로서, 사회에 사상적 봉사를 한 당신에게 우리 모두 감사드립니다. 마치

트레쨔코프가 그림예술에 봉사를 한 것처럼 당신은 모스크바 연극 예술에 봉사한 것입니다.[107]

1904년 12월 사바는 극장 운영 면에서 공동 감독자인 네미로비치로부터 심한 질투와 반발을 받게되었다. 갈등 끝에 사바는 결국 자신이 재정적으로 후원하되 직접적 경영에는 개입하지 않을 것을 결정하고 물러났다. 이때까지 그는 총 50만 루블을 후원하였다. 그러나 불행하게도 그 다음해 1905년 사바 2세는 아직도 원인이 밝혀지지 않는 자살로 죽음을 맞이하였다. 모스크바 예술극장은 그 높은 명성으로 인해 혁명 이후에도 살아 남았다. 1928년 30주년 기념식을 가지게 되었는데 그때까지 운영을 맡은 스타니슬라브스키는 무시무시하기 짝이 없는 소비에트 권력 앞에서도 가장 먼저 부르주아 출신의 기업가였던 사바 모로조프에게 감사하는 대담한 기념 연설을 행하기도 하였다.

사바 마몬토프와 사바 모로조프 2세 두 사람은 공통적으로 '예술은 예술을 위한 것인가? 아니면 예술은 사회봉사를 위한 것인가?'라는 해묵은 논쟁에서 단연히 예술은 민족과 사회봉사를 위한 것이라는 생각을 가진 사람들이었다.[108] 사실상 이것은 매우 역설적이었다. 왜냐하면 당시 그들의 후원을 받았던 대다수 젊은 예술가들은 예술이야말로 당연히 예술 그 자체를 위한 것이어야 한다는 사상에서 활동하였기 때문이다. 예술론에서 이 논쟁은 항상 매우 격렬한 논쟁을 야기시키는 심각한 주제에 속한다. 그러나 마몬토프나 모로조프는 예술이란 예술가의 개성과 자유를 보장해주지만 동시에 대중들에게 상상력을 키워주고 새로운 양식을 통해 러시아의 과거의 문화의 모든 측면, 스토리, 음악, 그림, 조각, 의상, 건축, 무대장치 등 모든 부문에서 대중을 교육시킬 수 있어야 한다고 주장했다.[109] 엄격한 의미에서 보면 1870~1905년 사이 러시아 기업가들의 예술에 대한 생각은 순수예술사적인 관점에서 새로운 학풍을 만들어 냈다기보다는 오히려 그들의 사회문화적인 역할을 강조하는 멘탈리티를 표현하는 것으로 볼 수 있다.

이상에서 19세기 후반 러시아의 사적 상인·기업가들의 박애활동에 대해 살펴본 결과 우리는 다음과 같은 몇 가지 결론을 얻을 수 있다.

19세기 후반 러시아의 전반적 정치 사회적 후진성에도 불구하고 자본주의적 사적 상인·기업가들의 박애 활동은 참여자의 수적 규모나 활동 분야에서 획기적으로 변화하였다. 유럽 여러 나라의 경우와 다르게 사회적으로 지주 귀족과 지식인에 비해 월등히 낮은 지위와 신분에 놓인 구교도 상인·기업가들이 그처럼 높은 수준의 박애를 전개하게 된 것은 새로운 자아의식과 정체성에서 커다란 자극과 변화를 겪게 된 탓이었다. 농민 해방 이후 이들은 상업과 기업의 성공을 통해 자본가계층을 형성하고 거대한 부를 축적하는데 성공하면서 종교적 자선사업과 공무 활동을 통해 사회적 위신과 지위 향상을 갈망해 왔다.

그러나 1880년대부터 시작된 대규모 유혈적 노동 분규에 빠지자 사회적 책임에 대한 비판, 사회적 멸시, 전제정부의 징계와 감독 하에 놓이게 되었다. 이로서 러시아 사적 상인·기업가들은 자신들의 존재 이유와 정체감에 큰 위기를 느끼게 되었다. 이로 인해 그 때까지 막연히 신의 은총과 영혼구제를 위한 자선과 도덕적 경제활동을 수행하고 있다는 종교적 신념은 큰 딜렘마에 빠지게 되었다. 산업화에 따르는 현실적 세속주의와 사회경제적 대립 속에서 대다수 부유한 사적 상인·기업가들은 심리적으로 커다란 충격을 받았다. 부의 축적의 목적이나 박애에 대한 새로운 태도나 세계관을 갖지 않을 수 없었다. 이 상황에서 그들은 박애의 새로운 세속적 이념의 기초로서 '부의 공적 의무'(richess obligée)라는 사상을 수용하였다. 이에 의거한 상인·기업가들의 현실적인 박애 활동은 1917년 혁명 직전까지 매우 효과적으로 확대되었다. 이 개념은 산업화 이후 대립과 갈등의 사회관계 속에서 스스로에게 부에 대한 정당성, 현실적인 자아 정체감, 명예나 불멸성에 대한 신념을 주는 통로로 작용하였다.

19세기 후반 상인·기업가들 박애활동은 유럽에 뒤처지지 않는 큰 규모로 전개되었다. 이것은 한편으로는 억압적 전제 정부가 상인·기업가들에게 허락한 유일한 자유로운 공적 영역이었다는 점을 직시할 필요가 있다. 상인·기업가들의 조직적 박애활동에서는 은행 및 금융기관이 중심적 역할을 수행하였다. 이것은 그들의 사업의 근본적 특성과 깊은 관계가 있다. 러시아 사적 기업의 성장은 주로 모스크바를 중심으로 하여 자생적이면서도 지방을 중심으로 성장하였다. 따라서 언제나 지방은행이 핵심 역할을 하였다.

이외에도 구교도 상인·기업가들의 부의 축적의 과정에는 공동체 재산관리의 관행이 깊이 박혀 있었다. 그들의 공동체 생활에서는 신용을 근거로 하는 대부 사업이 핵심적 역할을 하였기 때문에 공제조합, 신용조합, 은행에 대한 믿음은 거의 절대적인 수준이었다. 이 때문에 언제나 이들 금융기관이 조직적 박애의 역할을 수행하였던 것이다.

상인·기업가들의 '부의 공적 의무'의 사상과 박애는 근대적 변화상으로 보아야 할 것이다. 러시아에서 '공적 의무'라는 개념은 본래 표트르 대제 이후 러시아의 귀족이나 젠트리 등 상층민에게 요구되던 것이었다. 이것은 황제로부터 받는 총애와 영지에 대한 대가로 '국가에 대한 봉사'라는 개념과 직결되었다. 이 개념은 심지어 대개혁 이후 젠트리 지식층의 '인민에게 대한 봉사'라는 사상으로 발전하였다. 이처럼 '공적 봉사'의 개념은 항상 러시아 상층사회의 세계관을 이루고 있었다. 상인이나 농민은 감히 '공적 봉사' 그 자체에 쉽게 접근할 수 없는 바였다. 그러나 19세기 후반에 사회 전반에서 경멸과 질시의 대상이었던 상인·기업가들이 '부의 공적 의무'를 수용하기 시작했다. 이것은 분명히 시민적 여론 계급으로 변신하고자 하는 욕구와 근대적 자아와 정체성을 위한 의식으로 평가할 수 있다. 당시는 아직 상인·기업가들이 정치적·사회적 결정권이나 위신을 누리지 못하던 권위주의적 질서였다. 그런데 '부의 공적 의무'의 개념에 토대를 둔 박애는 정치적 사회적 결정권을 쟁취할 수 있는 효과적 출구로 보였다. 이 때문에 19세기 말엽 상인·기업가들 사이에서 '부의 공적 의무'라는 사상은 빠르게 흡수되었다. 이러한 자아 정체성이나 계급의식은 1905년 혁명이후 상인·기업가들만의 독자적 근대적 정치 세력을 형성하려는 움직임에 촉매 역할을 하였다.

상인·기업가들의 박애활동의 또 다른 중요한 특성은 애국주의와 깊은 관련을 갖고 있다. 그들의 자선, 박애활동과 예술후원 활동 속에는 항상 민족적 각성과 강한 국가와 민족에 대한 애정과 집착이 강조되고 있다. 이것은 다른 서구 사회의 박애 활동과는 매우 구별되는 현상이다. 그들의 애국주의적 박애는 구 러시아의 예술과 문화에 매우 집착하는 모습을 보였다. 이것은 당시 러시아의 귀족층과 젠트리, 서구화된 지식인들의 학문이나 과학의 업적에 비할 만큼 높은 수준은 아니라 해도 예술과 문화후원 활동은 후일 러시아의 예술과 문화의 성장에 중요한 성과를 거두었다. 그러나 또 다른 한편에서는 그들이 구 러시아의 예술과 문화에만 집중하면서 서구의 진보적 사상이나 혹은 사회과학 및 정치학에는 별로 관심을 두지 않는 한계점을 가지고 있었다. 이 때문에 혁명적인 정치 사상이나 지식인들이 그들에게 더욱 더 적대적 태도를 보이는 원인이 되기도 하였다.

상업교육 장학사업, 병원 및 의료사업, 구빈활동, 빈곤아동 보호사업, 그리고 예술후원 활동 등에서 조직적으로 확산되던 상인·기업가들의 이 모든 박애 활동은 1917년 혁명으로 인하여 완전히 중단되었다. 궁극적으로 상인·기업가들에 의한 '대규모 재단을 통한 박애 자본주의' 수준으로 성장할 기회를 갖지 못하였다.

그러나 혁명이전까지 '부의 공적 의무'에 토대를 둔 박애는 상인·기업가들에게 적어도 스스로 사회적 정체성을 확인하고, 이를 통해 계급적 결속력을 굳히는데 커다란 역할을 하였다. 또한 시민적 자유가 허용되지 못한 19세기 말 전제 사회에서 상인·기업가들의 박애활동은 그들에게 시민적 성장이나 발언권을 높여 주는데 기여하였음은 분명하다. 그런 점에서 상인·기업가들의 박애 활동은 러시아 사회와 문화를 근대화 방향으로 걸어가게 만든 역사적 사건임에 틀림없을 것이다.

주(注)

제1장 서언

1. '경제적 인간(homo oeconomicus)'과 대비되는 '관계적 인간(homo relationalis)'에 대해서는 Andrea Muehlebach, *The Moral Neoliberal: Welfare and Citizenship in Italy* (Chicago: The University of Chicago Press, 2012), pp. 6-7을 보라.
2. Christopher Pelling, "Introduction," *Symposion and Philanthropia in Plutarch*, eds. José Ribeiro Ferreira, Delfim Leão Manuel Troster and Paula Barata Dias (Coimbra: Simões & Linhares, Lda., 2010), p. v.
3. 플루타르코스의 『영웅전』에 나타난 박애 개념, 특히 박애가 인간에 대한 보편적 '공감'에 기초한다는 논변에 대해서는 Marta Várzeas, "Tragedy and *Phialanthropia* in the *Lives of Demosthenes and Cicero*," Ferreira, Troster and Dias, eds., *Symposion and Philanthropia in Plutarch*, pp. 338-340을 보라.
4. Merle Curti, "American Philanthropy and the National Character," *American Quarterly* 10: 4 (1958), pp. 420-421. 또한 장문석, "이탈리아 기업가들과 박애, 1860~1945"「역사교육논집」, 62(2017), pp.288~290을 참조하라.
5. Olivier Zunz, *Philanthropy in America: A History* (Princeton and Oxford: Princeton University Press, 2012).
6. Kathleen D. McCarthy, *American Creed: Philanthropy and the Rise of Civil Society, 1700~1865* (Chicago: University of Chicago Press, 2003).
7. 매튜 비숍·마이클 그린, 『박애자본주의』, 안진환 역 (사월의 책, 2010), p. 67.
8. 마이클 에드워즈, 『왜 기업은 세상을 구할 수 없는가』, 윤영삼 역 (다시봄, 2013).
9. 박애에 대한 차마니의 비판을 위해서는 Stefano Zamagni, *L'Economia del bene comune*, 2nd ed. (Roma: Città Nuova, 2008), p. 202을 보라.

10. Zamagni, *Economia del bene comune*, p. 190. 한편, 협동조합에 대한 차마니의 논의를 위해서는 스테파노 차마니·베라 차마니, 『협동조합으로 기업하라: 무한 경쟁 시대의 착한 대안, 협동조합 기업』, 송성호·김현대 역, 개정판 (한국협동조합연구소/북돋움, 2013)을 참조하라.
11. Olivier Zunz, "Philanthropy as Creed: The Encounter between Past and Present," review of Kathleen D. McCarthy, *American Creed: Philanthropy and the Rise of Civil Society, 1700~1865*, *Reviews in American History* 32: 4 (2004), pp. 511.
12. Muehlebach, *The Moral Neoliberal*, pp. 3-5. 또한 장문석, 『자본주의 길들이기: 자본과 자본 아닌 것의 역사』 (창비, 2016), pp. 274-276을 참조하라.

제2장 미국

1. 1913년에 수정헌법 16조로 소득세의 6%를 과세할 수 있었다. 현재 미국 소득세는 복잡하여도 최소 10%를 넘는 점에서는 1900년 초에 미국에서는 세금이 거의 없다고 보아도 된다.
2. 자선(Charity)와 박애(Philanthropy)의 차이는 자선은 빈자(needy)들을 위한 것이고, 박애는 인류(mankind)를 위한 것이라고 Robert Zunz는 정의를 내렸다. Robert Zunz, *Philanthropy in America: A History*, Princeton University Press, Princeton Oxford, 2012, p.10
3. 남종국, "중세 이탈리아 상인 다티니의 일상생활: 돈과 구원의 문제," 『상명사학』, 13-14 합집, 2008년, 125-126쪽.
4. Upton Sinclair, *King Coal*. The MacMillan Company, New York, 1917; Ida Tarbell, *The History of the Standard Oil Company*, 2 vols., Peter Smith, Gloucester, Massachusetts, 1904; Howard Zinn, *The Politics of History: With a New Introduction*. University of Illinois Press, 1990.
5. Allan Nevins, *Study in Power: John d. Rockefeller, Industrialist and Philanthropist*, Charles Scribner's Sons, New York, 1953; Chernow Ron, *Titan: The Life of John D. Rockefeller, Sr.*, Random House, New York, 1998. 론 처노 지음 안진화·박아람역, 『부의 제국: 그 신화와 경멸의 두 얼굴』, 2권 21세기북스, 2012.
6. Brian McClanahan, *The Politically Incorrect Guide to Real American He-*

ros, Regney Publishings, 2012, p.115.

7. https://www.senate.gov/artandhistory/history/minute/Hanna_2018년 3월 20일! 한나는 록펠러에 대해서 이중적인 잣대를 가지고 있었던 것 같다. 공화당 연방 상원의원으로서의 정치인으로서 그는 돈을 보는 관점이 약간 다를 수 있다.
8. John D. Rockefeller, *John D. Rockefeller: The Autography of an Oil Titan and Philanthropist*, Unpublished manuscript, 1909, p.78.
9. 대한성서공회, 『개역개정 큰 글 성경; 「신약성경: 디모데후서」』, 4장 7절, 2001년, 347쪽.
10. http://www.glabarre.com/item/H_H_Rogers.
11. 세계대기업가편집위원회, 『세계대기업가; 석유왕 록펠러』, 문우사, 1973, 227쪽.
12. 위의 책, 256-257쪽.
13. John D. Rockefeller, *John D. Rockefeller: The Autography of an Oil Titan and Philanthropist*, p.45.
14. 미국의 해운업과 철도 산업으로 재산을 모은 사업가이자 자선가이다. 1척의 보트로 시작한 해운업에서 사업을 일으켜 증기선으로 사업을 확대했으며, 철도 사업에 진출하여 뉴욕 센트럴 철도와 니켈 플레이트 철도를 지배하에 두고 '철도왕'이라는 별명을 얻었다. 남북전쟁시기에 에이브러햄 링컨 대통령과 미 합중국(북부) 정부에 전쟁자금과 선박을 기증하였다.
15. 그녀는 1900년대 초반까지 미국에서 가장 부자여성이었을 것이다. 그녀는 유대인으로 근검, 절약과 고리대금업으로 부자가 된 여성이다. 그녀의 재산은 1916년에 6천만 달러 정도였으나, 당시 구두쇠로 유명하였다.
16. https://steemit.com/story/@gavvet/a-day-in-the-life-of-john-d-rockefeller-featuring-cristi-as-author
17. 록펠러의 박애와 자선에 가장 중요한 인물이다. 1891년 시카고대 후원모임에서 만난 이후 30년 넘게 게이츠는 록펠러의 자선사업 책임자이자 사업상의 충실한 고문이었다. 게이츠는 록펠러에게 그저 돈을 나눠주는 즉흥적 방식에서 벗어나 미국이 안고 있는 문제를 체계적으로 해결하기 위한 기관을 세우자고 설득했다. "회장님의 재산은 눈덩이처럼 불고 있습니다. 불어나는 것보다 더 빨리 나눠줘야 합니다. 그러지 않으면 회장님은 물론, 자녀 모두

가 그 눈덩이에 깔려 죽을 것입니다." 게이츠의 설득으로 탄생한 것이 록펠러재단과 록펠러의학연구소 등이다.

18. 세계대기업가편집위원회, 『세계대기업가; 석유왕 록펠러』,259쪽.

19. 1905년 록펠러는 미국 침례교의 해외선교부에 10만 달러를 기부한다고 발표하였다. 보스턴에 모인 침례교회 목사들은 록펠러에게서 10만 달러의 기부금을 받는다는 발표에 '더렵혀진 돈'을 받아서는 안된다는 논쟁을 했다. 그러나 10만 달러는 이미 받았고, 실제로 쓰여 지고 있었다. 그러면 이 '더러운 돈' 논쟁은 더럽게 번 돈을 선교부에서 받지 말아야 한다는 당위성과 별개로 실제 '깨끗한 돈'과 관계없이 받아들이고 있으며, 심지어 록펠러로부터 기부금을 받지 못한 단체에서 시기심 혹은 질투로 딴지거는 것으로 밖에 볼 수 없다.

20. 돈을 버는 것을 합리화시키려면, 무엇보다도 재부의 획득에 일정한 논리가 있어야 한다. 비난에 대한 옹호는 그것이 결국 자기합리화나 확신이 다른 사람에게 설득이 될 수 있다고 록펠러는 느꼈을 것이다. 재부의 획득 그것도 아주 많이 돈을 버는 것이 '소명(Calling)'이 되는 것은 재부의 획득을 의무로 받아들이게 하는 자본주의 정신이라고 생각하였다. 끊임없이 돈만 벌여 들이는 것은 록펠러에게도 비합리적으로 생각했을 것이다. 그러면 이 비합리적인 것을 합리성으로 바꾸려면, 무엇이 필요했을까? 우선 그가 다닌 침례파 교회의 가르침이 어느 정도 영향을 끼쳤을 것이다. 그것은 칼뱅주의적인 교리 다시 말해서, "많이 벌어서 많이 베풀어라"는 가르침이 가장 크게 작용했을 것이다. 많이 벌려면, 많이 벌어야 할 이유가 있어야한다. 그것은 바로 남에게 베푸는 것이다. 또한 많이 벌려면 금욕주의가 필요하다. 그것은 부자나 노동자나 모두에게 필요한 기독교적인 덕목이다. 금욕으로 돈을 벌어 남에게 베푸는 것은 소위 돈을 버는 목적의 하나가 된다. 즉 돈을 버는 것 자체가 합리화되는 것이다. 19세기 말과 20세기 초의 미국에서는 이미 돈을 버는 것 자체에 대해서는 합의가 된 상태이다. 다만 많이 번 돈을 어떻게 쓰야 하는 것이 록펠러에게 남겨진 문제였다. 침례파 교회의 예정론은 결국 록펠러로 하여금 사후 세계에 대한 고민을 하게 만들었다. 돈을 버는 것은 합리화되었고, 이것을 자선이나 기부로 박애로 다른 사람들에게 나누어 줄 생각도 갖게 되었다. 그러면 모든 것이 해결될 수 있나? 즉 사후에 대한 예정설이 자선의 삶을 의미하는가? 그렇지 않을 수 도

있다. 그러나 일단 인정하고 나면, 자선에 나설 수 있다. 신앙과 교리가 그를 선한 사람으로 만들려는 노력과 봉사하려는 삶을 만들었다. 다시 말해서, 캘빈주의적 금전관이 그를 자선의 인물로 만들게 되었던 것이다.

21. 론 처노 지음 안진화·박아람역, 『부의 제국: 그 신화와 경멸의 두 얼굴』, 211쪽.
22. 록펠러의 어머니가 그에게 가르쳐 준 것을 요약하자면, 먼저 하나님을 친아버지 이상으로 섬겨라, 친아버지보다 더 중요한 공급자는 바로 하나님이시다. 십일조는 하나님의 것이므로 먼저 구별한 후 나머지를 사용하여야 한다. 그리고 남을 도울 수 있으면 힘껏 도우라, 그리고 도와준 일에 대해 절대로 남에게 알려서는 안 된다. 다시 말해서, 오른손이 한 일을 왼손이 모르게 하라는 것이었다.
23. 이정희 외, 『기업가와 디스토피아: 기업가는 왜 좌절하는가』, 영남대학교출판부, 2017년, 47-59쪽.
24. 비록 속마음을 밝히지는 않았지만, 60세 즈음에 생긴 병이 하나의 원인인 아니었을 까 짐작할 수 있다. 그 병은 스트레스와 우울증, 그리고 탈모였다.
25. 미국의 박애 혹은 자선문화는 기독교적인 종교적 가르침에서 시작되어 경쟁자에 대한 배려가 더해지면서 고유한 기부 문화를 만들어냈다. 그것은 많은 돈을 벌 되 악착같이 벌고, 그 돈을 여러 곳에 기부하거나 자선단체를 만들어서 박애활동을 한다는 문화였다.
26. 론 처노, 『부의 제국 록펠러』, 469쪽.
27. Johnson Harr and Peter J. Johnson, *The Rockefeller Century*, The Scribner's New York, p.82.
28. 론 처노, 『부의 제국』 2권, 407쪽.
29. 벤저민 프랭클린은 1790년에 보스턴 시와 필라델피아 시 당국에 각각 수천 파운드를 기증하여 '결혼한 도제들의 자립을 위해 저리로 대출할 수 있는 펀드(fund)'에 사용하라고 하였다. 1831년 상인 스티븐 지라드는 사후 200만 달러를 필라델피아의 고아를 위해 학교 건립을 위해 기증하였다. Robert Shaplen, *Toward the Well-being of Mankind: 50 years of Rockefeller Foundation*, Doubleday & Company, Inc. New York, 1964, p.2.
30. 1927년까지 록펠러는 총 18억달러(현재 가치로는 3600억 달러)를 록펠러 재단에만 기부했다. Allan Nevins, *Study on Power*, p. 396

31. 2016년 기준 재단의 자산은 41억 달러이고, 연간 보조금은 1억 7천만 달러이다.
32. 론 처노, 『부의 제국』, 2권, 410쪽.
33. Allan Nevins, *Study on Power*, p.391.
34. 이정희 외, 『기업가와 디스토피아: 기업가는 왜 좌절하는가』, 25쪽.
35. 위의 책, 121쪽.

제3장 영국

1. 버진 재단(The Virgin foundation)으로 등록되어 있으며 활동은 버진 유나이티드로 하고 있다; http://beta.charitycommission.gov.uk/charity-details/?regid=297540&subid=0 (최종 접속일, 2017년 7월 5일).
2. Stephanie Stromnov, "What's wrong with profit?," *The New York times* (2006년 11월 13), http://www.nytimes.com/2006/11/13/us/13strom.html?ex=1321074000&en=7b1664f51e15449f&ei=5088&partner=rssnyt&emc=rss (최종 접속일, 2017년 6월 30일).
3. Richard Branson, *The Virgin way: everything I know about leadership* (New York: Portfolio/ Penguin, 2014), p. 195 이하 The Virgin way로 약함.
4. 첨단의 최신 열차, 객실 서비스, 무료 예약 시스템, 조기 발권 할인 그리고 현금으로 주어지는 지연 보상제 등을 통해 안락함, 편의성, 안전성 그리고 정확성 등을 고객에게 제공할 수 있었다. 특히 2015년 10월 3일부터 종전에 주어진 지연 보상 할인권(voucher) 대신 현금 지급이 가능할 수 있게 함에 따라 10분 이내에 목적지에 도착하는 비율이 85%를 상회하고 2016년 5월 29일-2017년 6월 24일 연착의 이유도 버진 트레인에서 비롯된 것은 전체 지연 도착의 15.2%였다; https://www.virgintrains.co.uk/about/punctuality (최종 접속일, 2017년 7월 11일).
5. Richard Branson, *Business stripped bare* (London: Virgin Books Ltd., 2008), 박슬라(옮김), 『비즈니스 발가벗기기』 (서울: 리더스북, 2008), p. 9.
6. http://www.bbc.com/news/business-34424729 (최종 접속일, 2017년 6월 26일).
7. Branson, *The Virgin way*, p. 349.
8. Paul Burns, *New venture creation: a framework for entrepreneurial start-ups*

(Basingstoke: Palgrave Macmillan, 2014), p. 259.

9. Branson, *Business stripped bare*, 박슬라(옮김), 『비즈니스 발가벗기기』, p. 119.

10. Branson, *The Virgin way*, p. 349.

11. 1997년 버진의 미국 진출을 두고 '브랜드의 확장은 곧 신뢰의 확장이다'는 『이브닝 스탠다드』(*Evening standard*)의 보도가 그것을 잘 나타낸다; *ibid.,* p. 69.

12. 1966년 설립되어 1982년에 파산한 레이커 항공(Laker airways)의 설립자이다.

13. Rrchard Branson, *Screw it, let's do it expanded: lessons in life and business* (London: Virgin Books Ltd., 2007), 이정우 외(옮김), 『내가 상상하면 현실이 된다』(서울: 리더스북, 2007), 240.

14. 이동 통신 서비스를 제공하기 위해 필수적인 주파수를 보유하지 않고, 주파수를 보유하고 있는 이동 통신망 사업자(Mobile Network Operator: MNO)의 망을 통해 독자적인 이동 통신 서비스를 제공하는 사업자를 의미한다.

15. Jay P. Pederson, *International directory of company histories* (St. James: St. James Press, 2007), p. 485.

16. Branson, *Screw it, let's do it expanded*, 이정우 외(옮김), 『내가 상상하면 현실이 된다』, p. 263.

17. Branson, *The Virgin way*, p. 151.

18. Branson, *Business stripped bare*, 박슬라(옮김), 『비즈니스 발가벗기기』, pp. 45-6. .

19. Branson, *Screw it, let's do it expanded*, 이정우 외(옮김), 『내가 상상하면 현실이 된다』, p. 274.

20. Graham Snowdon, "Richard Branson: 'capitalism has lost its way'," *The Guardian* (2011년 11월 18일), https://www.theguardian.com/business/2011/nov/18/richard-branson-capitalism-lost-way (최종 접속일, 2017년 7월 10일).

21. Martin Zwilling, "How to move from an entrepreneur to manager or fail," Forbes (2016년 8월 5일), https://www.forbes.com/sites/martinzwilling/2016/08/05/how-to-move-from-an-entrepreneur-to-manager-or-

fail/#345787d71920 (최종 접속일, 2017년 7월 5일).

22. James Lovelock, *Gaia: a new look at life on earth* (Oxford: Oxford University Press, 1995(1974)), 홍욱희(옮김), 『가이아: 살아있는 생명체로서의 지구』 (서울: 갈라파고스, 2003), p. 9.
23. 러브록 자신도 2006년 후속 연구를 통해 환경 문제에 대한 관심을 촉구했다; James Lovelock, *The revenge of Gaia: why the earth is fighting back – and how we can still save humanity* (London: Penguin, paperback., 2007(2006))이 바로 그것이다.
24. https://www.virgin.com/unite/bhubezi-community-healthcare-centre (최종 접속일, 2017년 7월 9일).
25. Branson, *Business stripped bare*, 박슬라(옮김), 『비즈니스 발가벗기기』, pp. 28-30.
26. *Ibid.*,
27. Bishop and Green, *Philanthrocapitalism*, 안진환(옮김), 『박애자본주의』, pp. 188-89.
28. Branson, *Business stripped bare*, 박슬라(옮김), 『비즈니스 발가벗기기』, p. 62.
29. Branson, *The Virgin way*, p. 364.

제4장 영국

1. Susannah Morris, "Philanthropy in the Voluntary Housing Field in London," *Philanthropy, Patronage and Civil Society* (Indiana: Indiana University Press, 2004), p. 140.
2. Alan J. Kid and K. W. Roberts ed., *City and Class and Culture: Studies of Social policy and cultural Production Victorian Manchester* (Manchester: Manchester University Press, 1985) : R. Trainor, "*Unban Elites in Victorian Britain", Urban History Year books*(1985) : R. J. Morris, Class , *Sect and Party* (Manchester: Manchester University Press, 1985).
3. R. J. Morris, "Clubs, Societies and Associations," in *The Cambridge Social History of Britain 1750~1950*, vol.3 ed., F. M. L. Thompson(Cambridge, 1990).

4. J. Barry, "Bourgeois Collectivism?" ; R. J. Morris, " Civil Society and the Nature of Urbanism: Britain, 1750~1850," *Urban History* 25, 3(1998), pp. 289-301.
5. http://news.bbc.co.uk/2/hi/business/2516781.stm, Wens., 27th. Nov. ,2002 - Fri. 29th. Nov.,2002. 최종 투표 대상 후보로 임명되었던 8명의 기업인들은 Andrew Carnegie, William Lever (Viscount Leverhulme), John Spedan Lewis, Simon Marks, William Morris (Lord Nuffield), Charles Rolls and Henry Royce, Joseph Rowntree, Lord Arnold Weinstock 였다. 이들 외에 큰 영향력을 행사했던 사람들로서 아깝게도 후보에도 못 들어간 사람들 중에는 Siegmund Warburg, Nathan Rothschild, George Cadbury, Joseph Cyril Bamford, Sir Titus Salt and Jesse Boot와 같은 사람들이 있다. 투표종료결과 4위는 유니 레버 기업 창설자 윌리엄 레버(William Lever)가 차지했고, 5위는 럭셔리 자동차를 생산했던 찰스 롤스와 헨리 로이스가 9.97%를 득표하여 공동 5위를 차지하였다. 6위는 영국의 모리스 모터스 자동차회사를 창설했던 William Morris(7.27%)가 차지하였으며, 7위는 GEC Engineering 창업자 Arnold Weinstock(5.35%)가 차지하였다. 마지막 8위는 Mark & Spencer Co.(Michael Marks) 창업자의 아들 Simon Marks(4.47%)가 차지하였다. BBC에서는 물론 이 조사의 해당 범위와 분야 설정에 대해서는 다소 문제가 있음을 밝혔지만, 하나의 여론조사로 수용할 수 있는 것이다.
6. http://news.bbc.co.uk/2/hi/business/2516781.stm, Wen. 27th. Nov., 2002 –Fri. 29th Nov., 2002. 후보자 중 카네기는 사실상 미국에서 활동한 기업인이지만 스코틀랜드 출생임을 기억하며 영국인들은 그를 위대한 영국인 기업가의 후보로 선정하였다.
7. http://archive.oneandother.com/articles/statue-campaign-to-remember.
8. David Burns Windsor, *The Quaker Enterprise: Friends in Business* (London : Frederick MulleLtd., 1980) : Elizabeth Jackson, " Joseph Rowntree(1801~1859): Citizen of York, " *York Historian* 23(2006), pp.40-63 ; Pall Crystal, *The Rowntree Families of York* (York : Blackthorn Press, 2013).
9. Chris Titley, *Joseph Rowntree* (Oxford: Shire Publication, 2013), p.7.
10. Jonathan Bradshaw and Roy Sainsbury ed., *Benjamin Seebohm Rowntree : The early Legacy of Seebohm Rowntree* (Aldershot, England : Ashgate Publishing Ltd., 2000) ; Asa Briggs, *Social thought and Social Action : A*

study of the work of Seebohm Rowntree 1871~1954 (London : Greenwood Press, 1974).

11. Adam Crawford, Stuart Lister, David Wall, *Great Expectations: Contracted Community Policing in New Earswick* (York : Joseph Rowntree Foundation, 2003) ; Mervyn Miller, " The Origins of Garden City : Residential Neighborhood" , *From Garden city to Green city* (Baltimore : The Johns Hopkins University Press, 2002) : Peter Geoffrey Hall, *Cities of Tomorrow : An Intellectual History of Urban Planning and Design in the Twentieth Century* (Oxford : BlackWells, 2002) : Lewis Mumford, *The City in History : Its Origins, Its Transformations, and Its Prospects* (U. S. A Houghton : Mariner Books, 1968).

12. Joseph Rowntree foundation, *The Joseph Rowntree Inheritance, 1904~2004* (York : Joseph Rowntree foundation, 2004) ; Lewis. E. Waddilove, *Private Philanthropy and Public Welfare : The Joseph Rowntree Memorial Trust 1954~1979* (London : George Allen & Unwin, 1983).
13. James Walvin, *Quakers, Money and Morals* (London : John Murray Publishers Ltd., 1998) : David J. Jeremy, *Religion, Business and Wealth in Modern Britain* (London and New York : Routledge, 1998): William, Wistar Comfort, *The Quaker way of Life* (Philadelphia : American Friends Service Committee, 1968) : London Yearly Meeting, *Christian Faith and Practice in the Practice in the Experience of the Society of Friends* (Richmond : Friends united Press, 1973).
14. Robert Fitzgerald, *Rowntree and the Marketing Revolution, 1862-1969* (Cambridge : Cambridge University Press, 2006), p. 607.
15. Anne Vernon, *A Quaker Business Man: The life of Joseph Rowntree 1836~1925*, p. 190.
16. Anne Vernon, *Ibid.*, pp. 92-93.
17. Anne Vernon, *Ibid.*, p. 147.
18. Chris Titley, *Joseph Rowntree* , pp. 34-35.
19. Anne Vernon, *Ibid.*, p. 165.
20. Robert Fitzgerald, *Ibid.*, p. 268.

21. A. G. Gardiner, *The Life of George Cadbury* (London : Cassell and Company, Ltd., 1925) p. 281.

22. Rufus M. Jones, *The Faith and Practice of the Quakers* (Philadelphia : Friends United Press, 2007), p. 36.

23. Rufus M. Jones, *Ibid.*, p. 15.

24. Ann Prior and Maurice Kirby, " The Society of Friends and business culture, 1700~1830" , *Religion, Business and Wealth in Modern Britain* (London and NewYork : Routledge,1998), pp. 115-136.

25. Rufus M. Jones, *Ibid.*, p. 13.

26. David J. Jeremy ed., *Religion, Business and Wealth in Modern Britain.* p. 143

27. Lewis E. Waddilove, *Private Philanthropy and Public Welfare: The Joseph Rowntree Memorial Trust 1954~1979* (London : George Allen& Unwin), pp. xix-xx.

제5장 이탈리아

1. 이 논문은 『역사교육논집』 62집에 실린 필자의 논문 "이탈리아 기업가들과 박애, 1860~1945"를 약간 수정 보완한 것이다.

2. Merle Curti, "The History of American Philanthropy as a Field of Research," *The American Historical Review* 62: 2 (1957), p. 352-353.

3. Merle Curti, "American Philanthropy and the National Character," *American Quarterly* 10: 4 (1958), pp. 420-421.

4. Olivier Zunz, *Philanthropy in America: A History* (Princeton and Oxford: Princeton University Press, 2012), p. 10.

5. Zunz, *Philanthropy in America*, p. 2.

6. Curti, "History of American Philanthropy," p. 357.

7. Zunz, *Philanthropy in America*, p. 22.

8. John Steele Gordon, "Foundation Nation?" *Philanthropy Magazine* (Winter 2012), http://www.philanthropyroundtable.org/site/print/foundation_nation (2017년 1월 6일 접속)

9. Kathleen D. McCarthy, *American Creed: Philanthropy and the Rise of Civil Society, 1700~1865* (Chicago: University of Chicago Press, 2003). 또한 매

카시의 연구에 대한 준즈의 논평을 위해서는 Olivier Zunz, "Philanthropy as Creed: The Encounter between Past and Present," review of Kathleen D. McCarthy, *American Creed: Philanthropy and the Rise of Civil Society, 1700~1865, Reviews in American History* 32: 4 (2004), pp. 506-509을 참조하라.

10. Shepard B. Clough, "Philanthropy and the Welfare State in Europe," *Political Science Quarterly* 75: 1 (1960), pp. 87-89.
11. Marco Demarie and Alessandro Monteverdi, "Italian Philanthropy Rediscovered," *Effect* (Summer 2007), p. 14.
12. 요컨대 이탈리아에서 박애는 순수하고 사심 없는 감정적 행위를 뜻한다. '기부자'를 뜻하는 영어의 'donor'가 그에 해당하는 이탈리아어 'donatore'보다 오히려 이타적이고 희생적이며 무조건적인 행위자의 의미가 강한 'sostenitore'로 자주 번역되는 것도 이런 맥락에서다. Sabrina Fusari, "'Filantropia' or 'non Profit'? Translating Texts on Nonprofits from English into Italian," *Meta: Translators' Journal* 54: 1 (2009), p. 101.
13. '사회 국가(Stato sociale)'는 이탈리아에서 '복지 국가(welfare state)'의 대용어다. 그밖에도 복지 국가를 뜻하는 말로 'Stato assistenziale'나 'Stato benessere'도 사용된다. 이에 덧붙여, 이 글에서는 이탈리아어 'assistenza'를 '복지'르, 'previdenza'를 '사회 보장'으로 옮길 것임을 밝혀둔다.
14. Demarie and Monteverdi, "Italian Philanthropy Rediscovered," p. 15.
15. Piero Gastaldo, "Let's Not Forget the Past: A Commentary on 'Italian Philanthropy Rediscovered'," *Effect* (Summer 2007), p. 17.
16. Andrea Leonardi, "Friedrich Wilhelm Raiffeisen e l'esordio del credito cooperativo in Italia," *La Storia economica come impegno: Saggi in onore di Angelo Moioli*, eds. Pietro Caparo, Giuseppe De Luca, Andrea Leonardi, Luca Moncarell and Mario Taccolini (Milano: FrancoAngeli, 2015), p. 151. 또한 스테파노 자마니ㆍ베라 자마니, 『협동조합으로 기업하라』, 송성호 역, 개정판 (북돋움, 2013), p. 105을 보라.
17. Silvio Lanaro, "Geneologia di un modello," *Il Veneto*, ed. Silvio Lanaro, *Storia d'Italia: Le Regioni* (Torino: Einaudi, 1984), p. 53.
18. *L'Ingegneria Sanitaria* n. 10 (Ottobre 1899), p. 186.

19. 이 편지에서 로시는 자유 경쟁이야말로 "약자들과 소수자들의 학살자이자 온갖 기만의 학교이며 합법적 노예제"라면서 그 치유책은 협동조합에 있다는 주장으로까지 나아갔다. Alessandro Rossi, *lettera di 25 giugno 1885*, Lucio Avagliano, *Alessandro Rossi e le origini dell'Italia industriale* (Napoli: Libreria Scientifica Editrice, 1970), pp. 405-406.
20. Mario G. Rossi, "Movimento cattolico e capitale finanziario: Appunti sulla genesi del blocco clerico-moderato," *Studi Storici* 13: 2 (1972). 또한 장문석, 「19세기 이탈리아 농촌공업화와 '유연한 이행',」『서양사연구』 21 (1997), pp. 129-130을 참조하라.

21. *L'Ingegneria Sanitaria* n. 10 (Ottobre 1899), pp. 186-188.
22. *L'Ingegneria Sanitaria* n. 10 (Ottobre 1899), pp. 188-193.
23. *L'Ingegneria Sanitaria* n. 10 (Ottobre 1899), p. 193.
24. David LoRomer, review of G. L. Fontana, *Schio e Alessandro Rossi: Imprenditorialità, politica, cultura e paesaggi sociali del secondo Ottocento, The Journal of Modern History* 61: 1 (1989), p. 178.
25. Lucio Avagliano, *Il Cuore del capitalismo americano: Filantropia, università cattolicesimo e lo sviluppo industriale degli Stati Uniti*, 7th ed. (Milano: FrancoAngeli, 2008), p. 14.
26. Massimiliano Paniga, *Welfare ambrosiano: Storia, cultura e politiche dell'Eca di Milano, 1937~1978* (Milano: FrancoAngeli, 2012), pp. 27-29.
27. Paniga, *Welfare ambrosiano*, pp. 29-32.
28. Paniga, *Welfare ambrosiano*, pp. 34-38.
29. "Program of the Fasci di Combattimento(1919)," *Economic Fascism: Mussolini's Crony Capitalism*, ed. Carlo Celli (Edinburgh: Axios Press, 2013), pp. 29-33.
30. Renzo De Felice, "Introduzione," *Autobiografia del fascismo: Antologia di testi fascisti 1919~1945* (Torino: Einaudi, 2001), p. 6.
31. Benito Mussolini, "To the Workers of Milan," Celli, ed., *Economic Fascism*, pp. 251-252.
32. Paniga, *Welfare ambrosiano*, pp. 38-39.
33. Archivio Storico Fiat, *Opere sociali, scatola*. 1, "Le istituzioni sociali e le

opere assistenziali Fiat"; *Opere sociali*, scatola. 2, "Servizi sociali Fiat."

34. 전시 피아트의 구호 활동과 이를 둘러싼 파시스트 체제와의 갈등에 대해서는 장문석, 『피아트와 파시즘: 기업은 국가를 어떻게 활용했는가』 (지식의 풍경, 2009), pp. 234-241을 참조하라.
35. 브랜디스(Stuart D. Brandes)는 산업 온정주의와 복지 자본주의가 본질적으로 같은 것임을 지적한 바 있다. 단, 복지 자본주의가 산업 온정주의보다는 좀 더 기업 친화적 용어라는 뉘앙스의 차이는 있다고 한다. 그러나 둘 다 자본주의적 기업이 노동자들에게 복지 혜택을 주고 그 대가로 그들의 충성심을 얻는다는 점에서는 대동소이하다고 본다. Stuart D. Brandes, *American Welfare Capitalism, 1880~1940* (Chicago: University of Chicago Press, 1970), p. ix. 또한 Elisabetta Benenati, *La scelta del paternalismo: Un'azienda dell'abbigliamento tra fascismo e anni '50* (Torino: Rosenberg & Sellier, 1994), pp. 17, 172-173; Stephen Meyer III, *The Five Dollar Day: Labor Management and Social Control in the Ford Motor Company, 1908~1921* (Albany: State University of New York Press, 1981), pp. 95-147을 참조하라.
36. Paride Rugafiori, *Rockefeller d'Italia: Gerolamo Gaslini imprenditore e filantropo* (Roma: Donzelli Editore, 2009), p. 150.
37. Rugafiori, *Rockefeller d'Italia*, p. 158.
38. "박애 자본주의"에 대해서는 매튜 비숍·마이클 그린, 『박애자본주의』, 안진환 역 (사월의 책, 2010)을 참조하라.
39. Rugafiori, *Rockefeller d'Italia*, p. 160.
40. Rugafiori, *Rockefeller d'Italia*, pp. 160-163.
41. 박애에 대한 차마니의 비판에 대해서는 Stefano Zamagni, *L'Economia del bene comune*, 2nd ed. (Roma: Città Nuova, 2008), p. 202을 보라. 또한 고베티의 입장에 대해서는 장문석, "피에로 고베티와 자유주의 혁명," 『역사와 담론』 79 (2016), pp. 147-148을 참조하라.
42. Zamagni, *Economia del bene comune*, p. 190.
43. Avagliano, *Il Cuore del capitalismo americano*, pp. 75-76.
44. Zunz, review of Kathleen D. MacCarthy, *American Creed*, p. 511.

제6장 프랑스

1. 김정남, 「프랑스 성공의 상징 Peugeot」, 『마케팅』, 제41권 12호, 2011, p.75
2. *Le Figaro*, le 30 janvier 2016.
3. *Le Monde*, le 15 juillet 2017.
4. Paganelli, Serge, *Peugeot, la dynastie s'accroche*, Paris : Éditions sociales, 1975, p. 36.
5. 황현일, 「글로벌 생산의 위계적 통합과 구조조정의 정치: GM 유럽과 한국지엠 사례 연구」, 서울대학교 대학원, 박사논문, 2016, p. 85.
6. 안상욱, 「프랑스 자동차기업의 생산기지 이전: 자동차산업의 경우를 중심으로」, 『유럽연구』, 제32권 3호, 2014, p.38.
7. 위 논문, p.39.
8. 안상욱, 위 논문, pp. 43-44.
9. *Le Figaro*, le 30 novembre 2017.

제7장 스페인

1. 이 글은 『대구사학』 제120호에 실린 필자의 논문 「후안 마르치의 변신: "강도귀족"에서 박애주의자로」를 수정·보완한 글이다.
2. 이와 관련하여 국내에 여러 책들이 번역·소개되었다. 대표적으로 『박애자본주의』(매튜 비숍·마이클 그린 지음, 안진환 옮김, 사월의 책, 2010)와 『왜 기업은 세상을 구할 수 없는가』(마이클 에드워즈 지음, 윤영삼 옮김, 다시봄, 2013)가 있다. 전자는 승자만을 위한 천민자본주의를 치유하는 대안으로 모두를 위한 박애자본주의를 다루고 있고, 후자는 박애자본주의를 비판적으로 검토하고 있다.
3. 빌 게이츠는 2000년에 빌 앤드 멜린다 게이츠 재단을 설립하여 오늘날 인류가 직면한 대형 문제들을 해결하는 데 앞장서고 있고 워런 버핏은 빌 게이츠가 설립한 재단에 310억 달러의 증여를 약속했다.
4. David Nasaw, *Andrew Carnegie* (New York: Penguin Books, 2007).
5. Ron Chernow, *Titan. The Life of John D. Rockefeller, Sr.* (New York: Random House, 1998).
6. Olivier Zunz, *Philanthropy in America: A History* (Princeton: Princeton University Press, 2012), p.22.
7. Eugenio Torres, "Juan March Ordinas(1880~1962)," Eugenio Torres, dir.,

Los 100 Empresarios Españoles del Siglo XX (Madrid: LID Editorial Empresarial, S. L., 2000), p.268.

8. Manuel Domínguez Benavides, *El último pirata del Mediterráneo* (Barcelona: Tipografía Cosmos, 1934).
9. Ramón Garriga, *Juan March y su tiempo* (Barcelona: Planeta, 1976); Bernardo Díaz Nosty, *La irresistible ascensión de Juan March: notas previas para investigación biográfica* (Madrid: Sedmay, 1977); Arturo Dixon, Señor monopolio: La asombrosa vida de Juan March (Barcelona: Planeta, 1985).
10. Pere Ferrer Guasp, *Juan March: El hombre más misterioso del mundo* (Barcelona: Ediciones B, 2008); Mercedes Cabrera, *Juan March (1880~1962)* (Madrid: Marcial Pons, 2011).
11. Eugenio Torres, "Juan March," p.268.
12. Fundación Juan March, *Escritura de constitución y estatutos* (Madrid: Sucesores de Rivadeneyra, S.A., 1956).
13. Fundación Juan March, *La Fundación Juan March (1955~1980)* (Madrid, 1980); *Celebración del arte. Medio siglo de la Fundación Juan March* (Madrid: Editorial de Arte y Ciencia S.A., 2005).
14. José Manuel Sánchez Ron, *Cincuenta años de cultura e Investigación en España: La Fundación Juan March (1955~2005)* (Barcelona: Crítica, 2005).
15. Ferrer, *Juan March*, p.125.
16. Ferrer, *Juan March*, pp.126-127.
17. Torres, "Juan March," pp.269-270.
18. 이 마르치-가라우 회사는 1917년에 해체된다.
19. "Declaraciones de Francesc Camboó," *República*, 19 de mayo de 1934.
20. Torres, "Juan March," p.271.
21. Ferrer, *Juan March*, p.187.
22. Ferrer, *Juan March*, pp.153-157.
23. Ferrer, *Juan March*, pp.350-362.
24. Ferrer, *Juan March*, p.390.
25. 그 결과 1948년에는 회사채의 절반 이상을 보유하기에 이르렀다.
26. 바르셀로나트랙션은 1948년 2월에 이미 법원으로부터 파산 선고를 받은 상

태였다.

27. John Brooks, "Privateer," *The New Yorker*, May 21, 1979.
28. *El Financiero*, n.° 132, vol. 12, marzo de 1970.
29. Ferrer, *Juan March*, p.440.
30. Manuel Benavides, *El último pirata del Mediterráneo* (México: Ediciones Roca, 1976), pp.270-271.
31. Matthew Josephson, *The Robber Barons: The Great American Capitalists, 1861~1901* (New York: Harcourt, Brace and Company, 1934).
32. Brooks, "Privateer."
33. 해적과 사략선장의 차이는 기본적으로 정부의 특허 여부에 있다.
34. Brooks, "Privateer."
35. *ABC*, 2 de mayo de 1955, y *La Vanguardia*, 3 y 4 de mayo de 1955.
36. Fundación Juan March, *Escritura*, pp.6-7.
37. Fundación Juan March, *Escritura*, p.6.
38. Sánchez Ron, *Cincuenta años*, pp.28-29.
39. Albert Carreras, "La renta y la riqueza," Albert Carreras, coord., *Estadísticas históricas de España. Siglos XIX y XX* (Madrid: Fundación Banco Exterior, 1989), pp.533-588.
40. 1955년에 1인당 국민소득이 33,624페세타로 올랐고 그 이후 액수가 빠르게 늘어났다. Sánchez Ron, *Cincuenta años*, p.27.
41. 마르치가 받은 편지들은 현재 후안마르치재단 문서보관소에 보관되어 있다.
42. Garriga, *Juan March*, pp.394-396.
43. Cabrera, *Juan March*, pp.400-401.
44. Carta de Joan Mascaró a Juan March de 4 de octubre de 1951, Gregori Mir, *Correspondència de Joan Mascaró* (Mallorca: Moll, 1998), Vol. 1, p.234.
45. Joan Francesc March, *Joan Mascaró. La Vila i Els Margalidans* (Santa Margalida: Ajuntament de Santa Margalida, 2005), p.41.
46. 사실은 같은 해 9월 30일자 편지에서 마르치재단이라는 용어를 사용한 적이 있다(March, *Joan Mascaró*, p.39).
47. Garriga, *Juan March*, pp.394-396.

48. Alfonso Ballestero, *Juan Antonio Suanzes, 1891~1977* (Madrid: LID, 1993), p.268.

49. 1959년에는 재단의 자금이 2배로 증액되었고 사망하기 직전에 마르치가 10억 페세타를 추가로 기부했다.

50. Fundación Juan March, *Escritura*, pp.18-20.

51. Fundación Juan March, *Escritura*, pp.12-13.

52. Fundación Juan March, *Escritura*, pp.7-8.

53. 이사회는 10명 이하로 구성하도록 했다. 종신직 이사는 마르치의 직계 자손 가운데서 이사장이 임명했고 비종신직 이사의 임기는 10년이었다.

54. Fundación Juan March, *Escritura*, pp.57-59; "Parte de los Estatutos," *ABC*, 11 de enero de 1956.

55. Fundación Juan March, *La Fundación*, p.19.

56. 스페인에는 8개 분야의 왕립학회가 있다. 왕립스페인어학회(Real Academia Española), 왕립역사학회(Real Academia de la Historia), 왕립예술학회(Real Academia de Bellas Artes de San Fernando), 왕립과학회(Real Academia de Ciencias Físicas, exactas y naturales), 왕립정치윤리학회(Real Academia de Ciencias Morales y Políticas), 왕립의학회(Real Academia Nacional de Medicina), 왕립법학회(Real Academia de Jurisprudencia y Legislación), 왕립약학회(Real Academia Nacional de Farmacia)가 그것이다. 이들이 스페인학술원(Instituto de España)을 구성하고 있다. "Real Academia Española"를 스페인학술원으로 번역해왔는데 이는 잘못된 번역이고 왕립스페인어학회라고 옮겨야 맞다.

57. Sánchez Ron, *Cincuenta años*, pp.56-59.

58. Sánchez Ron, *Cincuenta años*, pp.68-70.

59. *La Vanguardia*, 5 y 10 de enero de 1957.

60. Cabrera, *Juan March*, pp.410-411.

61. Fundación Juan March, *La Fundación*, p.23.

62. 재단 홈페이지 디자인도 이런 문화 활동을 중심으로 구성된 것 같다. 예술, 음악, 강연, 사회과학, 도서관으로 나뉘어 있다. 재단 홈페이지 주소는 www.march.es이다. 여기서는 각 분야의 내용을 일일이 다 소개할 수 없기 때문에 특징적인 것들만 언급한다.

63. 출판된 목록집은 500권에 달하고 출판 부수는 1백만 권에 이른다(Fundación Juan March, *Celebración*, pp.23-24).

64. 마드리드의 레이나소피아미술관이나 발렌시아의 발렌시아현대미술관, 마드리드의 티센보르네미사미술관, 빌바오의 구겐하임미술관이 1980년대 후반 이후에 개관되었다는 사실을 고려해보라.

65. Fundación Juan March, *Celebración*, p.19.

66. "La carta de los investigadores," *ABC*, 1 de marzo de 1962.

67. 『왕립스페인어학회사전』 홈페이지(www.rae.es)

68. Javier Gomá, "La esfera de las fundaciones," *Revista de Occidente*, n.° 274, marzo de 2004, pp. 43-44. 또한 Javier Gomá, "Qué es una fundación? Propuesta de una aproximación realista a su estudio," Martín Garrido Melero y Josep María Fugardo Estivill, coords., *El patrimonio familiar, profesional y empresarial. Sus protocols*, (Madrid: Bosch, 2005), Vol. 1(*Los patrimonios y la responsabilidad. Administración y gestión. Persona y jurídica y patrimonos*), pp.773-794를 보라.

69. Sánchez Ron, *Cincuenta años*, pp.37-38.

70. Cabrera, *Juan March*, pp.434-435.

71. Las cartas y telegramas, Archivo de la Fundación Juan March.

72. José María Pemán, "Juan March y el Mediterráneo," *ABC*, 12 de marzo de 1962.

73. Azorín, *ABC*, 13 de marzo de 1962.

74. José María Pemán, "Azorín y Menéndez Pidal," *ABC*, 11 de marzo de 1962; "Su mejor negocio," *La Vanguardia*, 11 de marzo de 1962.

75. J. Montero Alonso, "Breve historia de la Fundación Juan March," *ABC*, 18 de marzo de 1962.

76. Nasaw, *Andrew carnegie*, 제20장.

제8장 독일

1. '박애자본주의'에 대해서는 매튜 비숍, 마이클 그린, 안진환 역, 『박애자본주의』(사월의 책, 2010)을 참고하시오.

2. 빌 게이츠가 운영하는 게이츠 재단은 말라리아를 치료하는 백신과 함께 에

이즈, 수면병 같은 질병과 십이지장충, 편모충과 같은 기생충 감염퇴치에 많은 돈을 기부하고 있다.

3. 박애주의'운동에 비판적인 시각은 마이클 애드워즈, 윤영삼 역, 『왜 기업은 세상을 구할 수 없는가: 기업의 자선활동에 담긴 불편한 진실』 (다시 봄, 2013)을 참고하시오.
4. 1811년 '무기제조공장 술(Suhl)'에 대한 소개서, 혹은 1825년에 나온 『철강기업 라우흐함머(Lauchhammer) 100주년』책을 시작으로 보고 있다.
5. 독일 최초의 기업가 일대기는 1793년 크레펠트(Krefeld) 출신의 상인 하젠클레버(Hasenclever)에 관한 것이다.
6. 송충기, 「기업가 전기에서 새 역사분과로: 독일 기업사의 발전과 전망」 『서양사론』 83(2004), p.180.
7. www.wernersiemens-stiftung.ch/stiftung (검색일: 2018.11.22)
8. 칼 프리드리히 폰 지멘스 재단에 대해서는 Armin Mohler, Fünfundzwanzig Jahre Carl-Friedrich-von-Siemens-Stiftung (München, 1985)을 참고하시오.
9. 에른스트 폰 지멘스에 대해서는 Sabine Dittler, Ernst Albrecht von Siemens, Neue Deutsche Biographie (NDB). Band 24, (Duncker & Humblot, Berlin 2010)을 참고하시오.
10. 재단 장학금 수여자 가운데 대표적인 인물은 2005년 노벨물리학상을 받은 뮌헨대학교의 테오도르 헨쉬(Theodor W. Hänsch)교수이다.
11. '하인츠 구민(1928-2008)'은 수학자 겸 컴퓨터 공학자로 1984년에서 2008년까지 재단 이사장을 역임한 인물이다. '하인츠 구민 상'은 현재 독일에서 수학자를 대상으로 하는 상 가운데 중 가장 높은 상금인 오만유로를 상금으로 지급하고 있다. http://www.carl-friedrich-von-siemens-stiftung.de/heinz-gumin-preis.html (검색일: 2018.11.22)
12. http://www.uni-muenchen.de/aktuelles/news/2014/siemensstiftung.html (검색일: 2018.11.22)
13. '지멘스 음악상' 이외에도 흔히들 언론에서는 스웨덴의 '폴라 음악상(Polar Music Prize)'과 일본의 '다카마쓰노미야 문화상(Praemium Imperiale)' 가운데 음악부분이 '노벨 음악상'으로 불려진다.
14. 올해까지 총 44명이 수상을 했지만 2008년 독일의 바이올린 연주가 안네-소피 무터(Anne-Sophie Mutter)를 제외하고 모두 남성 음악가였다.

15. 2017년 기준으로 재단에서는 매년 삼백만 유로를 지원하고 있다.

16. 지멘스 재단을 포함한 '안식처에 예술(Kunst auf Lager)'에 함께 참여하는 14개의 재단에 대해서는 다음을 참고하시오. http://www.kunst-auf-lager.de/stiftungen-foerdermoeglichkeiten/ (검색일: 2018.11.22.)

17. 지멘스 회사의 주식이 재단 자본금의 일부로 들어가 있으며, 이에 따라 재단평의회(Stiftungsrat)에 지멘스 기업이 추천하는 인물이 구성원의 일부를 이루고 있다.

18. 미국 재단기금 가운데 가장 많은 게이츠재단의 경우 약 600억 달러로 추정하고 있다.

19. 스카이쥬스 재단은 2005년에 건설된 재단이다. 본부는 오스트레일리아에 있으며 '이동식 정수시설'인 '스카이 하이드란트(Sky Hydrant)'의 제작 및 관리를 맡고 있다. 지멘스 재단과는 처음으로 2007년 방글라데시에서 공동작업을 진행한 이후, 아프리카의 여러 나라에서 꾸준히 사업을 함께 하고 있다. 현재까지 전 세계적으로 총 600여 곳에다 '이동식 정수시설'을 설치했으며 지멘스 재단의 '깨끗한 물 공급' 지원사업 분야에서 가장 중요한 동반자이다.

제9장 러시아

1. 본 글은 "기업가는 과연 세상을 구제할 수 있는가: 러시아 상인·기업가의 박애활동과 '부의 공적 의무'(richess obligée)" 대구사학, 123호, 2016. 5를 크게 수정한 글임.

2. *Trudy pervoi nauchno-prakticheskoi konferentsii, Morozovskie chteniia*, "Morozovy i ix rol' v istorii Rossii," Noginsk, 1996; *Trudy iubileinoi nauchno-prakticheskoi konferentsii, Morozovskie chteniia*, "Morozovy i Moskva," Bogorodskii, 1998; Pavel Burshkin, *Moskva Kupecheskaia*, New York, 2004; S. Mamontov, *Vospominaniia o Rossiskikh Khudodznikakh (Abramtsevskii Khudodzestvennyi kruzok)* Moscow, 1950; I. V. Potkina i T. P. Morozova, *Savva Morozov* (Moscow, 1998); G. N. Ul'ianova, *Blagotvoritel'nost' Moskovskikh predprinimatelei, 1860~1914*. Moscow. 1999.; Ie. P. Hor'kova, *Istoriia predprinimatel'stva i metsenatstva v Rossii, Uchevnoe posobie*, Moscow, 1998; William C. Brumfield, Boris Anan'ch and Iurii A. Petrov, eds.,

Commerce in Russian Urban Culture, 1861~1914 (Princeton Univ. Press, 2001); Linda Browman, "Seeking Salvation: Moral Economies and Management at the Morozov Mills, 1885~1895," *Social History*, 28:3 (October, 2003),pp.323- 345; Michael Ginsburg, "Art Collectors of Old Russia. The Morozovs and the Shchukins," *Apollo*, 98, no. 142(1973), pp.470-85; Stuart R. Glover, "Savva Mamontov and the Mamontov Circle, 1870~1905: Art Patronage and the Rise of Nationalism in Russian Arts," Wisconsin Univ. Diss., 1971; Jo Ann Ruckman, *The Moscow Business Elite: A Social and Cultural Portrait of Two Generations, 1840~1905*, DeKalb, Ill.1984; James L . West, and Iurii A. Petrov, eds., *Merchant Moscow – Images of Russia's Vanished Bourgeoisie*, Princeton, 1998.

3. J. West, "Merchant Moscow in Historical Context," ed. West and Petrov, *Merchant Moscow*, Princeton Univ. Press, 1998, pp. 8-9.
4. Boris Ananich, "Bankirskie doma v Rossii, 1860~1914," *Ocherki istorii chastnogo predprinimatel'stva* (Leningrad, 1991) p. 151; G. N. Ul'ianova,"Charitable Activities of Moscow Banks," W. Brumfield, B. Anan'ich and Y. Petrov eds., *Commerce in Russian Urban Culture* , p. 59.
5. Boris Ananich, *op. cit.* p. 151.
6. G. Ulianov, *Blagotvoritel'nost moskovskikh predprinimatelei*, pp. 6-10.
7. L. Bowman, "Seeking Salvation: Moral Economies and Management at the Morozov Mills, 1885~1895," *Social History*, 28:3 (October, 2003), pp. 323-324.
8. J. Ruckman, *The Moscow Business Elite* p. 88; *Moskovskie vedomosti*. Jan. 9, 1900. 가장 대표적으로 G. 솔로도브니코프는 2천만 루블 이상을 기부했고, 특히 모스크바 빈민을 위한 아파트 건설을 위해 650만 루블을 기탁하였다. P. 트레쨔코프는 당대 최고수준의 소장 예술품을 모스크바 시에 기증한 것은 유명한 사건이었다.
9. William C. Brumfield, *Commerce in Russia*, p. 65.
10. J. Ruckman, *The Moscow Business Elite* p. 4 ; G. Ulianov, "Charitable Activities of Moscow Banks," W. Brumfield, *Commerce in Russia*, p. 59.
11. 이정희 " 러시아 사적 기업가의 형성과 경제적 유토피아," 대구사학 100집, 2010. 8. pp. 465-504.

12. 그는 유언에서 1만 루블을 상인협회에 기증하고 시정부에 2,500루블을 남겼다.
13. 그는 모스크바 과부들의 생계를 위해 5만 루블, 중간층 상업학교장학금으로 10만 5천 루블, 시베리아 유형수 자녀를 위해 1만 루블을 기증했다. 그후 로고쥐스크의 빈민을 위해 5만 루블, 모스크바 근교 농촌 학교 아동을 위해 5만 루블을 각각 남겼다.
14. 그는 당시 모스크바의 유명한 시장 니콜라이 알렉세예프를 위해 2만 6천 루블, 구빈원을 위해 2만 5천 루블, 또 모로조프 소아병동 건립 위해 자신의 재산을 기증하였다.
15. 그는 1902년 유언에서 빈민거주지 건설을 위해 5만 루블을 남겼다.
16. 그는 유언에서 소상인 교회건설을 휘해 10만 5천 루블, 소상인 학교장학금으로 3만5천 루블, 안드레이스키 구빈원에 2만 6천 350 루블, 빈민구제에 2만 루블, 그 외 구빈원에 레페쉬키나 이름으로 병원침상 구입에 6만 2천 500 루블을 기증하였다.
17. 1891년 그는 구빈원 설립을 위해 50만 2천 5백 루블을 기증하였다.
18. 그는 모스크바 차상인으로서 유언에서 구빈사업을 위해 64만 6천 3백 루블을 기증하였다.
19. 42만 9천 9백 루블을 모스크바시 고아원 학교사업에 기증하였다.
20. 그는 모스크바에서 최대의 박애주의자로 손꼽힌다. 1909년 과부, 고아 아동의 구빈과 소상인 학교교육을 위해, 131만 4천 9백 루블을 기증하였다. 특히 1889~1912년 사이 그는 총 2백 32만 7천 7백 루블을 병원에 평등한 치료를 위해 기부하였다. 그 외에도 학교 서적 구입을 위해 5만 루블의 자산을 기증하였다. 또 솔다쩬코프 이름의 구빈원 설립을 위해 28만 5천 루블을 기증하였다. 그 외에도 시 정부 박애 사업에 무수히 기증하였다.
21. 그는 유언에서 구빈사업과 학교장학금으로 2만 9천 루블을 시정부에 기탁하였다.
22. 그는 솔다쩬코프와 더불어 최고의 존경을 받았던 박애사업가였다. 모스크바 상인 협회에 박애 활동을 위해 103만 2천 2백 루블을 기탁하였다. 주로 그는 소상인 학교장학사업, 1907년 트레쨔코프의 이름의 구빈원에 기부하였다. 1889~1914년 동안 그는 총 279만 3천 500 루블을 모스크바시 정부 박애사업에 기탁하였다.

23. 그는 유언에서 빈곤 학생 장학금으로 4만 6천 루블, 시정부 박애 활동을 위해 2만 5천 루블을 기증하였다.

24. 그는 은행가로서 시 정부산하에 있는 경찰보호구역 하의 빈민을 위해 1만 루블을 기증하였다.

25. Anton Beliajeff, "The Rise of the Old Orthodox Merchants of Moscow, 1771~1894," Ph. d. Syracuse University, 1975. 구교 운동은 1660년 니콘 총주교의 교회 대개혁에 반발하여 저항한 분리파 신자들에 의해 전개되었다. 그들은 오랜 박해와 탄압에도 불구하고 살아남았다. 특히 모스크바 동북부 변경지역에서 행상에 종사하면서 살면서 상인·기업가로 성장하였다. 1860년대 이들 분리파의 숫자는 적어도 인구의 10%를 상회하였다.

26. T. Owen, *Capitalism and Politics in Russia: A Social History of the Moscow Merchants, 1855~1905,* Cambridge, 1981, pp. 59-63, 136.

27. R. G. Suny, "Violence and Class Consciousness in the Russian Working Class," *Slavic Review*, 41 :3 (1982) pp. 432-442.

28. "Stachka tkachei Ivanovo-Voznesensk manufaktury v 1895 g.," *Krasnyi arkhiv*, vol. 72, (1935).

29. Mikhail Tugan-Baranovsky, *The Russian Factory in the 19th Century,* Homewood, 1970, p. 316; R. E. Johnson, *Peasant and Proletariat : The Working Class of Moscow in the Late 19th Century,* Brunswick, 1979, p. 45.

30. V. Sokolov, “Stachka Tkachei Ivanovo-Voznesensk manyfaktury v 1895 g.,” *Tsentral'nyi Arkhiv RSFSR, Istoricheskii zhurnal. Krasnyi arkhiv*, T. 5 vol. 72, (1935), pp. 112-119; A. M. Pankratova, I. V. M. Sokolov, “Predsh-estvennitsa Morozovskaia stachka,” *Istoricheskii arkhiv*, vol. 7(1951); Petre I. Kabanov i R. K. Yerman, *Morozovskaia stachka 1885 goda possobie dlia uchitelei,* Moscow, 1963.; I. V. Potkina, *Na Olimpe,* pp. 231-33; L. Bowman,“Seeking Salvation: Moral Economies and Management at the Morozov Mills, 1885~1895,” *Social History*, 28:3 (October, 2003), pp. 323-345.

31. A. Rieber, *Merchants and Entrepreneurs in Imperial Russia,* Chapel Hill, 1982, pp. 299. 307; T. Owen, *Capitalism and Politics in Russia: A Social History of the Moscow Merchants, 1855~1905,* Cambridge, 1981, p. 183.

32. I. V. Potkina, "Morozovy - promyshlenniki i obshchestvennye deiateli," V. C. Lizunov, *Morozovy i Moskva,* Moscow, 1998, p.110.
33. R. Robson, *Old Believers in Modern Russia,* DeKalb, Illinois, 1995, pp. 14-15.
34. Thomas C. Owen, *Capitalism and Politics in Russia: A Social History of the Moscow Merchants, 1855~1905,* Cambridge, 1981, pp. 183; J. Ruckman, *The Moscow Business Elite,* pp. 60-61.
35. P.A.Peshkov, *Fabrichnyi byt Vladimirskoi gubernii, otchet za, 1882~1883,* St. Peterburg, 1884, iii; L. Bowman, *op. cit.* pp. 323-24. 인용.
36. L. Bowman, *ibid.* pp. 344-345; Alfred J Rieber, *Merchants and Entrepreneurs in Imperial Russia,* Chapel Hill, Univ. of North Carolina Press, 1982, pp. 299, 307.
37. G. Ulianova, "'Not for Wealth but for God,' on Moscow Merchants' Motives for Charity," *Russian Studies in History*, 39:2 (fall, 2000), pp. 28-51.
38. R. Robson, *Old Believers in Modern Russia,* DeKalb, Illinois, 1995, pp. 48-9.
39. R. Zelnik, "On the Eve: Life Stories and Identities of Some Revolutionary Workers, 1870~1902," L. Siegelbaum and R. Suny, eds., *Making Workers Soviet: Power, Class and Identity,* Ithaca, 1994, p. 31; Louis McReynolds, "Review of J. West and I. Petrov, eds., "Merchant Moscow: Images of Russia's Vanished Bougeoisie," *Journal of Modern History* 71: 4 (Dec. 1999), 1081.
40. *Materialy k istorii prokhorovskoi manufaktury*, p. 85.; Jo Ann Ruckman, *The Moscow Business Elite,* p. 92. 인용.
41. *Moskovskomu gorodskomu obshchestvennomy upravleniiu v tekhnike 1863~1904 gg.* (Moscow, 1906), pp. 71-72; J. Ruckman, *The Moscow Business Elite*, p. 94.
42. I. Ianzul, *Mezhdu delom*, pp. 188-191; D. Tsertelev, "Mysli i fakts. Altruizm i zemstvo," *Moskovskie Vedomosti*, Jan. 14, 1900. 얀쥴 교수는 부자의 책임론을 강조한 미국의 재벌 카네기 이론에 대해 공적 연설을 하였다. 당시 이 연설에서 솔다쩬코는 큰 감명을 받았다.

43. A. P. Botkina, *Pavel Tret'iakov v zhizni i isskustve*, Moscow, 1951, pp. 295-96.

44. A. P. Botkina, *ibid.* p. 8.

45. "Pamiaty N. A. Alekseeva," *Russkoe obozrenie*, 20 April, 1893.

46. J. Ruckman, *The Moscow Business Elite*, p. 102.

47. *Moskovskie vedomosti*, Jan. 29, 1904.

48. "Otchet o deiatel'nosti Brachenogo Soveta pri Moskovskoi Gorodckoi Uprave za 1904 g," Moscow, 1905, p. 81. W. Brumfield, *Commerce*, p. 66. 인용.

49. I. V. Potkina i T. P. Morozova, *Savva Morozov,* Moscow, 1998, p. 152-66.

50. *TsAM*, ф. 357, op. 1, d. 11, l. 175-6, W. Brumfield, *Commerce*, p. 68. 인용.

51. G. N. Ulianov, "Zhenshchiny semia Morozovy: Blagotvoritel'nost' kak semeinaia traditsiia," *Proceedings of the First Morozov Readings,* Noginsk, Borogorodsk 1996, pp. 115-21.

52. *Otchet o dokhodakh i raskhodakh obshchestvennykh i blagotvoritel'hykh summ Moskovskogo kupecheskogo obshchestva za 1890,* Moscow, 1891, pp. 284-304.

53. *Tsigiam*, f. 3, op. 1, d. 1949, l. 141-5, W.Brumfield *Commerce*, p. 69. 인용.

54. Sorokov, *Kratkaia illiustrirovannaia istorii*, т. 3, p. 527-28.

55. *Materialy dlia istorii Moskovskogo kupechestva, Revizovskie skazki* vol. 7, Moscow, 1888, P. 114. W. Brumfield, *Commerce*, 69.

56. *Sovremennoe khoziaistvo goroda Moskvy* p. 139. W. Brumfield, *Commerce*, p. 72. 인용.

57. W. Brumfiled, *Commerce*, p. 72.

58. *Torgovoe i promyshlennoe delo Riabushinskykh,* Moscow, 1913, p. 80; N. Istselennov, "Pamiati Vladimira Pavlicha Riabushinskogo," *Vozrozhdenie.* 47(1955), pp. 105-6. 인용.

59. B. Ananich, "Bankirskie doma v Rossii," p. 111, 121.; *Sbornik spravochnykh svedenii o blagotvoritel'nosti v Moskve* (Moscow, 1901), p. 48; W. Brumfield, *Commerce*, 72. 인용.

60. G. Ulianova, "The Charitable Activities of Moscow Banks, " Brumfield,

W. Carft, Boris Anan'ch and Iurii a. Petrov, eds., *Commerce in Russian Urban Culture, 1861~1914,* Princeton Univ. Press, 2001, pp. 59-60.

61. *Ustav Moskovskogo Kupecheskogo obshchestva vzaimnogo kredita, vyshechaishche utvepzhdenny 3-go iulia 1869 g.* Moscow, 1994. G. Ulianova, *op. cit*, p. 60. 인용.
62. G. Ulianova, *ibid.* p. 60.
63. G. Ulianova, *ibid.* p. 62.
64. 여기에 가담한 기업가들은 A. 아브리코소프, V. 악세노프, S. 알렉세예프, I. 발크라노프, M. 고르보프, V. 보스탄죠글로, V. 콘신, M. 코롤레프, I. 랴민, V. 마레츠키, T. 모로조프, N. 나이제노프, I. 포그레보프, K. 포포프, S. 사지코프, K. 솔다쩬코프였다, P. 트레쨔코프, V. 야쿤치코프 등이다.
65. N. A. Naidenov, *Vospominania i vidennom, smyshchannom i ispytannom, part.* II, Moscow, 1905, p. 143.
66. *Moskovskie vedomosti, Tsiam,* f. 143, op. 1, d .62, l, 2-10.
67. "Otchet Moskovskogo kupecheskogo obshchestva vzaimogo kredita za 1889 g," W. Brumfield, *op.cit., Commerce,* p. 1.
68. 1869~77 년 동안 치죠프는 위원회 의장직을 역임하였다.
69. "Otchet Moskovskogo kupecheskogo obshchestva vzaimogo kredita za 1911 g," W. Brumfield, *op. cit.,* p. 23.
70. *Chestvovanie Stepana Alekseevich Protopopova v Moskovskom Kupechestkom obshchestve vzaimnogo kredita, 1892~1914,* Moscow, 1914, pp. 2-3. G. Ulianova, *ibid.,* p. 63. 인용.
71. *Rol' Blagotvoritel'nosti v deiatel'nosti bankov,* Moscow, 1994, p. 12. 대부분의 선진국에서는 소득세법상 과세대상에서 면세되는 기부액수를 매출의 최고 10%까지 정하고 있다. G. Ulianova, *op. cit*, 2001, p. 64.
72. 애국심에 의한 박애 활동은 19세기 초 나폴레옹 전쟁 동안에 맨 처음 나타났다. 모스크바가 대화재로 파괴되었을 때 아직 충분히 성장하지 못한 상인과 기업가였지만 그들은 도시 복구를 위해 170만여 루블을 기증하였다. V. N. Strokhov, *Voina i Moskovskie kupechestvo,* Moscow, 1914, p. 9. G. Ulianova, *ibid.*, p. 64. 인용.
73. 당시 슬라브 숭배주의자로 유명한 모스크바대학교의 이반 악사코프 교수

는 발칸전쟁 수행의 필요성을 상인과 기업가들에게 강조하여 큰 호응을 얻었다.

74. 상인과 기업가들은 중앙정부에게 수입되는 서구상품에 대한 고율관세 도입정책을 호소하였다. 은행설립이나 러시아 내국 사적자본의 형성을 위한 민간은행 설립에 관한 법적 허가, 사적자본에 의한 철도부설의 허가를 간청하였다. 상인들은 친슬라브주의자들과 연합하고 접촉함으로서 자신의 목소리를 전달할 수 있는 절호의 기회를 갖게 되었다. 양자는 경제관련 잡지발간과 언론사업을 통해서 서로 접촉하기로 하였다. 이리하여 모스크바의 상인과 사적 기업가들은 친슬라브주의자들에게 언론사업을 벌일 수 있도록 재정적 후원을 전격적으로 시작하였다. 이리하여 양자는 1880년대까지 서로 밀접한 관계를 맺고 제휴하게 되었다. 이정희 "러시아 사적 기업가의 형성과 경제적 유토피아,"『대구사학』, 100집, 2010. 8. pp. 478-79.
75. "Otchet Moskovskogo kupechekogo obshchestva vzaimogo kredita za 1912 g," W. Brumfield, *op.cit.,* p. 25
76. *Moskovskie vedomosti*. Jan. 29, 1904.
77. M. Steinberg, *Moral Communities: the Culture of Class Relations in the Russian Printing Industry, 1867~1907,* Berkeley, 1992, p. 56.
78. J. Ruckman, *The Moscow Business Elite,* pp. 73-74.
79. 리아뷰신스끼는 진보적인 정치 서클을 조직한 것으로 유명하지만, 이외에 예술계 잡지『금빛 러시아』(*Zolotoe Rus*) 잡지를 창간하여 후원하였다. S. Glover, "Savva Mamontov and the Mamontov Circle, 1870~1905: Art Patronage and the Rise of Nationalism in Russian Arts," Wisconsin Univ. Diss., 1971. p. 362.
80. S. A. Shcherbatov,"Moskovskie metzenaty. Iz vospomnanii," *Sovremennye zapiski* 67(1938): 158-71. no. 1.; Michael Ginsburg, "Art Collectors of Old Russia. The Morosovs and the Shchukins." *Apollo*, no. 142 (1973), pp. 470-85.
81. Savva Ivanovich Mamontov, *Avtobiografiia, Tzentral'nyi gosudarstvennyi arkhiv literatury i isskustva (Tzgali)* f. 799. op. 2. d. 2. l. 1; Glover, *op. cit.* p. 8, 인용.
82. 1860년대 모스크바 대학생 사이에서는 헤르쩬과 오가료프의 저서가 특히

인기가 있었다. 이들로부터 P. 트카체프, 네차예프 등 혁명적 사상을 가진 젊은 청년 대학생들의 반정부 서클활동이 전개되었다. 당시 연극에 몰두하던 사바는 이들과 교류한 흔적은 없었다. 그러나 그의 아버지는 놀라서 모스크바대학이 위험하다고 여겨 사바를 학교에서 자퇴시키고 남부 석유회사로 보냈다.

83. S. Glover, *op. cit.*, pp. 25-30.
84. A. S. Khomiakov, "O Vozmodznosti Russkoi khudodzestvennoi shkoly," *Polnoe sobranie sochineniia,* Moscow, 1911, 1:75, S. Glover, *Mamontov*, p. 37.
85. S. Glover, *op. cit.* p. 39.
86. 첫 오페라 작품들은 <윈저의 아내들>, <베르샤이유 장미>였다. 처음에는 첫 사립 오페라라는 장점 이외에 별 우수한 점은 없었고 제국 오페라에 비해 조야하고 공연 미숙성한 것으로 혹평을 받았다. 무소르그스키와 차이코프스키도 매우 실망하였다.
87. S. Glover, *op. cit.*, p. 295.
88. S. Glover, *op. cit.*, p. 313. 이외에도 그의 오페라단은 무소르그스키의 <보리스고두노프>, 차이코프스키의 <오를레앙의 처녀>, 알렉산더 세로브의 <쥬디트>를 크리미아로 순회공연을 다녔다.
89. S. Glover, *op. cit.* p. 329.
90. 아브람쩨보는 모스크바 북쪽으로 약 65킬로 떨어져 있는 약 770에이커의 영지였다. 이곳은 호트코바 읍에 소재했는데 17세기에는 수도원이었다. 이것은 당시대 사상가 악사코프의 영지였으나 사바는 1만 5천 루블을 주고 사들였다. 오늘날에는 박물관으로 변해 있다. 여기서 당대 우수한 화가인 바쓰네쪼프, 폴레코프, 레빈 아나톨스키, 스타쪼프 등이 오래 작업하였다. 최고의 역사 화가였던 수리고프도 자주 이곳에서 작업하였다.
91. S. Glover, *Mamontov*, p. 1.
92. E. Valkenier, "Peredvizheniki and the Spirit of the 1860s," *The Russian Review* 34 (1975), no. 3.
93. 당시 이런 신념으로 활동한 화가들의 대표적 회화는 수리코프의 <스트렐찌의 처형날 아침>, 레핀의 <볼가강의 배끄는 농민>이다. 이외에 바스네쪼프의 성당 벽화, 삽화들, 스따소프의 연극배경 그림, 젊은 세대의 브뤼벨,

세로프와 레비탄의 많은 표현주의적 회화들이 나왔다. S. Glover, *op. cit*. pp. 118-120. 153.; J. Billington, *The Icon and Axe*, 유한수 역, 이콘과 도끼(한국문화사, 2015).

94 1870년대 이전에는 러시아 미술가들 대다수는 서양의 이탈리아 르네상스와 프랑스의 신고전주의 미술을 모방하는데 집중하고 있었다. 국립 미술아카데미아 화랑들도 서구 미술품의 수집에 몰두하였다.

95. 1899년 체포 이후 그는 철도협회로부터 고발당했다. 사법부는 그에게 총 700만 루블을 횡령한 죄로 선고내렸다. 그의 재산은 모두 몰수당하고 모든 기업에서의 활동은 금지되었다. 그의 파산은 과도한 투자와 낭비에도 원인이 있지만 다른 한편에서 1885년부터 시작된 제 1차 산업화의 불황 때문이기도 하다. 또 다른 한편으로는 위떼 수상의 산업화 전략이 황실로부터 불신임을 받게 되자 정부가 마몬토프에게 더 이상의 신용과 지불 보증을 거절한 탓도 있었다.

96. 그의 수감 도중 많은 예술가들이 구명 운동을 위해 탄원서를 보냈고 사회여론도 배우 동정적이었다. 결국 그는 징역형 대신 가택 연금형으로 감형되었다. 심지어 사회주의자였던 막심 고르끼조차도 '그는 범죄자가 아니다'라고 말하였다.

97. 이정희, "모스크바 모로조프家의 직물기업의 성장, 1873~1905,"『대구사학』, 114호, 2014. 2. pp. 214-16.

98. *Birzhebye novosti*, 1896. 8. 29. Irina V. Potkina, "Morozovy - promyshlenniki i obshchestvennye deiateli," V. S. Lizunov, *Morozovy i Moskva*, Moscow, 1998, p. 152 인용.

99. 개관식날 당시 최고의 인기를 누리던 F. 샬리아핀이 노래를 불렀다.

100. 이 극장은 사바의 죽음 이후 완공되었다. 흥미있게도 이 극장은 1912년 <나폴레옹전쟁승전100주년기념> 사업 이름하에 개관되었다. 중앙 총 1,350석, 2층 특석, 발코니를 모두 갖춘 아름다운 극장으로서 내부 장식들은 모스크바 예술극장의 수준과 거의 동일하다.

101. Irina V. Potkina, *op. cit*., p. 196.

102. Stanislavski, *Sochneniia* 7: 227, Moscow, 1960, Irina V. Potkina, *ibid*., p. 154. 인용.

103. Irina V. Potkina, *op. cit*., p. 156.

104. 당시 역사가 V. 클류세프스키는 폭군 이반의 아들을 묘사한 이 연극을 보고 크게 감동받았으며 격찬하였다.

105. Irina V. Potkina, *op. cit.*, p. 158. 체홉도 주주로서 이 극장에 1만 루블을 보내왔다.

106. Irina V. Potkina, *op. cit.*, p. 159.

107. Irina V. Potkina, *op. cit.*, p. 196.

108. S. Glover, *Mamontov*, p. xv.

109. S. Glover, *Mamontov*, p. xix.

참고문헌

제1장 서장

Curti Merle, "American Philanthropy and the National Character," *American Quarterly* 10: 4, 1958.

McCarthy Kathleen D. *American Creed: Philanthropy and the Rise of Civil Society, 1700~1865* Chicago: University of Chicago Press, 2003.

Muehlebach Andrea, *The Moral Neoliberal: Welfare and Citizenship in Italy* Chicago: The University of Chicago Press, 2012.)

Zamagni Stefano, *L'Economia del bene comune*, 2nd ed. Roma: Città Nuova, 2008.

Zunz Olivier, *Philanthropy in America: A History* Princeton and Oxford: Princeton University Press, 2012.

Pelling Christopher, "Introduction," *Symposion and Philanthropia in Plutarch*, eds. José Ribeiro Ferreira, Delfim Leão Manuel Troster and Paula Barata Dias Coimbra: Simões & Linhares, Lda., 2010.

Várzeas Marta, "Tragedy and *Phialanthropia in the Lives of Demosthenes and Cicero*," Ferreira, Troster and Dias, eds., *Symposion and Philanthropia in Plutarch.*

Zunz Olivier, "Philanthropy as Creed: The Encounter between Past and Present," Kathleen D. McCarthy, *American Creed: Philanthropy and the Rise of Civil Society, 1700~1865, Reviews in American History* 32: 4 (2004),

마이클 에드워즈, 『왜 기업은 세상을 구할 수 없는가』, 윤영삼 역, 다시봄, 2013.

매튜 비숍·마이클 그린, 『박애자본주의』, 안진환 역, 사월의 책, 2010.

스테파노 차마니·베라 차마니, 『협동조합으로 기업하라: 무한 경쟁 시대의 착한 대안, 협동조합 기업』, 송성호·김현대 역, 개정판, 한국협동조합연구소/북돋움, 2013.

장문석, 『자본주의 길들이기: 자본과 자본 아닌 것의 역사』 창비, 2016.

제2장 미국

Adams G., The *Age of Industrial Violence, 1910–1915: The Activities and Findings of the U.S. Commission on Industrial Relations*. Columbia University Press, New York, 1966.

Andrews Thomas G., *Killing for Coal: America's Deadliest Labor War.* Cambridge, MA: Harvard University Press. ISBN 0-674-04691-9.

Chernow Ron, *Titan: The Life of John D. Rockefeller, Sr.*, Random House, New York, 1998.

Foner Philip Sheldon, *History of the Labor Movement in the United States: The AFL in the Progressive Era, 1910–1915*. New York, NY: International Publishers. 1980.

Foote K., *Shadowed Ground: America's Landscapes of Violence and Tragedy*. University of Texas Press, Austin, 1997.

Fox M., *United We Stand: The United Mine Workers of America, 1890–1990*. International Union, United Mine Workers of America, Washington, 1990.

Gitelman H., *Legacy of the Ludlow Massacre: A Chapter in American Industrial Relations*. University of Pennsylvania Press, Philadelphia, 1988.

Long Priscilla, *Where the Sun Never Shines: A History of America's Bloody Coal Industry*. Parragon Books, New York, 1991.

Martelle Scott, *Blood Passion: the Ludlow Massacre and class war in the American West*. New Brunswick, NJ: Rutgers University Press. 2007.

McGovern George S., and Leonard F. Guttridge, *The Great Coalfield War*. Houghton Mifflin Company, Boston, 1972.

Nevins Allan, *Study in Power: John D. Rockefeller, Industrialist and Philanthropist*, Charles Scribner's Sons, New York, 1953.

Rockefeller John D., *John D. Rockefeller: The Autography of an Oil Titan and*

Philanthropist, Unpublished manuscript, 1909.

Shaplen Robert, *Toward The Well-Being of Mankind: 50 Yearsof the Rockefeller Foundation*, Doublday & Company Inc., New York, 1964.

Sinclair Upton, *King Coal*. The MacMillan Company, New York, 1917.

Tarbell Ida, *The History of the Standard Oil Company*, 2 vols., Peter Smith, Gloucester, Massachusetts, 1904.

Zinn H., *The Politics of History: With a New Introduction*. University of Illinois Press, 1990.

스티브 와인버거 신윤주, 이호은역, 『아이다 미네르바 타벨』, 생각비행, 2010.

하워드 진 조선혜역, 『미국민중저항사』, 일월서각, 1986.

제임스 로렌, 김한영역, 『미국의 거짓말: 미국은 역사를 어떻게 왜곡해 왔는가?』, 갑인공방 2005.

피터 콜리어·데이빗 호로위츠, 함규진역, 『록펠러가의 사람들』, 씨앗을 뿌리는 사람, 2004.

김화진, 『기업지배구조와 기업금융』, 서울: 박영사. 2004.

세계대기업가편집위원회, 『세계대기업가; 석유왕 록펠러』, 문우사, 1973.

이정희 외, 『기업가와 디스토피아: 기업가는 왜 좌절하는가』, 영남대학교 출판부, 2017년.

이정희 외, 『기업가와 유토피아: 기업가는 무엇을 꿈꾸는가』, 영남대학교 출판부, 2016년.

허현회, 『그들은 어떻게 권력이 되었는가: 부의 제국 록펠러 재단의 진실』, 시대의 창, 2012.

제3장 영국

Bishop, Matthew and Green, Michael, *Philanthrocapitalism: how giving can save the world*, London: Bloomsbury Press, with a new foreword by Bill Clinton, 2009(2008), 안진환(옮김), 『박애자본주의』 서울: 사월의 책, 2010.

Branson, Richard, *Screw it, let's do it expanded: lessons in life and business*, London: Virgin Books Ltd., 2007, 이정우 외(옮김), 『내가 상상하면 현실이 된다』 서울: 리더스북, 2007.

______, *Business stripped bare*, London: Virgin Books Ltd., 2008, 박슬라(옮김), 『비즈니스 발가벗기기』 서울: 리더스북, 2008.

______, *The Virgin way: everything I know about leadership*, New York: Portfolio/ Penguin, 2014.

Burns, Paul, *New venture creation: a framework for entrepreneurial start-ups*, Basingstoke: Palgrave Macmillan, 2014.

Edwards, Michael, *Small change: why business won't save the world*, San Francisco: Berrett-Koehler Publishing, 2010.

Haig, Matt, *Brand royalty: how the world's top 100 brands thrive & survive*, London: Kogan Page, repr., 2007(2004).

Kotler, Philip, *Confronting capitalism: real solutions for a troubled economic system*, 2015, 박준형(옮김), 『필립 코틀러의 다른 자본주의』, 서울: ㈜더난콘텐츠 그룹, 2015.

Lovelock, James, *Gaia: a new look at life on earth*, Oxford: Oxford University Press, 1995(1974), 홍욱희(옮김), 『가이아: 살아있는 생명체로서의 지구』, 서울: 갈라파고스, 2003.

______, *The revenge of Gaia: why the earth is fighting back – and how we can still save humanity*, London: Penguin, paperback., 2007(2006).

Martin, Hand-Peter and Hchumann, Harald, *Die globalisierungsfalle: der angriff auf demokratie und wohlstand*, 1996), 강수돌(옮김) 『세계화의 덫: 민주주의와 삶의 질에 대한 공격』, 서울: (주)영림카디널, 2판, 2014(1997)

Pederson, Jay P., *International directory of company histories*, St. James: St. James Press, 2007.

Prochaska, F. K., "Philanthropy," in Thompson, F. M. L., ed., *The Cambridge social history of Britain 1750~1950* vol. 3: *social agencies and institutions*, Cambridge: Cambridge University Press, 1990

Robbins, Peter Thayer, *Greening the corporation: management strategy and the environment challenge*, London: Earthscan Publishing Ltd., 2001.

Zunz, Olivier, *Philanthropy in America: a history*, Princeton: Princeton University Press, 2012.

박명준, 『사회적 영웅의 탄생: 공정한 사회를 만드는 사회적 기업가 14인을 만나다』 서울: 이매진, 2011.

이정희, "기업가는 과연 세상을 구제할 수 있는가 -제정 말기 러시아 상인. 기업가의 박애활동과 '부의 공적 의무'richess oblige" 『대구사학』 제123집, 2016.

장문석, "기업가와 유토피아, 기업사의 교차로에서"이정희 외(공저), 『기업가와 유토피아: 기업가는 무엇을 꿈꾸는가』 경산: 영남대학교 출판부, 2016.

제4장 영국

Adam Crawford, Stuart Lister, David Wall, *Great Expectations: Contracted Community Policing in New Earswick*, York: Joseph Rowntree Foundation , 2003.

Adrian Cadbury, *The Report of the Committee on the Financial Aspects of Coporate Governance*, London : Gee & Co, 1992. *Corporate Governance and Chairmanship: A Personal View*, Oxford : Oxford University Press, 2002

Anne Vernon, *A Quaker Business Man*, York: Ebor Press, 1982.

Asa Briggs, *Social Thought and Social Action: A Study of the work of Seebohm Rowntree*, London : Longman, 1961.

Ashby, A., *The Economic Environment of the Food Industry*, London : Heinemann, 1983.

Chris Bullard and Sheila Williams, *Quaker Enterprise and the Railways*, Kendal: The Quaker Tapestry at Kendal Ltd,, 2011.

William. Wistar Comfort , *The Quaker way of Life*, Pennsylbania :American Friends Service Committee , 1968.

David J. Jeremy, *Religion, Business and Wealth in Modern Britain*, London and NewYork: Routledge , 1998.

David Burns Windsor, *The Quaker Enterprise: Friends in Business*, London: Frederick Mulle Ltd., 1980.

Dorothy Cadbury , *Chocolate Wars: From Cadbury to Kraft - 200 Years of*

Sweet Success and Bitter Rivalry, New York : Harper Collins Publishers, 2010.

Edward Cadbury, *Experiments in Industrial Organization*, London : Biblio Bazaar, 2009.

Edward T. Milligan , *British Quakers in Commerce and Industry 1775 - 1920*, Sessions Book Trust , 2007.

Quaker and Railway, William Sessions Limited. 1992.

Elizabeth Isichei, *Victorian Quaker*, Oxford : Oxford University Press, 1970.

Hubert William Bywaters, *Modern Methods of Cocoa and Chocolate Manufacture*, philadelphia: P. Blakiston's son & co., inc. 1930

James Walvin, *Quakers, Money and Morals*, London: John Murray Publishers Ltd, 1998.

Jonathan Charkhem, *Keeping Good Company*, Oxford: Oxford University Press, 1994.

Joseph W. Rowntree, *Essays and Addresses* , London , 1905.

Kate Peters, *Print Culture and the Early Quakers*, Cambridge: Cambridge University Press, 2005.

Kermit C. Parsons, David Schuyler ed., *From Garden city to Green city*, Baltimore : The John Hopkins University Press, 2002.

Lewis Mumford, *The City in History: Its Origins, Its Transformations, and Its Prospects*, U.S.A. Houghton Mifflin : Mariner Books, 1968.

Olive E. Williamson, *The Economic Institutions of Capitalism: Firms, Markets, Relational Contracting*, Gabler: New York, 1985.

Pall Crystal, *The Rowntree Families of York*, York: Blackthorn Press , 2013.

Paul H. Emden, *Quakers in Commerce : a record of business achievement*, London : S. Low, Marston &co., ltd, 1939.

Peter Furtado, *Quakers*, Oxford: Shire Publication Ltd., 2013.

Peter Geoffrey Hall, *Cities of Tomorrow: An Intellectual History of Urban Planning and Design in the Twentieth Century*, Oxford: BlackWell, 2002.

Pink Dandelion, *An Introduction to Quakerism*, Cambridge : Cambridge

University Press, 2007.

Rufus M. Jones, *The Faith and Practice of the Quakers*, Book and Publications Committee Philadelphia Yearly meeting of the Religious Society of Friends, London : Methuen and Company Ltd. 2007.

Robert Lawrence Smith, *A Quaker Book of Wisdom: Life Lessons In Simplicity, Service*, New York: Common Sense, Eagle Brook, 1998.

Schweppes Cadbury, *The Cadbury Collection :Travellers's Circular*(no.2,-June),1891.

Society of Friends, *Book of Christian Discipline of the Religious Society of Friends: London Yearly meeting*, Illinois : Ulan press, 2012.

Society of Friends, *Christian Faith and Practice in the Experience of the Society of Friends* : London Yearly Meeting, Richmond : Friends United Press, 1973.

Thomas Adam. ed., *Philanthropy, Patronage and Civil Society: Experience from Germany, Great Britain and North America*, Bloomington : Indiana University Press, 2004.

Thomas C. Kenedy, *British Quakerism, 1860~1920 : The Transformation of a Religious Community*, Oxford : Oxford University Press, 2001.

Verily Anderson, *Friends and Relations: Three Centuries of Quaker Families*, London: Braiswick, 2005.

William Hutton Marwick, Quaker Social Thought , Birmingham: Woodbrook College Published., 1969.

William Sessions Limited, *The Beginnings Of Quakerism*, New York : Hyperion Books , 1992.

김영태,『신비주의와 퀘이커 공동체』, 인간사랑, 2002.

브린턴 하워드 저, 함석헌 역,『퀘이커 300년』Friends for 300 years, 서울: 한길사, 2009.

존 미클 스웨이드, 에이드리언 울드리지 공저, 유경찬 옮김,『The Company : 기업의 역사, 서울: 을유문화사, 2004.

Ann and Prior and Maurice Kirby, " The Society abd Business culture, 1700~1830", *Religion, Business and Wealth in Modern Britain*,

London : Routledge,1998.

Cave R. E. "Industrial organization, corporate strategy and structure", *Journal of Economic Literature*, 1980(18), pp.64-92.

Chapman S., "Ethnicity and Money Making in Nineteenth Century Britain", *Renaissance and Modern Studies* 38(no.1), 1995.

David B. Windsor, "The Rowntrees of York", *The Quaker Enterprise: Friends in Business*, London: Frederick Mulle Ltd., 1980. pp.126-153.

David J. Jeremy, "How Quakers Coped with Business Success: Quakers Industrialists 1860~1914", *Business and Religion in Britain*, 1988, pp.164-87.

Elizabeth Jackson, " Joseph Rowntree(1801~1859), Citizen of York, *York Historian* 23, 2006, pp.40-63.

Geoffrey Jones, "Big business , management, and Competitiveness in twentieth-century Britain", *Big Business and the Wealth of Nations*, Cambridge University Press: Cambridge, 1997.

Mark Casson, "Entrepreneurship and Business Culture" , in J. Brownand M. B. Rose (eds.) *Enterpreneurship*, Manchester : Networks and Modern Business, 1993.

Rowlinson M., "Quaker Employers", *Historical Studies In Industrial relations*, 1998 (no.6), pp. 163-198.

The British Library, " The Great Quaker Business Families of Eighteenth-Century London: the Rise and Fall of a Sectarian Patriciate(chapter III)" in The World's Knowledge, pp.363-399.

The British Library, "English Quaker Merchants and War at Sea, 1689~1783", in The World's Knowledge", pp.64-86.

김영태, "퀘이커 신비주의의 공동체 연구 (A Study of the Communal experience of Quaker Misticism, 박사학위 논문, 서울대학교 : 종교학과 , 1997.

Lisa Whitehouse, " 영국 기업의 사회적 책임: 정책과 관행“, 「국제노동브리프」, vol.4 (no.4 , 2006), pp. 5-11.

방 승욱, " 영국의 기업 통할체제", 「Eu학 연구」vol.3 (nol, 1998), pp.167-204.

장 영 호, "퀘이커 운동의 기원에 관한 연구-조지 폭스를 중심으로", 연세대학교 교육 대학원, 1999, pp.1-80.

정지석,「퀘이커리즘에서 배운다(6)-퀘이커리즘의 다섯가지 영성원리(1)」, 기독교사상, vol.635, 2011, pp.200-209.「퀘이커리즘에서 배운다(7)-퀘이커리즘의 다섯가지 영성원리(2)」, 기독교사상, vol.636, 2011, pp.247-255.

홍 종 학, "미국과 영국의 기업집단 개혁과 시사점",「한국경제연구」, vol. 21 (2008), pp.133-160.

제5장 이탈리아

Archivio Storico Fiat, *Opere sociali.*

L'Ingegneria Sanitaria n. 10 (Ottobre 1899).

Avagliano, Lucio, *Alessandro Rossi e le origini dell'Italia industriale* (Napoli: Libreria Scientifica Editrice, 1970).

Avagliano, Lucio, *Il Cuore del capitalismo americano: Filantropia, università cattolicesimo e lo sviluppo industriale degli Stati Uniti*, 7th ed. (Milano: FrancoAngeli, 2008).

Benenati, Elisabetta, *La scelta del paternalismo: Un'azienda dell'abbigliamento tra fascismo e anni '50* (Torino: Rosenberg & Sellier, 1994).

Brandes, Stuart D., *Amerian Welfare Capitalism, 1880~1940* (Chicago: University of Chicago Press, 1970).

Celli, Carlo, ed., *Economic Fascism: Mussolini's Crony Capitalism* (Edinburgh: Axios Press, 2013).

Clough, Shepard B., "Philanthropy and the Welfare State in Europe," *Political Science Quarterly* 75: 1 (1960).

Curti, Merle, "American Philanthropy and the National Character," *American Quarterly* 10: 4 (1958).

Curti, Merle, "The History of American Philanthropy as a Field of Research," *The American Historical Review* 62: 2 (1957).

De Felice, Renzo, ed., *Autobiografia del fascismo: Antologia di testi fascisti 1919~1945* (Torino: Einaudi, 2001).

Demarie, Marco and Alessandro Monteverdi, "Italian Philanthropy Rediscovered," *Effect* (Summer 2007).

Fusari, Sabrina, "'Filantropia' or 'non Profit'? Translating Texts on Nonprofits from English into Italian," *Meta: Translators' Journal* 54: 1 (2009).

Gastaldo, Piero, "Let's Not Forget the Past: A Commentary on 'Italian Philanthropy Rediscovered'," *Effect* (Summer 2007).

Lanaro, Silvio, "Geneologia di un modello," *Il Veneto*, ed. Silvio Lanaro, *Storia d'Italia: Le Regioni* (Torino: Einaudi, 1984).

Leonardi, Andrea, "Friedrich Wilhelm Raiffeisen e l'esordio del credito cooperativo in Italia," *La Storia economica come impegno: Saggi in onore di Angelo Moioli*, eds. Pietro Caparo, Giuseppe De Luca, Andrea Leonardi, Luca Moncarell and Mario Taccolini (Milano: FrancoAngeli, 2015).

LoRomer, David, review of G. L. Fontana, *Schio e Alessandro Rossi: Imprenditorialità, politica, cultura e paesaggi sociali del secondo Ottocento, The Journal of Modern History* 61: 1 (1989).

McCarthy, Kathleen D., *American Creed: Philanthropy and the Rise of Civil Society, 1700~1865* (Chicago: University of Chicago Press, 2003).

Meyer III, Stephen, *The Five Dollar Day: Labor Management and Social Control in the Ford Motor Company, 1908~1921* (Albany: State University of New York Press, 1981).

Paniga, Massimiliano, *Welfare ambrosiano: Storia, cultura e politiche dell'Eca di Milano, 1937~1978* (Milano: FrancoAngeli, 2012).

Rossi, Mario G., "Movimento cattolico e capitale finanziario: Appunti sulla genesi del blocco clerico-moderato," *Studi Storici* 13: 2 (1972).

Rugafiori, Paride, *Rockefeller d'Italia: Gerolamo Gaslini imprenditore e filantropo* (Roma: Donzelli Editore, 2009).

Zamagni, Stefano, *L'Economia del bene comune*, 2nd ed. (Roma: Città Nuova, 2008).

Zunz, Olivier, "Philanthropy as Creed: The Encounter between Past and Present," review of Kathleen D. McCarthy, *American Creed: Philanthropy and the Rise of Civil Society, 1700~1865, Reviews in American History*

32: 4 (2004).

Zunz, Olivier, Philanthropy in America: A History (Princeton and Oxford: Princeton University Press, 2012).

비숍, 매튜 · 마이클 그린, 『박애자본주의』, 안진환 역 (사월의 책, 2010).

에드워즈, 마이클, 『왜 기업은 세상을 구할 수 없는가』, 윤영삼 역 (다시봄, 2013).

자마니, 스테파노 · 베라 자마니, 『협동조합으로 기업하라』, 송성호 역, 개정판 (북돋움, 2013).

제6장 프랑스

Belot, Robert, *Peugeot à Sochaux : des hommes, une usine, un territoire*, Panazol Haute-Vienne : Lavauzelle, 2007.

Beaud, Stéphane Pialoux, *Retour sur la condition ouvrière : enquête aux usines Peugeot de Sochaux-Montbéliard*, Michel 1999.

Bernhard, Max, 'Peugeot Achieves What Long Evaded GM: a Profit at Opel', *Wall Street Journal*, 7/25/2018, p.1.

Gauvrit, Roger, *Citroën par ceux qui l'ont fait : un siècle de travail et de luttes, Ivry-sur-Seine*, Montreuil : Éd. de l'Atelier "VO" éd., 2013.

Hatzfeld, Nicolas, *Organiser, produire, éprouver : histoire et présent de l'usine de carrosserie de Peugeot à Sochaux, 1948~1996*, École des hautes études en sciences sociales, 2000. 2 vol.(667 p.)

Paganelli, Serge, *Peugeot, la dynastie s'accroche*, Paris : Éditions sociales, 1975.

Waters, Sarah, "Sociology of suicide; WORK environment -- Social aspects; FRANCE", *Modern & Contemporary France*. Nov. 2015, Vol. 23.

강수돌, 「독일기업작업조직 혁신전략 - 폭스바겐사와 오펠사 사례-」, 『연세경영연구』, 제32권, 1995.

김정남, 「프랑스 성공의 상징 Peugeot」, 『마케팅』, 제41권 12호, 2011.

김창기, 『독일자동차 이야기』, 의정부 : 수풀미디어, 2012.

박명준, 「독일 오펠(OPEL)사의 노사협상 : 세계화의 도전과 합의적 구조조정」, 『국제노동브리프』, 제2권 6호, 2004.

안상욱,「프랑스 자동차기업의 생산기지 이전: 자동차산업의 경우를 중심으로」,『유럽연구』, 제32권 3호, 2014.
페르디난트 피에히, 김태영 옮김,『Cars : 폴크스바겐 스토리』, 서울 : 생각의 나무, 2004
폴 인그래시아, 정병선 옮김,『엔진의 시대 : 15대의 자동차로 보는 현대 문명의 비밀』, 서울 : 사이언스북스, 2015.
황현일,「글로벌 생산의 위계적 통합과 구조조정의 정치: GM 유럽과 한국지엠 사례 연구」, 서울대학교 대학원, 박사논문, 2016.

제7장 스페인

Archivo de la Fundación Juan March
ABC, 2 de mayo de 1955; 11 de enero de 1956; 1, 11, 12, 13 y 18 de marzo de 1962
El Financiero, n.° 132, vol. 12, marzo de 1970
La Vanguardia, 3 y 4 de mayo de 1955; 11 de marzo de 1962
República, 19 de mayo de 1934
The New Yorker, May 21, 1979

마이클 애드워즈, 윤영삼 옮김,『왜 기업은 세상을 구할 수 없는가』(다시봄, 2013)
매튜 비숍·마이클 그린, 안진환 옮김,『박애자본주의』(사월의책, 2010)
Ballestero, Alfonso, *Juan Antonio Suanzes, 1891~1977* (Madrid: LID, 1993)
Benavides, Manuel Domínguez, *El último pirata del Mediterráneo* (Barcelona: Tipografía Cosmos, 1934)
Cabrera, Mercedes, *Juan March (1880~1962)* (Madrid: Marcial Pons, 2011)
Carreras, Albert, "La renta y la riqueza," Albert Carreras, coord., *Estadísticas históricas de España. Siglos XIX y XX* (Madrid: Fundación Banco Exterior, 1989)
Chernow, Ron, *Titan. The Life of John D. Rockefeller, Sr.* (New York: Random House, 1998)
Díaz Nosty, Bernardo, *La irresistible ascensión de Juan March: notas previas*

para investigación biográfica (Madrid: Sedmay, 1977)

Dixon, Arturo, *Señor monopolio: La asombrosa vida de Juan March* (Barcelona: Planeta, 1985)

Ferrer Guasp, Pere, *Juan March: El hombre más misterioso del mundo* (Barcelona: Ediciones B, 2008)

Fundación Juan March, *Escritura de constitución y estatutos* (Madrid: Sucesores de Rivadeneyra, S.A., 1956)

Fundación Juan March, *La Fundación Juan March (1955~1980)* (Madrid, 1980)

Fundación Juan March, *Celebración del arte. Medio siglo de la Fundación Juan March* (Madrid: Editorial de Arte y Ciencia S.A., 2005)

Garriga, Ramón, *Juan March y su tiempo* (Barcelona: Planeta, 1976)

Gomá, Javier, "La esfera de las fundaciones," *Revista de Occidente*, n.° 274, marzo de 2004

Gomá, Javier, "¿Qué es una fundación? Propuesta de una aproximación realista a su estudio," Martín Garrido Melero y Josep María Fugardo Estivill, coords., *El patrimonio familiar, profesional y empresarial. Sus protocols*, (Madrid: Bosch, 2005), Vol. 1(Los patrimonios y la responsabilidad. Administración y gestión. Persona y jurídica y patrimonos)

Josephson, Matthew, *The Robber Barons: The Great American Capitalists, 1861~1901* (New York: Harcourt, Brace and Company, 1934)

March, Joan Francesc, *Joan Mascaró. La Vila i Els Margalidans* (Santa Margalida: Ajuntament de Santa Margalida, 2005)

Mir, Gregori, *Correspondència de Joan Mascaró* (Mallorca: Moll, 1998)

Nasaw, David, *Andrew Carnegie* (New York: Penguin Books, 2007)

Sánchez Ron, José Manuel, *Cincuenta años de cultura e Investigación en España: La Fundación Juan March (1955~2005)* (Barcelona: Crítica, 2005)

Torres, Eugenio, "Juan March Ordinas(1880~1962)," Eugenio Torres, dir., *Los 100 Empresarios Españoles del Siglo XX* (Madrid: LID Editorial Empresarial, S. L., 2000)

Zunz, Olivier, *Philanthropy in America: A History* (Princeton: Princeton University Press, 2012)

제8장 독일

https://www.siemens-stiftung.org

http://www.carl-friedrich-von-siemens-stiftung.de

http://www.uni-muenchen.de/aktuelles/news

http://www.kunst-auf-lager.de

http://www.wernersiemens-stiftung.ch/stiftung

http://www.carl-friedrich-von-siemens-stiftung.de

김건우, 나인호, 「19세기 독일 전기산업의 창조적 기업가 - 베르너 폰 지멘스의 기업정신과 경영방식」『서양사학연구』 26 (2012).

송충기, 「기업가 전기에서 새 역사분과로: 독일 기업사의 발전과 전망」『서양사론』 83(2004).

문기상, 「비스마르크의 제국창건과 노동자사회보험」, 이민호 편, 『독일사의 제국면』, (느티나무, 1991).

빌프리트 펠덴키르헨, 『지멘스 - 작은 공장에서 세계적 기업으로』(서울출판사, 1999).

유진영, 「세계박람회가 독일 산업화 과정에 미친 영향」『사림』 제40호, (2011).

정해본, 『독일근대사회경제사』, (지식산업사, 1990).

최단옥, 「한국·독일의 산업혁명 과정 비교」『경영사학』 24집 3호,(2009).

Armin Mohler, *Fünfundzwanzig Jahre Carl-Friedrich-von-Siemens-Stiftung* (München 1985).

Sabine Dittler, Ernst Albrecht von Siemens, *Neue Deutsche Biographie (NDB)*. Band 24, (Duncker & Humblot, Berlin 2010).

Christine Weyrich, "Gemeinsam stark - über das Zusammenspiel von unternehmensstiftung, Unternehmen und gemeinnützigen Organisationen am Beispiel der Siemens Stiftung", Simone Klein & Karin Siegmund (ed.), *Partnerschaften von NGOs und Unternehmen: Chancen und Herausforderungen*(VS Verlag für Sozialwissenschaften, Wiesbaden, 2010)

Burhenne, Karl, *Werner Siemens als Sozilalpolitiker*, (Munchen: C.H.Beck, 1932).

Ebeling, Dietrich, Mager, Wolfgang (ed.), *Protoindustrie in der Region - Eun-*

ropaische Gewerbelandschaften vom 16. bis zum 19. Jahrhundert, Bielefeld: Verlag fur Regionalgeschichte, (1997).

Feldenkirchen, Wilfried, *Werner von Siemens - Erfinder und internationaler Unternehmer*, (Munchen: Piper, 1996).

Feldenkirchen, Wilfried(ed.), *Werner von Siemens – Lebenserinnerungen*, Piper: Munchen, 2008.

Plettner, Bernhard, *Abenteuer Elektrotechnik: Siemens und die Entwicklung der Elektrotechnik seit 1945* (Munchen, Zurich: Piper, 1994).

Siemann, Wolfram, *Gesellschaft im Aufbruch Deutschland 1849~1871* (Darmstadt: Wissenschaftliche Buchgesellschaft, 1990).

Siemens, Werner von, *Lebenserinnerung*, (Munchen, 1984).

제9장 러시아

Bill, Valentine T. *The Forgotten Class: The Russian Bourgeoisie from the Earliest Beginning to 1900*, New York, 1959.

Botkina, A. P. *Pavel Mikhailovich Tret'iakov v zhizni i isskustve,* Moscow, 1951.

Bokhanov, A. N., *Kollektsionerny metzenaty v Rossii*, Moscow. 1989.

Brumfield, William C., Boris Anan'ch and Iurii A. Petrov, eds., *Commerce in Russian Urban Culture, 1861~1914*, Princeton Univ. Press, 2001.

Buryshkin, Pavel, *Moskva Kupecheskaia*, New York, 2004.

Lizunov, V. S., *Morozov i Mosкva*, Mosкva, 1998.

Мамонтоv, V. S., *Vospominaniia o russkikh khudozhnikakh; Abramtsevskii khudozhestvennyi kruzok*, Moscow, 1950

Морозоva T. P. i I. V. Potkina, *Savva Morozov*, Moscow, 1998.

Owen, Thomas C. *Capitalism and Politics in Russia: A Social History of the Moscow Merchants, 1855~1905*, Cambridge, 1981.

Polunin, Vladimir *Three Generations: Family Life in Russia, 1845~1902*, trans., A. F. Birch-Jones, London, 1957.

Rieber, Alfred J., *Merchants and Entrepreneurs in Imperial Russia*, Chapel Hill, Univ. of North Carolina Press, 1982.

Roosa, Ruth A. (Ruth Amende). *Russian Industrialists in an Era of Revolution: The Association of Industry and Trade, 1906~1917,* New York, 1965.

Ruckman, Jo Ann. *The Moscow Business Elite: A Social and Cultural Portrait of Two Generations, 1840~1905*. DeKalb, Ill.: Northern Illinois University Press, 1984.

Petrov, Iu., *Dinastiia Riabushinskikh*, Moscow, 1997.

Troyat, Henry, *Daily Life under the Last Tsar*, Stanford Univ. Press, 1959.

Trudy iubileinoi nauchno-prakticheskoi konferentsii, “Morozovy i Moskva,” Morozovskie chteniia, Bogorodskii,. 1998.

Ulianova, G. N., *Blagotvoritel'nost' Moskovskikh predprinimatelei, 1860~1914*, Moscosw, 1999.

West, James L . and Iurii A. Petrov, eds., *Merchant Moscow - Images of Russia's Vanished Bourgeoisie*, Princeton, 1998.

Zunz, Olivier, *Philanthrophy in America: A History* Princeton Univ. Press 2012.

Bill, Valentine T., "The Morozovs," *The Russian Review*, 14:2, 1955. pp. 109-116.

Browman, Linda, “Seeking Salvation: Moral Economies and Management at the Morozov Mills, 1885~1895,” *Social History*, 28:3 (October, 2003), pp. 323-345.

Ginsburg, Michael. "Art Collectors of Old Russia. The Morozovs and the Shchukins,” *Apollo*, n.s. 98, no. 142 (1973), 470-85.

Glover, Stuart, R. "Savva Mamontov and the Mamontov Circle, 1870~1905: Art Patronage and the Rise of Nationalism in Russian Arts,"Wisconsin Univ. Ph. d. diss., 1971.

Керов, В. В., “T. S. Morozov, Ideia sobstvennosti v staroobriadcheskom predprinimatel'nostve,” Lizunov, V. S., *Morozov i Moskva*, Moscow, 1998.

Owen, Thomas C, "The Moscow Merchants and the Public Press, 1858~1868,”

Jarbücher für Geschichte Osteuropas, 25 (1975), pp.1-20.

Pennar Karen, "Daily Life among the Morozovs," West and Petrov, *Merchant Moscow :Images of Russia's Vanished Bourgeoisie*, Princeton, 1998.

Rosovsky, Henry. "The Serf Entrepreneur in Russia," In *Explorations in Enterprise*. Edited by Hugh G. and J. Aitken, pp. 341-70. Cambridge, Mass., 1954., pp. 341-409

Riabushinskii, Vladimir P. "Kupechestva Moskovskoe," *Den' Russkogo rabienk , 18* (April, 1951), pp. 168-189.

Stolianinova, M. G. "Rol' Morozovykh v kul'turnoi zhizni Moskvy," Lizunov, V. S., *Morozov i Moskva*, Moscow, 1998.

Shcherbatov, S. A., "Moskovskie metsenaty. Iz vospominanii" *Sovremennye zapiski*, 67(1938), 158-71.

Ulianova, G. N."Zhenshchiny sem'i Morozovy. Blagotvoritel'nost' kak semeinaia traditsiia," *Pervye Morozovskie Chteniia*, 1996.

Ulianova, Galina N., "Not for wealth but for God, on Moscow Merchants' Motives for Charity," *Russian Studies in History*, 39:2, fall, 2000, pp. 28-51.

본문사진 목록 및 출처

<2-1> 존 D. 록펠러(WWW. Google Co. Kr.)

<2-2> 스탠다드석유주식회사 로고(WWW. Google Co. Kr.)

<2-3> 러들로 학살 기념비 (WWW. Google Co. Kr.)

<2-4> 록펠러 재단 로고 (WWW. Google Co. Kr.)

<3-1> 리처드 브랜슨

출처: https://www.biography.com/people/richard-branson-9224520

<3-2> 버진 그룹의 말라리아 퇴치 캠페인

출처: https://www.virgin.com/virgin-unite/putting-malaria-out-business-permanently

<3-3> 버진 트레인의 기차

출처: https://www.blackpoolgazette.co.uk/news/your-chance-to-name-a-virgin-train-1-9122354

<3-4> 버진 그룹의 기업 로고

출처: http://marketbusinessnews.com/financial-glossary/sister-company/

<3-5> 2002년 뉴욕의 버진 모바일 광고 모습

출처: https://goo.gl/images/GwMzmu

<3-6> 버진 항공 광고 사진

출처: http://www.echostories.com/social-media-for-entrepreneurs/

<3-7> 브랜슨과 원로들(2007년 7월)

출처: https://www.telegraph.co.uk/culture/3666717/The-power-of-twelve.html

<4-1> 조셉 론트리(1836~1925)사진

출처: https://www.google.co.kr/imgres?imgurl=http://spartacus-educational.com/REowntree3.jpg&imgrefurl

<4-2> 론트리 혹스바가 공장

출처: https://www.rowntreesociety.org.uk/history/rowntree-a-z/haxby-road-factory/

<4-3> 론트리의 에클렉트 코코아(론트리 초콜릿 회사의 대표상품)

출처: https://www.google.co.kr/search?q=Rowntree%E2%80%99s+Elect+Cocoa%E2%80%99&rlz=1C1YKST_koKR793KR793&source=lnms&tbm

<4-4> 론트리 회사의 대표상품들 : 키트 카트, 드롭스 캔디

출처: https://www.google.co.kr/search?q=Rowntree%E2%80%99s+chocolate+kitkat&rlz=1C1YKST_koKR793KR793&tbm=isch&tbo=u&source=univ&sa=X&ved=2ahUKEwiyofqfhbXcAhWBMd4KHS-DPCNsQsAR6BAgFEAE&biw=1280&bih=615#imgrc=jzU7fA2uc-cHJJM:

<4-5> 조셉 론트리 극장, 요크

출처: http://www.york-pm.co.uk/joseph-rowntree-theatre/

<4-6> 벤자민 씨봄 론트리(1871-1954)

출처: https://www.yorkpress.co.uk/news/10374847.social-pioneer-put-spotlight-on-city/

<4-7> 조셉 론트리 재단 로고

출처: http://www.yorkpress.co.uk/business/news/11559340.Plan_for_businesses_to_play_a_part_in_tackling_poverty/

<5-1> "가난한 자들의 아버지" 알레산드로 로시의 말년 모습 Wikimedia Commons

<5-2> 전국 발릴라 연합회에 소속된 소년들의 집회 모습, Wikipedia Commons

<5-3> 전시 피아트 매점에서 물품을 구하기 위해 기다리는 토리노 시민들 (1941) Archivio Storico Fiat

<5-4> 몬차(Monza)에 있는 가슬리니 생가의 명판.

"1877년 7월 3일 이 집에서 박애주의자 제롤라모 가슬리니가 태어나다." Wikimedia Commons

<6-1> 푸조의 첫 삼륜차, 세르폴레(1889년)
출처: 구글 이미지 WWW. Google Co. Kr
<6-2> 푸조 베베, 1913년 출시
출처: 구글 이미지
<6-3> 푸조 403, 1957년 모델
출처: 구글 이미지
<6-4> 푸조 205, 1974년 출시
출처: 구글 이미지
<6-5> 재봉틀에서 시작한 자동차 발명가 아담 오펠
출처 : 다음 이미지
<6-6> 오펠 자동차 로고
출처: 오펠 홈페이지

<7-1> 후안 마르치 오르디나스 / Fundación Juan March
<7-2> 후안 마르치의 활동 무대 / Wikimedia Commons
<7-3> 지중해해운 선박 / Wikimedia Commons
<7-4> 후안마르치재단 / Wikimedia Commons
<7-5> 후안 마르치 델가도 / Fundación Juan March
<7-6> 라몬 메넨데스 피달 / Fundación Juan March
<7-7> 1957년 후안마르치재단상을 수상한 그레고리오 마라뇬 / Fundación Juan March
<7-8> 아르테 73 / Fundación Juan March
<7-9>『엘 시드의 노래』 사본 / Wikimedia Commons
<7-10>『스페인의 예술』 총서 전시 / Fundación Juan March
<7-11> 후안 마르치의 장례 행렬 / Fundación Juan March

<8-1> 칼 프리드리히 폰 지멘스 https://en.wikipedia.org/wiki/Siemens
<8-2> 에른스트 폰 지멘스 음악재단 로고
https://de.wikipedia.org/wiki/Ernst_von_Siemens_Musikstiftung
<8-3> 에른스트 폰 지멘스 예술재단 로고
https://de.wikipedia.org/wiki/Ernst_von_Siemens_Kunststiftung

<9-1> 모스크바 붉은 광장 위의 상인 지구, 오늘날의 굼 백화점 전신
www.google.com
<9-2> 박애활동가 상인·기업가 트레쨔코프 자화상,
모스크바 뜨레쨔고프 미술박물관
<9-3> 트레쨔코프의 저택이자 기부활동의 결실, 모스크바 미술관
www.google.com

찾아보기(용어)

ㅁ

ㅂ

ㅈ

ㅊ

ㅋ

ㅌ

ㅍ

ㅎ

찾아보기 (인명)

ㅁ

ㅂ

ㅅ

ㅇ

ㅈ

ㅊ

ㅋ

저자소개

이정희

서울대학교 서양사학과를 졸업하고 박사학위를 받았으며, 미국 University of Michigan, Ann Arbor에서 러시아 및 동유럽사를 전공하였다. 현재 영남대학교 역사학과 교수.
저서로 『러시아 혁명과 노동자』, 『동유럽사』, 『20세기 급진주의노동의 흐름들』, 『서구 노동계급의 형성』, 『혁명, 사상, 사회변동』, 『은둔의 나라, 러시아-역사속 민중』, 주요 논문으로 「1930년대 스딸린 대숙청에 관한 비판적 고찰」, 「뻬레스트로이카 이후 러시아 페미니즘 운동」 등.

장문석

서울대학교 서양사학과를 졸업하고 동 대학교 대학원에서 문학박사학위를 받았다. 현재 영남대학교 역사학과 교수. 저서로 『민족주의 길들이기』, 『피아트와 파시즘』, 『파시즘』, 『민족주의』, 『근대정신은 어떻게 탄생했을까』, 『국부의 조건』(공저), 『자본주의 길들이기』 등이 있고, 역서로 『만들어진 전통』(공역), 『제국의 지배』, 『래디컬 스페이스』, 『스페인 은의 세계사』 등.

은은기

서울대학교 서양사학과를 졸업하고, 파리 4대학 (소르본느 대학교)에서 문학박사 학위를 받았다. 현재 계명대학교 사학과 교수. 저서로 『서양 근대 고전의 이해』, 주요 논문으로 「르노자동차의 세계화 전략」, 「존 스튜어트 밀의 공리주의 사상의 한계 」, 「플라톤의 『국가론』에 대한 새로운 접근」, 「 고전 다시 읽기 : 국부론」, 「루소의 『사회계약론』한계 고찰」 등.

황보영조

서울대학교 서양사학과를 졸업하고, 스페인 마드리드콤플루텐세대학교 현대사학과에서 박사학위를 받았다. 저서로 『토지, 정치, 전쟁』, 『기억의 정치와 역사』, 역서로 『세계사 특강 』, 『대중의 반역』 등 다수.

김성룡

경북대학교 사학과를 졸업하고 동대학교 대학원에서 박사학위를 받았다. 현재 영남신학대학교 교수. 저서로 『17-18세기 영국의 국민 통합과 프로테스탄티즘』, 『18세기 잉글랜드의 인구 증가와 농업 사회의 동요』, 주요 논문으로 「원산업화론의 유형과 문제 : 영국을 중심으로」, 「산업 혁명 시기 영국의 농업 경제 변화와 복음주의의 부흥」, 「조용한 통제와 저항 : 18세기 전반 잉글랜드의 서번트 문제」 등 다수.

양재열

계명대학교를 졸업하고 동 대학교 대학원에서 문학박사학위를 받았다. 현재 영남대학교, 계명대학교에 출강. 주요 저서로서 『한국인을 위한 미국사』, 『링컨』, 역서로서 『미국헌법의 경제적 해석』, 『미국외교사』 등 다수.

김건우

경북대학교 사학과를 졸업하고 독일 프라이부르크(Freiburg) 대학교에서 박사학위를 받았다. 현재 경북대학교, 계명대학교, 금오공과대학교, 대구대학교, 영남대학교에 출강. 저서로서 『흥망으로 본 세계의 역사』 주요 논문으로 「바덴(Baden)의 NSDAP」, 「21세기를 향한 새로운 도시의 창조」, 「녹색반란을 너머 녹색성장의 주인공으로」, 「21세기 독일전기산업의 창조적 기업가」 등 다수.

최현미

경북대학교 사학과를 졸업하고 동대학원에서 박사학위를 받았다. 현재 경북대학교, 금오공과대학교에 출강. 주요 논문으로 「20세기 전반 영국 모리스 모터스社와 옥스퍼드 지역경제」, 「영국 기업인 너필드 경의 기업정신과 너필드 재단」, 「'사회적 기업의 모델', 캐드버리 기업(The Cadbury Brothers Ltd.)의 기업정신과 기업문화」, 「19세기 영국 퀘이커교 기업 론트리 기업의 기업정신과 기업문화 」 등 다수.